TAKEO Ka

ワークで学ぶ

Developmental an

発達と教育の
心理学

ナカニシヤ出版

は じ め に

　本書は、『ワークで学ぶシリーズ』の一冊として、教職を目指す人が、発達と教育の心理学を学ぶためのテキストとして編集されました。

　本書が出版される 2020 年は、全世界が未曽有のできごとに直面し、教育現場もまた、先の見えない長期休校という予想だにしなかった現実に直面することになりました。それは学校教育というものが、児童・生徒と保護者にとって、どれほどに重要な影響を与えうるものかということを考えずにはいられないできごとでもありました。期せずして、本書は、その渦中において世に出されることになりました。ゆえにいっそう、その独自の「新しさ」が、教育の場に役立つのではないかと願っています。

　本書の「新しさ」とは何でしょうか。筆者の大学院時代の指導教員であった故東洋先生が、教育が心理学に求めることを語ったなかに「心理学的な研究に裏付けられた積極的な教育観の生成」という言葉があります。これこそが本書の「新しさ」であり、従来の心理学では、実証性を重視するあまりに、なかなか到達しえなかった境地でもあります。

　本書からあふれでる、心理学研究に裏付けられた積極的な発達観と教育観の創造は、井藤元氏が「ワークで学ぶ」シリーズを始めたときから堅持され続けてきたスタイルにより実現されました。それは、すべての章が執筆者による「問い」から始まり、その問いに応えるかたちで、書き進められるというスタイルです。加えて、すべての章に「ワーク」という読者に投げかける「問い」が用意され、読者はそのワークに取り組みつつ、執筆者の問いかけに参入していく、というスタイルです。「問い」は、既存の価値観を根底から揺るがします。そして、本質的な「問い」に真摯に応えるということは、新しい価値観の創造です。さらに、読者の「問い」の投げかけは、まさに、その創造的活動へのいざないです。

　また、本書の「新しさ」を実現したこととして、もう一つ特筆すべきことがあります。それは、先駆的で独創的な研究をする、気鋭の執筆者たちが、本シ

リーズの独自性を理解し、本書の執筆に参加してくれたことです。まさに、心理学を基盤とする、力強くて新しい、教育の本質に入り込んだ章を寄せてくれました。

さて、その18の章について簡単に紹介しましょう。まずは、教育心理学とは何かという本質的な問いから始まります。心理学の方法論を基盤に価値を志向する教育に応えうる教育心理学の姿（第1章）、そして、心理学と教育学が出会い、現在そして未来へと発展する教育心理学の歴史（第2章）が記されています。教職課程の必修科目である教育心理学を学ぶことの意味を十分感じ取れる内容となっています。

教師は生徒の発達と学習、そして、学習への取り組みを、どのように理解したらいいのか。その理解の仕方を大きく広げうるのが、発達と教育の心理学におけるセオリーです。多くの教育者が児童・生徒理解のよりどころとしてきた、学習（第4章）や発達（第5章）、学習意欲（第3章）に関する代表的な理論、さらに、最近とみに注目されている理論である、活動理論とアンラーン論（第6章）、および、認知的徒弟制や正統的周辺参加論といった状況的学習論（第7章）です。これらのセオリーが、なじみのあるエピソードや具体的な教育実践などが盛り込まれた、いつの間にか読者を引きこむような解説によって紹介されています。

教育の場は学びの場でありますが、その学びのレパートリーは多岐にわたります。本書はなかでもその骨子となる三つのテーマを扱います。学力の基盤である「読み書き」の発達とつまずき（第8章）、児童・生徒に豊かな経験と社会性の発達をもたらす「遊び」の多様性（第9章）、道徳教育の大前提である、児童・生徒の「道徳性」に関する発達理論（第10章）です。さらに、本書では、「いのち」（第12章）や「スピリチュアル」（第11章）といった人々の精神に深く関わりうる、しかし、心理学においては十分扱われてこなかったテーマにも果敢に挑戦しています。

これらの発達の諸側面も含めて、人が発達するとはどういうことでしょうか。教師がもつ発達観は、児童・生徒への関わり方にも大きく影響します。生涯発達に関する心理学的論考（第14章）とライフサイクルの新たな捉え直し（第15章）は、私たちの発達観を深めることでしょう。

　ジェンダーは学校教育においても重要なテーマですが、最近では、LGBT への理解が強く求められています（第13章）。また、教職課程では特別支援教育が必修化されましたが、本書では、発達障害について、それが教室という場での場で具体的にどのように現れるかという点から扱われています（第16章）。ジェンダーや発達障がいというテーマ、そして、第18章で扱う文化の問題は、人同士の違いをどう乗り越えていくかという、学校教育をその縮図とする社会そのもののテーマにもつながります（第17章）。（なお、本書では、各章の独自性をふまえ「障がい／障害」の表記を統一していません。）

　このように本書はじつに豊かな内容により構成されています。思えば、休校を余儀なくされた学校は、これらのテーマをその一部として含んだ、じつに豊かな学びの場だった。そのことに、いま、あらためて気づかされています。その学校に児童・生徒たちが通えなくなった。そういった学校教育における極限的な事態のなかで、驚異的なスピードで動き出した、教師を中心とする学校教育の新しいスタイルへの挑戦。その真剣さと情熱と、目を見張るほどの創意工夫に感動と尊敬の念を抱いています。

　本書ならではの「新しさ」が、期せずしてこの新しい教育実践のうねりのなかで世に出されることに、特別な思いを抱かずにはいられません。苦境のなかからよみがえる新しい教育、そこで活躍するであろう未来の教師たちと、この本がともにあることを心から願っています。

　最後に、ナカニシヤ出版の酒井敏行さんの第7弾への後押しと、細部にわたる丁寧な作業に支えられて、この本を世に出すことができました。また、各章の生き生きとしたイラストは月代あつとさんによるものです。この場を借りて御礼申し上げます。

編者を代表して　竹尾和子

目　　次

ワークで学ぶ発達と教育の心理学

◎イラスト＝月代あつと

第1章
教育を心理学的に考えるとどうなるか？
育つ側・学ぶ側について理解して主体的に意味づけて生きる方法を
身につける

１．心理学は育つ側・学ぶ側の視点を教育に提供する

教育学における教育心理学

　教育学という科目と教育（の）心理学という科目。これらにはどのような役割の違いがあるのだろうか？

　まず、学問の名前の成り立ちについて考えてみよう。学問にはそれぞれ固有の対象がある。法学の対象は法であり、数学の対象は数である。しかしもっと重要なのは、方法の違いである。学問には方法が必要であり、その学問の対象を扱うのに適した方法が工夫されてきている。法学は法を解釈しそれを現実の出来事に適用することが必要である。数学においては、数を扱うために数式を展開することが必要である。ここで思考実験をしてみよう。数学の方法である「数式を展開するという方法」を法学の対象である法に持ち込んでみたらどうなるだろうか？　それはムダだということはすぐにわかる。

　対象と方法の独自性によって学問を展開するそれぞれの領域のことを学範<ruby>ディシプリン</ruby>という。したがって教育学は、教育学に固有の対象を固有の方法で、心理学は心理学に固有の対象を固有の方法で研究を行う学範だといえる。

　次に、教育社会学、教育心理学、家族社会学、家族心理学、というような複合的な学問名称について考えてみよう。実はこうした名前の多くは（全部ではありませんよ）、「対象」＋「方法」＋学という名前になっている。

　教育社会学と教育心理学は、対象が「教育」であるということで一致しているが、方法が「社会学」と「心理学」になっているので研究方法が異なっている。次に、教育心理学と家族心理学について考えてみると、対象こそ「教育」

と「家族」で異なるものの、方法は「心理学」であるから同じ方法を用いることになる。料理のことを考えるとわかりやすいかもしれない（鯛の刺身、鯛茶漬け、鮭の塩焼き、鮭茶漬け、など）。

```
┌─ ワーク1-1 ──────────────────────────────
│ 自分がこれまでに履修した科目のうち「学」がついているものを抜き出してみ
│ よう。あるいは、シラバスから抜き出してみよう。「＊＊学入門」「＊＊学概説」
│ なども含んでよい。そして、何を対象にどのような方法で行う科目なのかを考
│ えてみよう。
│ ┄┄┄┄┄┄┄┄┄┄┄┄┄┄┄┄┄┄┄┄┄┄┄┄┄┄┄┄┄┄┄┄┄┄┄┄┄┄
│ ┄┄┄┄┄┄┄┄┄┄┄┄┄┄┄┄┄┄┄┄┄┄┄┄┄┄┄┄┄┄┄┄┄┄┄┄┄┄
│ ┄┄┄┄┄┄┄┄┄┄┄┄┄┄┄┄┄┄┄┄┄┄┄┄┄┄┄┄┄┄┄┄┄┄┄┄┄┄
│ ┄┄┄┄┄┄┄┄┄┄┄┄┄┄┄┄┄┄┄┄┄┄┄┄┄┄┄┄┄┄┄┄┄┄┄┄┄┄
│ ┄┄┄┄┄┄┄┄┄┄┄┄┄┄┄┄┄┄┄┄┄┄┄┄┄┄┄┄┄┄┄┄┄┄┄┄┄┄
└──────────────────────────────────────────
```

教育を対象にする学問

　教育の理念について教育学に固有の方法で検討するのが教育学である。その内容については本書の姉妹書である『ワークで学ぶ教育学〔増補改訂版〕』を参照してほしいが、少しみてみよう。

　教育という営みについて、学問として体系化するようになったのも決して古いことではない。その基盤をつくったのはドイツの**ヘルバルト**（Herbart, J. F. 1776-1841）である。彼は教育の方法を「管理・教授・訓練」という三つに分けた。管理とは管理教育という意味ではなく、状況を整えるということで、愛情をもって生徒に接する、ときには権威を示して生徒に接する、などのことである。訓練は望ましい教育結果を得られるようにはたらきかけることである。教授は教材の選択など、教育の手法を教育者がしっかりと理解して準備して教えるという意味である。さらにヘルバルトは教授には「明瞭・連合・系統・方法」の4段階があるとした。教授といっているが、生徒の側にどのような心理的変化を起こすようにするのか、というガイドラインのようなものである。生徒（学習者）の心理の理解によって教育方法を整えようとしたところに、教育

と心理学の接点があり、教育心理学の萌芽がみられるといってもいいだろう。心理学を研究しながら教育にも関心をもっていたヘルバルトだからこその視点だと思われる。

　さらに、教育に関する学問を教育科学という名称で捉え、教育実践の主体である教師のあり方をより自由で解放的にするための科学であると主張したのがアメリカの**デューイ**（Dewey, J. 1859-1952）である。彼は教育に関する科学が、生理学や心理学など対象者を知るための諸学問、各教科の内容そのものに関わる諸学問（たとえば歴史学）、芸術、教育のあり方を考える諸学問に支えられているとしながらも、決してそれらの諸学問には還元されえない固有の原理があると主張した。

教育に心理学的観点を入れてみる

　では、教育心理学とは何をするのだろうか？　教育について、その理念や目標について考えたり過去に遡って考えるのではなく、（生徒や学生が）学ぶ、（教師が）教える、という行為を心理学的に扱う、のである。

　心理学は人間のあり方そのものを実態に即して考える学問である。「人間とはこうあるべきだ」というようなことではなく「人間はこういうものだ」ということを追求する（心理学は**「当為」**ではなく**「存在」**を扱うものだということが可能だろう）。心理学では理念を考えることよりも、実際にデータをとることを重視する。いくら高邁な教育理念があっても、その教え方に問題があったり、学ぶ側に準備状態（**レディネス**）がなければ、教育の効果はあがらないだろう。このような悲劇を防ぐために、心理学は心理学の立場と心理学の方法を用いて教育について貢献していこうとするのである。

　たとえば、逆立ちをすることを考えてみよう。腕の筋力がなければ、体重を二つの腕で支えることはできない。いくら逆立ちの理屈がわかっていても無理である。まず筋力を鍛えることが必要である。また、筋力がついたとしても逆立ちをする動機がなければただやれと言われてもやらないだろう。こうした身体的・心理的な準備状態を整えるために子どもの心身の状態について理解して、足りないところを補うこと、それが教育における心理学の大きな役割の一つだと思われる。

─── ワーク1−2 ───

教育を心理学という方法で扱うことは、よいことだけだろうか？　教育学との
対比で考えてみよう。

....

....

....

....

....

....

学習観と教授法の進展──洞察（ひらめき）と罰をめぐって

　心理学による人間行動の理解や発達過程の理解は、教えられる側の学習観の
多様化を生み出し、その結果として教育における教授法の開発に結びついた。
それは、学習の成果だけではなく、学習の過程に焦点が当てられたこと、つま
り、身についた知識、だけではなく知識を身につける過程をみることの重要性
が認識されたからだろう。

　ここでは**教授法**に関して「罰」を、**学習観**に関して「**洞察（ひらめき）**」を
扱ってみたい。

　学習観、学習者観、評価観、評価者観、そしてそれらの相互作用などについ
ての探究が深まることで、教育に新しい考え方を提案する、そうしたはたらき
を教育心理学はもっている。

　本書『ワークで学ぶ発達と教育の心理学』においては、学生や生徒が学ぶこ
と（学習）やそれについての考え方（学習観）について次章以降で取り扱って
いるので、それを読み込んでいってほしい。

─── ワーク1−3 ───

教育学と教育の心理学の違いは何か。
教育学について、教育学が何を目標にしているのか、について、教育学の本
『ワークで学ぶ教育学〔増補改訂版〕』などを参照しながら考えたうえで、教育
心理学の違いはどのような点にあるか想像してみよう。

　まず、罰については、行動主義の立場から**スキナー**（Skinner, B.F. 1904-1990）が罰には行動を消去する効果がないと主張した。世間では体罰に賛成とか反対という議論があるが、そもそも罰による行動のコントロールは効果がないのである[1]。こうした考えは、好ましくない行動に注目するのではなく、好ましい行動の形成を支援することが重要だという教授観に結びつくことになる。

　洞察については、ゲシュタルト心理学者・**ケーラー**（Köhler, W. 1887-1967）が行った研究が有名である。チンパンジーの手が届かない高さのところにバナナを吊るす。最初、ジャンプして取ろうと試みるがそれも届かない。周りには木箱がいくつか転がっている。すると、チンパンジーは木箱を重ねて足場をつくり、バナナをもぎとり食べることができた。

　チンパンジーは、問題解決のための方法を閃き、木箱を道具として使用することができたのである。これは、チンパンジーが問題解決の構造（＝ゲシュタルト）を理解しているからなのだ、というのがケーラーの主張になる。

　目的が明確だからこそ、その目的を達成するために不足している部分（ミッシング・ピース）がわかり、それを補うために何かを道具（手段）にすることができる。突然の閃きのような解決方法への到達には問題のゲシュタルト的理解が必要で、その解決法が洞察なのである。

　こうした考えはロシアの心理学者**ヴィゴツキー**（Vygotsky, L.S. 1896-1934）に引き継がれていった。

図1-1　ケーラーの研究
出所）W. Köhler,
Intelligenzprüfungen an Menschenaffen, Berlin: Springer, 1921.

道具は媒介物であり、媒介を用いた学習を重視した。また彼は、他者とともにいることで活動が広がることの意義を認めた。子どもの発達とは、最初は他者の支援つきでしか実行できないことが、やがてひとりでできるようになることだ、として発達の最近接領域を概念化した。こうした学習観には、**スキャフォールディング**（足場かけ）の必要性なども取り込まれていくことになる。目標がしっかりしていれば、一つのやり方で失敗しても他の方法を試して成功することができる。これは人生全体についてもいえることである。人間は教えられる存在であるとともに、みずから考えみずからの人生を意味づけ構築していく存在でもある。人生の意味づけという側面について次節でみていこう。

2．主体的に人生を意味づけることの意義と方法

ナラティブと意味づけ

　心理学は基本的に実証的な学問を志向しており、心理学によって得られたデータやそれに基づいてつくられた理論は確実に教育という営みに貢献してきた。独自性より共通性、特殊性より普遍性、個性記述よりも法則定立によって貢献してきたといってもいい。

　ただ、こうした方法には一定の限界もあった。個々人の独自性が無視されやすい。私は他の誰とも違う！とか、ウチのママはどのうちのママよりも素晴らしい世界一のママだ！とか、そのような主張は心理学が用いる方法ではなかなかアプローチできないのである。だが、こうした実感を捉える個性記述志向の心理学があってもいいのではないだろうか。

　心理学の方法によって個々人の経験の個別性や特殊性を描くことはできないのだろうか？　こういう問いをもったときに参考になるのが、心理学に「意味」や「意味づけ」の重要性を持ち込んだ**ブルーナー**（Bruner, J. 1915-2016）の考え方である。彼は思考の様式には、**Logico-scientific（論理実証）**モードと**Narrative（もの語る）**モードがあると分類した。前者は一般法則を追求するような思考のモードであり、後者は事実性や因果性よりも物語性を重視する思考のモードである。これら二つのモードはどちらが正しいかを争う対立的な関係ではなく相補的な関係である。そうであることを前提に、これまで軽視され

てきたモードであるナラティブモードについて理解を深めていく必要がある。

　ナラティブの機能は、**意味づけ（meaning）**にある。意味づけは意味そのものではなく、意味を求めることであり意味を探求（Narrative Inquiry）することである[2]。

因果的な単線性を越えて──人生の複線性を考える

　そもそも、人生において経験する多くのことは、物理法則的な因果関係で描けることは少ない。インフルエンザ・ウィルスに罹患して発熱した、というようなことは物理法則に則った経験といえるだろうが、失恋してひとりでカラオケに行って歌いすぎて扁桃腺が腫れて発熱した、ということになれば、単に物理法則に従ったとはいえないことがわかる。

　ましてや、おじいちゃんが入院したときの看護師さんが優しかったから看護師を目指す、とか、地震が起きたからPTSD（**心的外傷後ストレス障害**）になって苦しんでいる、というような出来事の連鎖、は論理実証モードで起きているのではないはずだ。祖父の入院や地震は因果関係的な「原因」ではない。原因を取り除けばその後の結果が回復するわけでもないし、そもそも原因を取り除くことはできない。あるときに起きた偶発的な出来事が次に起きることの機会条件となっているにすぎない。その人にとって重要な出来事であり日常語では原因だといえるからといって、それが心理学において原因といえるわけでもない。その出来事のあとに起きたさまざまな連鎖の結果として人生径路を紡いでいるのであって、物理法則的な因果関係で何かを経験しているわけではないからである。

　因果主義（前の条件が玉突き的に後の結果に影響を及ぼすような関係）とは別の可能性を考えるなら、**複線性**と等至性の考え方が重要となる。単線性（因果的な連鎖）に

対抗するには複線性が必要なのである。複線性とは道が複数か単数かということであるが、道が複数あるということの前提には目的地（目標）が同じだということが含まれている（鉄道の複線化でも目的地が同じだから複線化というのであって、東京から仙台行きと新大阪行きの新幹線を複線とはいわない）。前節で扱ったケーラーのチンパンジーの研究でも同じことがいえる。目標がしっかりしていれば、複数の方法をとることが可能になるのである。

　ここで、人生において同じ目的地（目標）のことを等至点という語で表し、等至点をもつ径路のあり方を等至性と表すことにする。すると、複線性は等至性が前提であり、等至性は分岐と複線性を前提とすることがわかる。そして人生をこのように考えることで、（玉突き的）単線的な人生観を覆すことが可能になる。

　このように、因果ではない人生のあり方＝単線性ではない人生のあり方を描く方法として　**TEM（Trajectory Equifinality Modeling；複線径路等至性モデリング）**がある[3]。TEMは、時間の次元と「実現したこと－しないこと」の次元で人生を描く手法である。一次元で人生を描くとタイムライン（年表）的に出来事が起きたように表現され、ビリヤード（玉突き）的で因果的に捉えられてしまいがちであるが、二次元にすることで紆余曲折や外部の力を描くことができるのである。この手法についてさらに学んで自分の人生径路を描いてみよう。そのことは人生の豊かな意味づけを行うことにつながる。

TEM（複線径路等至性モデリング）

　TEM（複線径路等至性モデリング）は、人生の径路を描く際に、時間の軸を確保して記述する方法論である。そのとき、時間のほかにもう一つの次元を用いて、つまり二次元を用いて人生の径路を描こうとする手法である[4]。

　いまここで、大学生にとってごく最近あった身近な出来事である大学受験について例を考えてみよう。

Aさんの例

高校入学 ― 大学受験の目標をたてる ― 第一志望不合格 ― 第二志望入学 ― 不全感 ― 就活失敗

Ｂ さんの例

　いずれの例も、高校入学を起点にして架空に考えてみた例である。「受験の目標をたてる」から「第二志望入学」までは同じ出来事の継起が描かれている。その後が「不全感」か「やりがい感」になるという違いがあるが、時間順だけを記述するとこのような直線的な表現になる。

　こうした描き方は出来事の継起を重視してその時間的な順序を示したものにすぎないのであるが、時間軸上の因果的な影響関係にもみえてしまう。実際には、これらの出来事は連鎖的なものではなく、いろいろな事情や経緯が絡んでいる可能性もあるが、それをどうやって描けばいいだろうか？

　次元を一つ増やして二次元で表すことにして、縦軸をプラス（好ましい状態）とマイナス（好ましくない状態）の次元、横軸を時間の次元とすることにしてみよう。するとおおむね次図のように描けるはずだ。このように描くと出来事の上下の揺れ幅を意識することができる。そして、方向が変わった点（変曲点）があるということにも気づくことができる。

　方向が変わるということは、何らかの力が作用したと考えることができる。どのような力がそこにはたらいたのか、いろいろと考えてみることができるのである。たとえば、第二志望大学に入学したときに、どのような力がはたらいてやりがいをもつようになったのか、逆にどのような力がやりがいをもつのを妨げようとしたのか、を考えることができるのである。

　さて、人生の径路における変曲点を TEM（複線径路等至性モデリング）では分岐点と呼ぶ。個人の視点からみれば、分岐点は選択が生じるポイントである。そして、選択のうちのどちらにいくにせよ、実際に何らかの選択を行うのであれば、そこにさまざまな内的／外的な力が生じるポイントでもある。上からの圧力が強ければ下に行くし、その反対もある。人生は私たちがやりたいように自然に流れているわけではなくさまざまな力によって影響を受けているということがこうした図化によって可視化されるのである。図中の矢印は、プラスの方向やマイナスの方向にはたらく力である。このように図示してみると、

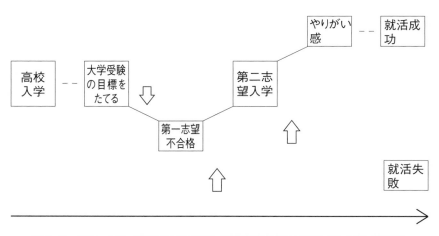

図 1-2　高校－大学－就活に関する TEM（複線径路等至性モデリング）の図（架空例）

選択にあたって何らかの力がはたらいていたことを図示できる。つまり、自分の人生がこれまで、他の人たちに支えられていたこと、誰か特定の人が邪魔していたこと、自分の思考が成長を妨げていたこと、などを理解することで、今後の未来展望についてより柔軟性をもつことができる。

　なお、二次元を使って人生径路を表現するにあたって重要なのは、縦軸の定義である。先ほどの大学受験の例を取り上げると、高校生の自分からみて望ましい進路かそうでないか、という対極的なことを次元として扱うことができる。ここで、第二志望入学が縦軸の上側にきていることがおかしいと思うかもしれないが、一般に、どのような場合であっても（積極的理由であっても消極的理由でも）、新しいスタートは希望に満ちているものではないだろうか。第一志望の大学に受かった人はもちろんのこと、そうでない人でも、入学すると決めてから入学するまでというのは、それなりにワクワク感があることがわかっている（本当に嫌なら受験浪人など他の道を選んでいる）。高校のときの決められた時間割とは違い、シラバスを読んでいくつかの科目のなかから自分なりに講義を選んで、自分にしかない時間割を組むことができる。このことにワクワクしなかった人を見たことはない（個人の感想です）。

　TEM（複線径路等至性モデリング）によって人生の複線性を捉えることは、

私たちと外界（周りの人や制度）との関係を可視化させてくれることにほかならない。また、現在をつくってきた過去の経緯を知ることは、現在が過去になるとき（つまり、未来）との関係を考えるヒントを与えてくれると思われる。

─── ワーク 1-4 ───

自分の人生径路を TEM で描いてみて、外部からの力の影響を考えてみよう。

1　ライフラインメソッドを用いて、今日までの出来事の波を書いてみよう。ライフラインメソッドは縦軸を出来事の評価の軸（プラス－ゼロ－マイナス）として設定し、横軸を時間に設定する方法である。これまでに経験したいくつかの出来事について時間順にプラスマイナスを評価して線でつないでみよう。これは練習なので、揺れ幅は大げさにするほうがいい。縦軸を良い－悪いにして波線を書いてみるのである。

2　変曲点に注目して、どのような事があったときに方向が変わったのか、どういう圧力（プレッシャー）、どういう支援があったときに方向が変わったのかを考えてみよう。

3　可能であれば、何人かの人と見せ合って説明してみよう。

記号論的罠とその克服──思い込みを乗り越える意味づけ

　この節では、ナラティブを用いた意味づけということについて、**記号論的罠**（Semiotic Trap）を題材に考えてみよう。記号論的罠とは、簡単にいうと思い込みのようなことである[5]。はまってしまったら簡単に抜けられない思い込みである。一つ例をみてみよう。

　自分が入学したい高校や大学に落ちることはショックである。しかし、実際に高校・大学に進学すれば、そこで充実した生活を送ることは可能である。ところが、＊＊に受かっていれば今頃……だったのにと考えると、どうしても生活が充実しなくなってしまう。

ある大学の４年生が、自分に自信をもてないといって大学の相談室に相談に来た。その人は、大学のなかでは成績もよく課外活動もしっかりやっていてリーダー格の学生だとみられていたのであるが、本人は「行きたい大学の受験に失敗してここに来て、それなりに頑張ったけれど、希望通りの就職ができなかった」と悩んでいるという。

　この例では、自分が行きたい大学に行けばよい生活があったはずだということに自分が囚われていて、自分が実際に経験している４年間の生活経験を更新することができず、自分自身がとるにたらないものだと意味づけてしまっている。自分が現実にやっていることに意味を見いだせない人が、就職活動で面接を受けても、相手から高い評価を得られることは少ないだろうから、いわゆる悪循環に陥ってしまったのだった。つまり、結局は高校生のときの価値観で暮らしてしまい、自分がやっていることの意味を更新できなかったと思われる。この例のように高校生のときの価値観に支配されて４年間の経験を意味づけてしまうのは実存を軽視することにほかならず、まさに記号論的罠だといえる。そもそも、自分が行きたいと思った大学に行ったからといってうまくいくとも限らない。調子にのって失敗してしまったかもしれないのである。おそらく、「私は＊＊大学に入ったから優れているんだ」という意味づけをしてしまいそこからは何も進歩しなかった可能性もある(6)。

　価値観が高校生のまま止まっており、その後の実際に生きている時間がまったく自分に反映されていないという「記号論的罠」に対抗するには、ナラティブによる意味づけが有効である。ナラティブ論では「過去の出来事は変えられないが、ナラティブ（もの語り）は変えることができる」と考える。いまの自分が行っているさまざまな活動を、（過去の視点ではなく）現在の視点で評価することで罠から抜け出せる可能性がある。

── ワーク１−５ ──

自分が陥っていたと思われる罠について書いてみよう。それを友達と話し合ってみよう。

　最後にフランクルの『……それでも人生に YES と言う——ある心理学者、強制収容所を体験する』という本を紹介して意味づけについて考えてみたい（邦訳は『夜と霧』というタイトル）。オーストリアの精神医学者・**フランクル**はユダヤ人であるがゆえにナチス・ドイツの強制収容所に収容され、父・母と妻は収容所で死亡したものの本人は生還したという経験をもつ。収容所という状況でさえも楽しみを見いだす人がいることにフランクルは気づいた。そして、どのような状況でも人生に意味を見いだそうとすることが生きることにとって重要だという考えに至った。この状況ではおしまいだ！とか、こんな自分に意味があるの？と考えて自分に懐疑的になるのではなく、自分にしかできないこと、自分に何が求められているかについて意味づける努力が重要だというのがフランクルのメッセージである。

注

（ 1 ）　スキナー（佐藤方哉訳）「罰なき社会」『行動分析学研究』5、1990 年、87-106 頁。

（ 2 ）　サトウタツヤ「心理学史におけるナラティヴの役割」『N: ナラティヴとケア』11、2020 年、11-21 頁。

（ 3 ）　サトウタツヤ『TEM ではじめる質的研究』誠信書房、2009 年。

（ 4 ）　この TEM は TEA（複線径路等至性アプローチ）という研究アプローチの一翼を担う方法論であるが、本章では TEM（複線径路等至性モデリング）のみに焦点をあてる。TEA は、人生径路を複線で描こうとする TEM、サンプリングという思考を放棄して人をご招待して話を聞くのだという意識を明確にした HSI（歴史的構造化ご招待）、自己を三つの層でモデル化した TLMG（発生の三層モデル）からなる新しい思考の枠組みである。

（ 5 ）　木戸彩恵・サトウタツヤ『文化心理学』ちとせプレス、2019 年。

（ 6 ）　この例においては、大学生活の 4 年間が、大学入学前の高校生の価値観に基づいて意味づけられているということが問題である。大学進学時にいわゆる偏差値

的価値観に基づいて志望校を決め（もちろん、偏差値以外の側面もあるでしょう）、そこに向かって努力することは大事なことだ。希望がかなえば嬉しいしかなわなければ悲しい。ここで問題にしたいのは希望がかなわなかったときのことである。そのときの価値観や感情を4年間ひきずるということは高校3年生のときのままだということである。実際に、4年間にわたってさまざまな活動をしているのだから、その経験に敬意を払う必要があるのではないか。自分の経験を積極的に意味づけることは、過去の思い込み（記号論的罠）を克服するために有効だと考えられる。

【読書案内】
①ヴィクトール・フランクル（霜山訳と池田訳）『夜と霧』いずれもみすず書房。

　著者・フランクル（Frankl, V. E. 1905–1997）は神経学と精神医学の訓練を受けた学者である。そして、強制収容所からの生還者である。強制収容所とは、ナチス・ドイツが国家政策としてユダヤ人を根絶するためにつくった施設であった。収容所経験においては、生きることの意味を問うことが多いという。「私は何のために生きているのか？」しかし、フランクルはこのような問いではなく、「あなたが生きることが、あなたに対して期待していることは何か」を問うべきだと言う。本書には霜山訳と池田訳がある。まず池田訳を読み霜山訳の写真なども見てみてほしい。
②サトウタツヤ・春日秀朗・神崎真実『質的研究法マッピング』新曜社、2019 年。

　ライフラインメソッド、TEA（複線径路等至性アプローチ）など質的研究法について知ることができる。

参考文献

Frankl, V. E. *...trotzdem Ja zum Leben sagen: Ein Psychologe erlebt das Konzentrationslage.* Kösel-Verlag, München, 1946. 霜山徳爾訳／池田香代子新訳『夜と霧』みすず書房、1956 年／新訳版 2002 年。
サトウタツヤ・春日秀朗・神崎真美『質的研究法マッピング』新曜社、2019 年。

（サトウタツヤ）

第2章

教育と心理学は歴史のなかでどのように結びついたのか？

教育心理学の生成と展開

1．なぜ心理学の歴史を学ぶのか——「歴史認識」と「歴史叙述」の問題

たしかにあったのに、見えてはいなかったもの

　皆さんは歴史の勉強や授業、あるいは歴史書の読書は好きだろうか。歴史というと、たとえば学校での日本史や世界史の授業、またはテレビでの大河ドラマなどを思い浮かべる方が多いかもしれない。世の中には歴史に関わるコンテンツがたくさんあり、皆さんはそれらに否応なく触れてきたことだろう。しかしながら、学校での歴史の授業がそうであるように、まさに好むと好まざるとにかかわらず、歴史は学んだほうがよいもの、ないしは学ぶべきものとされていることもある。いったいそれはなぜなのだろうか。ここではまず、歴史を学ぶ意義について簡単にではあるが触れておきたい。

　心理学史を専門とするサトウタツヤは、歴史を学ぶ意義には「過去の知見を知ること」のほかに、過去の知り方、すなわち「**歴史認識**」を多様にすることで、現在の状況についての認識を豊かにし、「未来への指針を描くこと」があり、後者こそが重要だとしている。また、歴史を知ることは何らかのつながりをみることであり、「その当時は当たり前にあったものであり、だからこそ、その時点での説明がなされず、結果としてあとは見えにくくなった」つながりの（再）発見を、歴史を学ぶ意義として取り上げている[1]。たしかにあったのに、見えてはいなかったもの。現在を生きている私たちは、あらためて自分自身の歴史認識を振り返ることや、発掘された歴史資料などを実際に確かめてみることをしなければ、そのような存在には気づくことすらできない。

そのようなものは皆さんにもあるだろうか？ 心理学史に限らず、過去の事柄
について、皆さんが現時点では「気づいていないこと」にどのようなものがあ
りそうか、自由に考えたり、話し合ったりしてみよう。

....

....

....

....

....

　問題なのは、そうした気づきがなくても、現在において心や教育について考
えることが一応は可能であるという点である。歴史を学ぶことの決定的な意義
は、そのように私たちの現在の視点やものの見方が制約され未知に条件づけら
れたものであり、一面的なものにすぎない——にもかかわらずとくに問題視も
せずに生きてしまっている——ことに気づかせてくれる点にある。このことを
意識しながら、本章を読み進めてほしい。

心理学史の複数性と「教育心理学史」の可能性

　もう一つ、歴史をどのように
描くかという「**歴史叙述**」の問
題にも触れておこう。20世紀前
半に、一つの有力な歴史叙述の
仕方が現れた。19世紀後半に誕
生した「実験心理学」を到達点
として、そこへと至る発展の道
筋を描くものであり、その代表が、
現代でもしばしば言及される
ボーリング（Boring, E.）の著書『実験
心理学の歴史[2]』である。彼は、

当時の時点における実験心理学の重要性を前提とし、そこから遡るという叙述の仕方をとった。しかしながら、「歴史認識」が多様でありえたように、「歴史叙述」の仕方もさまざまでありうる。現在において、あるいは過去において、何を重要なものと考えるかに従って、他の視点から別様の歴史を描くことも可能なのである。

```
── ワーク2-2 ──────────────────────────────

「実験心理学」を到達点とする歴史の描き方のほかに、どのような歴史叙述があ
りうるだろうか？　現在重要とされる心理学上のテーマを手がかりにして、想
像したり、図書館やインターネットなどで調べたりしてみよう。

┄┄┄┄┄┄┄┄┄┄┄┄┄┄┄┄┄┄┄┄┄┄┄┄┄┄┄┄┄┄┄┄┄┄┄┄┄┄┄┄┄┄┄┄┄┄┄┄┄┄┄┄

┄┄┄┄┄┄┄┄┄┄┄┄┄┄┄┄┄┄┄┄┄┄┄┄┄┄┄┄┄┄┄┄┄┄┄┄┄┄┄┄┄┄┄┄┄┄┄┄┄┄┄┄

┄┄┄┄┄┄┄┄┄┄┄┄┄┄┄┄┄┄┄┄┄┄┄┄┄┄┄┄┄┄┄┄┄┄┄┄┄┄┄┄┄┄┄┄┄┄┄┄┄┄┄┄

┄┄┄┄┄┄┄┄┄┄┄┄┄┄┄┄┄┄┄┄┄┄┄┄┄┄┄┄┄┄┄┄┄┄┄┄┄┄┄┄┄┄┄┄┄┄┄┄┄┄┄┄

┄┄┄┄┄┄┄┄┄┄┄┄┄┄┄┄┄┄┄┄┄┄┄┄┄┄┄┄┄┄┄┄┄┄┄┄┄┄┄┄┄┄┄┄┄┄┄┄┄┄┄┄
```

　本章でも、「実験心理学」の成立は重要な出来事として取り上げる。ただし、本章はあくまでも**「教育心理学」の歴史**を描くことを試みたものである。第2節から第3節では、「教育心理学」成立の条件をなす前史を取り上げる。それを受けて第4節以降では、サブタイトルにもある教育心理学の生成と展開について詳細に記した。こうした筆者の「歴史叙述」が適切なものであるかどうかは、ぜひとも皆さん自身で検証してみてほしい。

2．教育心理学の古層

　ここからは、本論である教育心理学の歴史をみていこう。その叙述の中心となるのは、承認された学問分野（ディシプリン）としての**「教育心理学」**の出現である。しかしながら、その誕生に先立って存在した多くの教育心理学的な寄与についても、本章では簡単に触れておきたい。広い意味での教育心理学——医学に対する医術のように「教育心理術」と名指すほうが適切かもしれない——は、大人たち

がみずからの子どもを教育する慣習的伝統のなかにすでに存在していたともいえる。何らかの事柄を子どもに伝える際、相手の内面に配慮しながら伝え方を工夫することが昔からありふれていただろうことは想像に難くない。

そうした工夫の仕方が明確に意識され、言語化され、現代にも伝わるかたちで文章として残されたのは、古代の文筆家たち以降だろう。アリストテレス（Aristotélēs 前384–前322）の「記憶と想起について[3]」にみられる記憶が学習のコンテクストに関連しているという考え方や、デモクリトス（Dēmókritos 前460頃–前370頃）らの素質よりも後天的な学習や環境を重視する見方、また、のちのルネサンス期の学習論や教師論に多大な影響を及ぼした古代ローマのクィンティリアヌス（Quintilianus M. F. 35頃–100頃）によるカリキュラムと行動上のコントロールとを関連づける議論には、教育心理学的な内容が潜在的なかたちで含まれているといってよい。

近世以降の思想家ではどうだろうか。たとえば、ヴィヴェス（Vives, J. L. 1493–1540）の『教授論』（1531年）にみられるような、教師は生徒が個々の関心と能力に基づき学習について決断することを助け導くべきとする考え方が、教育心理学的な見解を含むとする歴史叙述はしばしばみられる。そして、近代のヨーロッパで成熟した教育学的な思考には、のちの教育心理学を形づくる強い影響力が潜在していた。教育学の教科書にほぼ必ず登場し、教職課程で学ぶべき必須の内容とされるルソー（Rousseau, J-J. 1712–1778）やペスタロッチ（Pestalozzi, J. H. 1746–1827）、ヘルバルト（Herbart, J. F. 1776–1841）、フレーベル（Fröbel, F. W. A. 1782–1852）の思想はその代表である。

3.「教育学」に胚胎される教育心理学

上にみた4人は、一般的に、近代における「教育学」の成立にとって重大な役割を果たした人物たちとして位置づけられている。たとえば子どもを大人と質的に区別された存在と考える視座や、教育を単なる知識の注入ではなく学習や発達の援助であるとする見方を明確に提示し、現代的な教育観の基礎づけに寄与したからである。しかしながら、彼らの思想のなかには、教育心理学ともいいうる知見がやはり萌芽的なかたちで内在していた。

　子どもたちがみずから物事を発見することを強調し、その教育上の含意を示したルソーの『エミール』は、他の3人への影響を考えると、それらのなかでも最重要といえる。ペスタロッチは、能動的な学習者や人格的成長を含む教育という考え方など、今日の教育心理学において通用する多くの考えを組み入れた学校を発展させた。こうした2人に対してヘルバルトは、教育概念や教育実践の学問的基礎づけを試みた。とりわけ1824年に出版した『学問としての心理学』は、教える過程と教えられる主題とを区別する視点を与え、それらに心理学的な基礎を与えようとした点でも教育心理学史上の画期をなす著書といえる。ただし、ヘルバルトの方法は基本的には思弁であり、数学を応用し人間の認識過程を確実に考察しようとした点は学問的アプローチとして評価すべきであるものの、のちの心理学のように実験や大量の観察、調査に基づくようなものではなかった。

　最後の1人であるフレーベルは1830年代から40年代にかけてのドイツにおいて「幼稚園_{キンダーガルテン}」を創始した人物として有名だが、彼の仕事はアメリカの教育思想や教育実践に対しても多大な影響を与え、教育心理学の成立に大きく寄与することとなった。なぜなら、アメリカで隆盛した幼稚園運動は、子どもを科学的に研究すると標榜していた「児童研究運動」と歩みをともにしつつ、創造性などの子どもの心的特徴や内面の発達の特徴を見いだし、そうしたものを基盤とする能動的学習の促進を期待していたからである。1873年には最初の公的幼稚園がセントルイスに開設され、1880年までにアメリカは400を超える私立幼稚園を抱えるほどになっていたが、こうした動きは、19世紀を通じて整備されつつあったコモン・スクールなどの公的学校システムと軌を一にしつつ、先にみたヨーロッパの思想を制度として実現させるものだった。そして、それらはまた、教育概念や教育実践に対して心理学的に基礎づけを試みようとする動きとも同期するものだったのである。この点を次節で確認したい。

4．「教育心理学」の生成

　教育心理学の歴史にとって、19世紀から20世紀にかけての世紀転換期、とくに1890年から1910年にかけての20年間は重要である。本節でみるように、

19世紀におけるもろもろの自然科学の進展なかで一つの学問分野としての心理学、とくに「**実験心理学**」が成立し、主としてそれらの学問上の内容や手続きが教育問題へと応用されることで、現在私たちが慣れ親しんでいる教育心理学が出来上がっていったからである。

ウィリアム・ジェイムズ──「新心理学」と教育との接続

　現代とは異なりいまだ世界的に権威ある大学とはいえなかったアメリカのハーヴァード大学に勤めていた心理学者・哲学者であるジェイムズ（James, W. 1842-1910）は、執筆契約から12年をかけて完成させた『心理学原理』という大著を1890年に出版した。先進的なヨーロッパの「心」に関する学問──それは伝統的な哲学上の諸問題とその解決の試みから、当時最新だった実験データまでをも広範に含み込むものだった──を総まとめするものだったその著書はたちまち評判となり、心理学の基本書としての位置を獲得した。そうした功績を経て彼は、1891年からアメリカの教師たちに向けて当時話題となっていた「新心理学」についての一連の講義を行い、1899年に別テーマを付して『心理学についての教師への講話、ならびに生の理想についての学生への講話』（以下、『心理学講話』）として出版した。こうした仕事は、実験心理学をはじめとする当時の新しい心理学が教育実践においていかに"役に立つ"ものかを、その使い方の"留意点"とともにわかりやすく示そうとしたものであり、心理学と教育との接点を考えるうえできわめて重要なものである。

　ところで、ジェイムズがアメリカで紹介した「新心理学」とはどのようなものだったのだろうか。それは、「心」について哲学的に反省したり論理学を基礎として心的諸問題を考察したりする旧来の心理学とは異なり、経験的なデータや自然科学的な手続きを「心」の考察に対しても利用しようとする方法的な要請から生まれつつあった心理学であり、その代表が実験心理学だった。16世紀以来の解剖学の伝統のなか、顕微鏡の発達も背景に19世紀以来神経解剖学は目覚ましく進展を遂げ、「生理学」という分野の存在感が高まりつつあった。その代表者であるミュラー（Müller, J. P. 1801-1858）は、それぞれの感覚に最も適切な刺激はそれぞれ異なるとする「特殊神経エネルギー説」を唱え、生理学や実験心理学の基礎をつくった。彼の弟子であるデュボア＝レイモン

(du Bois-Reymond, E. H. 1818–1896) やヘルムホルツ (Helmholtz, H. L. F. v. 1821–1894) は、生命現象を物理化学的過程に還元可能とまで考え、実験心理学の還元主義的傾向の前景をなした。

　実験心理学の成立にとりわけ寄与したのが、ジェイムズも詳しく論じた「精神物理学」である。すでにヴェーバー (Weber, E. H. 1795–1878) は、刺激の差がわかる最低限の違いが標準刺激の40分の1であることを実験により発見していたが（「ヴェーバーの法則」）、その後のフェヒナー (Fechner, G. Th. 1801–1887) は、与えられた物理的刺激に対する感覚の変化の報告という方法を採用し、ヴェーバーの法則に感覚の大きさを加えた「ヴェーバー＝フェヒナーの法則」（1860年）を定式化した。「精神物理学」は、その名が示すように心的過程と物的過程とが交差するところに焦点を当て、「感覚」を実験することで、いわばエビデンスに基づく心の研究を行おうとしたのである。

　こうした取り組みは、ヴント (Wundt, W. M. 1832–1920) によって「実験心理学」として確立していくことになる。1873年から74年にかけて『生理学的心理学綱要』を出版し、チューリッヒ大学哲学教授を経て75年にライプツィヒ大学哲学教授として招聘された彼は、生理学のように外部反応のみをデータにするだけではなく、刺激に対する内部経験をもデータにし、その両者を重視するという独特な心理学を確立した。1879年に彼の指導するゼミナールがカリキュラムに加わり、彼の実験室が授業に組み込まれたのだが、心理学史では通例この年を学問分野としての心理学独立の年とすることが多い。当初は「生理学的心理学」と呼んでいたものの、のちに彼はこうした取り組みを「実験心理学」と呼ぶようになり、海外では旧来の心理学との対比で「新心理学」と呼ばれるようになった。ジェイムズによる紹介には、このような歴史的な文脈があったのである[4]。

　教育心理学へとつながっていく実験心理学の成立や発展の条件にはほかにも、ダーウィン (Darwin, Ch. R. 1809–1882) の『種の起源』（1859年）、『人間の由来』（1871年）、『人間と動物における情動の表現』（1872年）などが問題にした人間と動物の連続／非連続という主題に関わる議論があった。この文脈で登場する比較心理学の創始者ロマーニズ (Romanes, G. J. 1848–1894) は、『動物の知能』（1882年）のなかで人間と動物の知的能力に質的差異はないと議論したが、

彼がその両者に適用した「知能」という言葉の使い方は、動物を実験、観察することで、人間の能力についての知見が得られると想定する仕方を用意したという意味で、のちの教育心理学の一定の領域、たとえば「行動主義」的な教育心理学に対して決定的な影響を及ぼしている（「行動主義」については第4章を参照）。

　このような知の流れを、ジェイムズは総合的にアメリカへと紹介、導入したのである。本人は実験心理学の研究実践をほとんど行わなかったものの、概念や論点、研究史といった研究のための枠組みを整えることで、当地における教育心理学発展の基盤を作り上げ、次の時代へとバトンを手渡したのだった。

ホールとソーンダイク

　ジェイムズが教えた学生のなかには、教育心理学の発展にとって欠かせなかった人物が何人かいる。ここではホール（Hall, G. S. 1846-1924）とソーンダイク（Thorndike, E. L. 1874-1949）という2人の仕事を紹介したい。どちらかといえば彼らの功績のポジティヴな側面を中心に扱うので、ネガティヴな側面についてはホール研究やソーンダイク研究を参照してほしい。

　ホールは、アメリカで与えられた最初の心理学の博士号（Ph. D.）を取得したことでも記憶されているが、ライプツィヒのヴントのもとに留学し、「新心理学」を実際に学んで帰ってきた最初の世代でもあった。また彼は、1883年にジョンズ・ホプキンズ大学（1876年創立）にアメリカ初の心理学実験室を創設し、また、その地に大学院生のための奨学基金も導入した。彼は、1887年には『アメリカ心理学雑誌』（*American Journal of Psychology*）を創刊し、1892年の「アメリカ心理学会」設立に際しては初代会長にも選出された。

　ホールの功績はアメリカ初の諸制度を生み出した点にしばしば認められるが、彼はそれ以外にも歴史のなかで非常に重要な役割を演じている。当時のアメリカは、移民の増大や国内の人口移動などの社会状況の変化もあり、教育システムが大きく拡大した時期でもあった。そんななか、たとえば全米教育協会（National Education Association）の専門部会などでは中等教育カリキュラム改革が国家レベルで議論されるようになりつつあったのだが、ホールはこうした議論に中心的に参画し、教育問題に詳しい心理学者として影響力を及ぼしていた。

彼はそうした場で、教育方法の画一化への反対や、学習に遅れのある生徒の存在の指摘、中等教育を受ける生徒のニーズの多様化の指摘などを、心理学上の発見である生徒の「個人差」に結びつけて議論したのである。心理学が教育の現実に接する瞬間をまさにホールは生きていた。

　もう1人はソーンダイクである。ジェイムズが亡くなった1910年という年は、教育心理学者にとっては『教育心理学雑誌』が創刊された年として記憶されている。その創刊号のなかの「教育に対する心理学の貢献」と題する論考のなかでソーンダイクは、心理学が教育に果たしうる、また、果たすべき役割を記述した。そこでは、教育は生徒の知性、理想、行動の諸変化を促進すべきであり、心理学はそうした教育の諸目標をより定義可能で測定可能なものにするのを助けうるとされた[5]。こうした彼の主張は、「教育測定運動」に理論的基盤を与えるものとしてさかんに言及され、のちの「教育評価」論につながる一つの流れを生み出した。

　ほかにもソーンダイクが教育心理学に対して為した貢献は多い。1903年には教育心理学の最初の教科書といえる『教育心理学』を出版し、1913年から14年にかけては古典的な3巻本の教育心理学のテクストを、やはり『教育心理学』というタイトルで出版した[6]。後者の3巻にはそれぞれ副題が付されているので、章末の註を参照してほしい。それをみるだけでも彼の教育心理学が問題の対象としていた事柄がみえてくるだろう。

5．ジェイムズによる警鐘

　『教育心理学雑誌』の創刊号で編者たちは、将来の号では心的発達、遺伝、青年期、児童研究、個人差、テストや測定に関する問題に焦点を当てるという計画を述べている。のちの時代を生きる私たちは、こうしたテーマの研究が実際に大きく進展し、現実に力をもった歴史を知っている。教育心理学はその当初から、現代においても重要とされるテーマの発展の芽を内包していた。

　しかしながら、教育と心理学との結びつきについて、誰もが純粋に希望のみを抱いていたわけではない。むしろ、多くの心理学者たちはそれぞれの立場からそうした結びつきに関しては慎重な立場をとっていた。先にみたジェイムズ

もその1人である。教育心理学の生成期である世紀転換期の、まさに転換間際の1899年に『心理学講話』が出版されたことは前節で確認したが、ここではそのなかの彼の批判的見解を紹介しよう[7]。

　ジェイムズは、心理学は心の法則を明らかにする科学なので、心理学から直接教室で使用するための明確な教授の計画や方法を引き出せると考えるとすれば、それは非常に大きな誤りだと主張している。それはどうしてなのだろうか。彼の考えでは、「心理学は科学（サイエンス）であり、教えることは技術（アート）」であって、科学は直接そのなかから技術を生み出すものではなく、科学の応用には実践者の「創意（オリジナリティ）」が必要だとされる。もし科学的な見方を子どもや教育へと適用するなら、それらを科学的な法則に則る決定されたものとみる必要があるが、子どもや教育は決してそうした類いのものではないというのである。

　こうした考えから、彼は「子ども」を眺める際に「二つの角度から」みることが重要だと説いている。科学が適用可能なかたちでの一種の有機体として「子ども」を眺める見方は、心理学を応用する際に有効なものの見方ではあるものの、それは子どものすべてではなく、決定されていない自由な存在としてみることもまた重要だとした。対象を純粋に物理的な存在としてみるのであれば物理学が、生物学的な存在としてみるのであれば生物学が力を発揮するけれども、ここでは教育学的とでもいいうる見方を採用し、子どもを自由な、決定されていないものとみる見方の採用を教室現場ではたらく教師たちに勧めているのである。こうした彼の説明は、「教育」の難しさや特殊性を認めながら、当時有効性が示され始めていた心理学の教育への安易な利用に依存することなく、批判的な態度をとり続けることの重要性をも語るものだったといえる。

6．20世紀における教育心理学の拡大と「明るい未来」

　1910年に『教育心理学雑誌』が創刊されたとき、教育心理学に特化した学会はまだ存在しなかった。1922年にアメリカ心理学会（以下、APA）においてそのメンバーに対し教育心理学部門のニーズ調査が行われた際も、学問分野としての教育心理学への関心は十分にはないという結果が出ており、1946年になってようやく、多くのAPAのメンバーが鍵となる関心として「教育にお

ける心理学」を挙げ、教育心理学は APA の「第 15 部門」として地位を認められることになった[8]。

　1957 年のいわゆる「スプートニク・ショック」（ソ連による人類初の人工衛星「スプートニク 1 号」の打ち上げ成功を受けて西側諸国に生じた衝撃や危機感のこと）により、アメリカでは科学技術教育の推進が強く唱えられ始め、教育についての研究や資金供給が後押しされ、それに呼応するように 60 年代には教育心理学も急速に拡大した。科学や数学のカリキュラムやコースの大規模な増加や効果的な教授方法ないし学習方法に対する要求が現れたのである。すでに第二次世界大戦中に、兵士や将校の訓練を目的とした空軍人材研究所（AFHRL）が発展し、心理学的原理に基づく知識や技能の学習、学習内容の保持、学習能力の別分野への転移についての研究が進められていたのだが、「教示心理学（instructional psychology）」とも呼ばれるこうした分野の戦後における教育心理学への取り込みは、60 年代におけるその拡大の背景をなすものだった。

　しかしながら、70 年代から 80 年代にかけては、APA 内の近接部門や、アメリカ教育学会（AERA）やサイコノミックス学会（サイコノミックス：精神発達と物理的・社会的環境条件との影響関係の研究）などの他の学会へと移籍する者もいて、部門のメンバー数自体は縮小傾向となった[9]。ただし 70 年代は、量的縮小の反面で、きわめて重要な理論的傾向上の変容が存在した。それは、60 年代以降台頭してきた「認知心理学」のパースペクティヴの教育心理学における重要性が示されつつあったことである。それまでは、どちらかといえば「学習」過程を外側から観察、実験する行動主義的な教育心理学が主流であったといえるが、認知心理学の影響によって「認知」の過程、すなわち内的な理解や解釈のあり方が再びしばしば問題とされるようになったのである。こうした強調点の移動は、研究の枠組みをも変える――あるいは立場を大きく二分する――ポテンシャルをもっていた。つまり、たとえばハトやマウスなどで動物実験し、その結果から人間にも適用可能な示唆を得る仕方に対して、そのような実験は人工的な構成物であり、実際の子どもたちの学習の中身を知るためには現実の状況――たとえば教室の子どもたち――が研究対象として必要であるとする立場が支持を得るようになったのである。

　もちろん、何をもって「教育心理学」とするのかは難しい問題である。主要

な学会誌や教科書を一瞥するだけでも、扱われるテーマがさまざまであることは確認できるし、20世紀のおおよそ1世紀の期間を通じて中心となるテーマに変遷がみられること——たとえば「教えること」が減少し「学習」が増加していることなど——もしばしば指摘されている。

現在、いわゆる情報時代の進展もあって、学習や教示、動機づけなどの教育心理学で従来から重視されてきた概念やそれらの理論も、その再構成を迫られている。しかしながら、そうした課題を多く抱えつつも、社会的需要に応答するかたちで教育心理学はその重要性をますます増してきているかのようにもみえる。21世紀になって書かれた教育心理学史のなかでウェインステインとウェイは、「教育心理学の未来は明るく、刺激的な挑戦的課題に満ちている」と述べ、現在が教育心理学者にとっては刺激的な時代であるとしてその史的叙述を締め括っている[10]。ただ、たとえば第5節でみたようなジェイムズによる警鐘を思い出すとき、教育心理学の未来は明るいとはたして簡単にいえるのかどうかについては、私たちは再考してみる必要がある。科学の実践への応用については、その科学の特徴の変容、実践文脈の変容に応じて、起きうる問題の性質もさまざまだと考えられるからである。

ウェインステインらも、同じ論考のなかで「ひょっとすると最も重要なのは、教育心理学とその実践者たちが未来にとりうる方向性はどのようなものなのかという問いかもしれない[11]」と重要な問いを投げかけている。そうした「問い」に対して、皆さんの各自が自分なりの「答え」を見つけられるための手助けとなることを期して本章は書かれた。第1節で強調したように、たしかにそれは一つの歴史にすぎないものではあるのだけれども。

── ワーク 2-3 ──

上記の問いかけを受けて、皆さんはどのような「未来にとりうる方向性」を構想するだろうか？　本章に登場したさまざまな人物の考え方に触れながら、自由に話し合ってみよう。

注

（1）　サトウタツヤ・高砂美樹『流れを読む心理学史――世界と日本の心理学』有斐閣、2003 年、i 頁。

（2）　Edwin G. Boring, *A History of Experimental Psychology*, 2nd ed., Appleton-Century-Crofts, 1950. 1929 年出版の初版に比べると第 2 版では歴史認識や歴史叙述に関する反省がより見受けられる。

（3）　副島民雄訳「自然学小論集」『アリストテレス全集 6』所収、岩波書店、1968 年。

（4）　そのほか、18 世紀末に興隆した骨相学も重要な背景である。それは、頭蓋骨の形状と大脳皮質との関連を仮定したり大脳の機能的局在を仮定したりすることで心的能力の分類や経験的な裏づけを試みたものであり、19 世紀後半における大脳生理学の発展にもつながるものだった。

（5）　E. L. Thorndike, "The Contribution of Psychology to Education", *Journal of Educational Psychology*, Vol. 1, 1910, pp. 5–12.

（6）　E. L. Thorndike, *Educational Psychology*, Teachers College Press, 1903; *Educational Psychology, Vol. 1: The Original Nature of Man*, Teachers College Press, 1913; *Educational Psychology, Vol. 2: The Psychology of Learning*, Teachers College Press, 1913; *Educational Psychology, Vol. 3: Mental Work and Fatigue, and Individual Differences and Their Causes*, Teachers College Press, 1914.

（7）　以下のジェイムズによる見解については、岸本智典編著、入江哲朗・岩下弘史・大厩諒『ウィリアム・ジェイムズのことば』教育評論社、2018 年、第 5 章を参照。

（8）　ただし、1950 年代のはじめには、教育心理学は部門 12 であった臨床心理学と統合されることも示唆されたようである。このあたりの事情も含め、以降の教育心理学についての外在的な条件に関する情報は、以下の文献を参照。Claire Ellen Weinstein and Pamela, J. Way, "Chapter 13 Educational Psychology", In Donald K. Freedheim (Volume Editor), Irving B. Weiner (Editor-in-Chief), *Handbook of Psychology, Volume 1, History of Psychology*, John Wiley & Sons, 2003, pp. 269–277.

（9）　第 15 部門は、1959 年から 1967 年までの間に 7 倍以上の伸びを示し、525 名だけだったメンバーもほぼ 4000 名近くまで増え、APA のなかの最も大きな部門の

一つとなっていたのだが、続く 1977～1988 年の 11 年間で、メンバー数は約 40％も減少した。

(10)　　Weinstein and Way, *op. cit.*, p. 276.

(11)　　Weinstein and Way, *op. cit.*, p. 274.

【読書案内】

①高橋澪子『**心の科学史——西洋心理学の背景と実験心理学の誕生**』講談社（講談社学術文庫）、2016 年。

　本章では十分に扱えなかった「心」をめぐる古代以来の分厚い考察の歴史を含み、また、心理学における方法上の変革と認識上の変革とを区別することで歴史叙述の更新もねらう、心理学の科学史的、科学哲学的著作。

②カート・ダンジガー（河野哲也監訳）『**心を名づけること——心理学の社会的構成**』上巻／下巻、勁草書房、2005 年。

　心理学の学説や制度の歴史というよりは、それが用いる言葉の意味の変遷を問題にする概念史ともいえる著作。従来の心理学史の死角をつく議論は刺激的。

参考文献

Freedheim, Donald K. (Volume Editor), Irving B. Weiner (Editor-in-Chief), *Handbook of Psychology, Volume 1, History of Psychology*, John Wiley & Sons, 2003.

ククリック、ブルース（大厩諒・入江哲朗・岩下弘史・岸本智典訳）『アメリカ哲学史——一七二〇年から二〇〇〇年まで』勁草書房、2020 年。

眞壁宏幹編『西洋教育思想史 ［第 2 版］』慶應義塾大学出版会、2020 年。

（岸本智典）

第3章
やる気スイッチはどこにある？
やる気を支える大事なこと

1．やる気があるってどういうこと？

自分自身のやる気について振り返る

　やる気、意欲の問題は、教育における一つの大きな課題である。子どもたちのやる気を巧みに引き出すような指導者もいれば、日々どのようにしたら意欲を高められるのか模索している指導者もいる。自分自身のやる気スイッチを押すためにいろいろと工夫している人も多いだろう。やる気が出なかったり続かなかったりしたことで困る人は多いだろうし、逆にやる気がありすぎて困る（やる気が空回りしてしまう）人もいるかもしれない。まずは、「ワーク3-1」で自分自身のやる気を振り返ろう。これまでにあなたがやる気をもって取り組めたこと、その反対にやる気が出ず、あるいはやる気が続かずにあきらめてしまったことについて、その理由を考えてみよう。

ワーク3-1

これまでにあなたが取り組んできた勉強や趣味についてやる気の観点から振り返り、やる気、意欲にとって大切なこととは何か考えてみよう。

①やる気が続いたのはなぜか？

②その反対にやる気が出ず、あるいはやる気が続かずにあきらめてしまったのはなぜか？

やる気、意欲は、心理学では「動機づけ」というテーマにおいて研究されてきた。動機づけとは、行動や心の活動を、開始し、方向づけ、持続し、調整する、心理行動的なプロセスとされる。動機づけとは、動機によって生じた心理プロセスや行動をも含むものである[1]。本章では、われわれのやる気、意欲の問題を心理学における動機づけ研究を通してみていく。

２．単位のためだけの勉強と自発的にする勉強は何が違うのか？

その活動をすること自体が目的で、それ以外にとくに報酬などをともなわない場合を**内発的動機づけ**という。夢中になって絵を描いたり、自分の好きな教科の勉強をする場合である。一方で、ご褒美をもらう、誉めてもらう、罰をのがれるために活動するなど、その活動自体と別のところで動機づけられている場合を**外発的動機づけ**という。単位のためだけの勉強もその例である。

せっかく興味をもって取り組んでいたのに！　ご褒美の功罪

一般に、ご褒美を与えて動機づけを高める、子どもに勉強しないと遊ばせない、仕事のノルマや期限が達成されないと罰を与えるなどの方法はしばしばみられるし、効果的な方法だという意識はないだろうか（ワーク3-2）。

── ワーク3-2 ──

私たちは幼い頃から大人になっても、動機づけを高めるために「○○したら、ご褒美として○○をあげる」という方法をしばしば用いている。これは、動機づけを高めるために有効な方法なのだろうか。議論してみよう。

もともと興味をもって取り組んでいる活動に報酬を与えた場合は動機づけは

高まるのであろうか。デシ（Deci, E.L.）は、異な
る形の七つのブロックを組み立ててさまざまな形
をつくるソマ・パズル（図3-1）を用いて報酬が
内発的な動機づけに与える影響を示した。実験前
はこのパズルに強い興味を示していた大学生に、
パズルを組み立てた報酬としてお金を与えたとこ
ろ、報酬が与えられたときには熱心にパズルに取

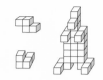

図3-1　ソマ・パズル
出所）デシ、E.L.・フラスト、R.（桜井
茂男監訳）『人を伸ばす力——
内発と自律のすすめ』新曜社、
1999年、30頁。

り組んだが、報酬が与えられなかったときにはパズルに自発的に取り組む時間
が減少した。つまり、金銭的報酬によってかえって内発的動機づけが低下して
しまったことになる。これを**アンダーマイニング効果**（undermining effect）と
いう。
　さらに、レッパーら[2]は、3歳〜5歳を対象に報酬（この実験では賞状が用
いられた）が内発的動機づけに与える影響をみた。子どもはお絵描きに取り組
み、報酬の与え方によって三つのグループに分けられた。絵を描く前に絵を描
いたらご褒美をあげるとあらかじめ約束しておいたグループ、そのような約束
を事前にしなかったが、実際に絵を描き終えたときにご褒美が与えられるグ
ループ、ご褒美の約束も絵を描き終えたときのご褒美もなかったグループであ
る。このような条件で実験に参加した2週間後に、子どもたちが自発的にお絵
描き活動をした程度を測定した。その結果、ご褒美をあげると約束したグルー
プは他のグループに比べ絵を描く割合が減少してしまった。そのグループの子
どもたちにとっては、絵を描くことは純粋な楽しみではなく、ご褒美をもらう
ための活動になってしまったと考えられる。内発的動機づけを低下させるのは、
報酬が実際に与えられるかということよりも、報酬をもらえると期待すること
であることが示された。しかし、これらの研究では物質的・金銭的報酬が対象
であり、他の研究ではたとえば誉めるなど言語的報酬は内発的動機づけを低下
させないことも示されている。

趣味でやっていることにはなぜ一生懸命になれるのか？
　さて、先ほどの実験で内発的な動機づけの低下を招いたのは、デシによれば、
楽しくやっていた活動の目的が報酬を得ることになってしまい、自らの行動を

外的な要因によって強制され統制されているという感覚に陥ってしまったことによる。デシは人には自分の自律性（自己決定）の感覚を経験したいという生得的な内発的欲求があると考えた[3]。自律性が阻害されると内発的な欲求は低下してしまう。したがって、アンダーマイニング効果では、報酬によってもたらされた統制されているという感覚が自律性を阻害し、内発的動機づけを高めることなく、むしろ低下させてしまったと考えられる。デシは、こうした「自律性（自己決定性）への欲求」と、有能な存在でありたいという「有能さへの欲求」が満たされているときに人が内発的に動機づけられるとした（これを認知的評価理論という）。報酬がつねに内発的動機づけを低下させるというわけではなく、報酬が与えられても、有能感や自律性が阻害されないことが大切なのだ。

　したがって、趣味で自発的にやっていることや、学校を卒業してから勉強することがとても楽しくなったりするのは、自己決定の感覚や有能感が満たされることで内発的動機づけが高まることによるのだろう。

3．外発的動機づけはよくないこと？

　内発的動機づけはたしかに理想的なものに映るが、私たちは、試験にパスしたり、周りに賞賛されたりするために、そして金銭的な報酬を求めて行動することもあり、これらは外発的な動機づけによる。そもそも動機づけを単純に外発と内発に分けるのは難しい。たとえば、将来の夢をかなえるために試験勉強するのと、賞賛を得るためや叱られないために勉強するのは同じ外発的動機づけの様態なのだろうか。ここでは、外発的動機づけの内容を、価値の内在化と相対的な自律性の程度から整理し、さまざまな外発的動機づけの形態をみていく。

　ライアンとデシ[5]は、他律的なもののなかに自律的な要素をどの程度含むかによって、外発的動機づけを四つの調整段階に分けた（図3-2）。まず、図の外的調整とは、外からの強制で課題をやらされている状態で、最も自律性が低い段階である。次の取り入れ的調整は、罰や不安を避ける、自己価値を維持するために行動する状態である。その行動の価値が部分的に取り入れられてお

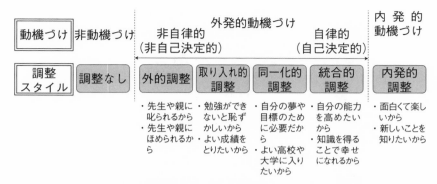

図 3-2　自己決定理論における自律性の程度をもとにした動機づけの分類
出所）外山美樹『行動を起こし、持続する力——モチベーションの心理学』新曜社、2011 年、78 頁。

り、やらなくてはいけないと義務感や不安から取り組んでいる。同一化的調整
は、活動の自分にとっての価値を認識し、自分や自分の将来にとって重要だか
ら取り組むという状態である。そして、外発的動機づけのなかで最も自律的な
のは統合的調整の段階で、活動の価値は自分のなかの他の価値観と統合され、
自然に行動しているような、価値の内在化が最も進んだ状態である。図中には
四つの段階に対応した例が示されている。

　身近な集団や社会の価値とルールを取り入れ、自律的に行動するためには、
それらを単に取り入れるだけでなく自分のものとしていかなければならない
（価値を自己のものとして取り入れていく過程を内在化という）。たとえば勉強
する意味はわからないが、言われるから仕方なくいやいや勉強に取り組んでい
る状態（内在化の低い状態）から、勉強することは自分の将来を左右する大切
なこととして取り組む状態になれば、内在化が進み価値を自己に統合している
ことになる。こういったプロセスが自己調整の過程である。

あなたを支えてくれる人の存在

　では、内在化はどのように促されるのか。「ワーク 3-1」を振り返ってみよ
う。あなたのやる気に影響を与えたものに、たとえば受験期に熱心に指導し励
ましてくれた学校や塾の先生、塾の送迎をしてくれた両親など、周りで応援し
てくれた人のサポートを挙げた人もいると思う。デシとライアン[5]は**自己決**

図3-3　ナッツ（著）・坪田信貴（原作）『ビリギャル』白泉社、2013年。

図3-4　ナッツ（著）・坪田信貴（原作）『ビリギャル』白泉社、2013年、88頁。

定理論（Self-determination Theory）を提唱し、人間は生来、自律性への欲求、有能さへの欲求に加え、「関係性への欲求」という三つの心理的欲求を備えるとした。関係性への欲求とは、重要な他者とつながりをもち、愛し愛されたい、互いに思いやりあいたいという、暖かく良好な人間関係への欲求である。内発的動機づけには、これら三つの欲求が満たされていると感じられることが重要なのだ。そして、内在化は三つの欲求の充足で促される。教師、スポーツのコーチ、親のように人を育てる立場では、三つの欲求を満たすような支援が求められよう。

　さて、一時期話題になった「ビリギャル」をご存じだろうか（漫画も出版され、映画化もされた）（図3-3）。主人公であるいわゆるギャルが、ある塾の先生に出会い学年ビリから1年で一気に偏差値を40上げて難関大学に合格するまでが描かれている。本人の頑張りや学習面での仕掛け以外に、主人公を何があっても信じて支え続ける母親や塾の先生の姿が印象的だ。主人公は「私の周りには、たくさん応援してくれる人がいる」「支えられている」（図3-4）と感じながら、暖かい関係性に支えられてメキメキと学力を伸ばす。自己決定理論でみたように、人間の基本的な欲求に有能感があること、そこには自己決定感が重要なこと、他者との良好な関係性が欠かせないことがうかがえる。

４．あなたはなぜ勉強してきたのか？

ワーク3-3

以下の問いにあなたはどのように回答するだろうか。
「あなたはなぜ高校まで勉強してきたのですか」

・・

「人は一般になぜ勉強しているんだと思いますか」

・・
・・
・・

　ここで、「あなたはなぜ高校まで勉強してきたのですか」と問われたら、どのような答えを挙げるだろうか（ワーク3-3）。これは市川伸一が入学したばかりの大学生を対象に行った質問であり、その記述は図3-5のように六つに分類された。図の横の次元の「学習の功利性」が高ければ「学習をやれば得をするし、やらないと損をする」と考え、低ければ「学習にともなう賞罰はあま

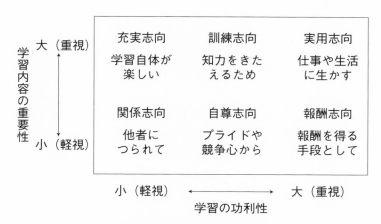

図3-5　学習動機の2要因モデル
出所）市川伸一『学ぶ意欲の心理学』PHP研究所、2004年、48頁。

り意識していない」と考える。縦の次元の「学習内容の重要性」が高い場合は「この学習内容だからこそやりたい」と考え、低い場合は「別にこの内容でなくてもいい」と考える。二次元の組み合わせにより、学習動機は、①充実志向：学習すること自体が楽しく、充実感をもてるから、②訓練志向：知力を鍛えたいから、③実用志向：自分の将来の仕事や生活に生かせるから、④関係志向：みんながやっているから、先生が好きだから、⑤自尊志向：プライドや競争心のために人に負けたくない、いい成績だと優越感がわくから、⑥報酬志向：いい成績だとお小遣いが増えるからなど、外からの物質的な報酬を得たいから、といった六つに分類される。これを**学習動機の2要因モデル**という。また、①〜③までの志向は内容関与的動機、④〜⑥までの志向は内容分離的動機という。内容関与的動機が高い人は、学習方法を工夫する傾向が示されているが、内容分離的動機が否定されるわけではない。実際、周りがやっているから自分も頑張る、中学生頃では「あの先生好きだから、教えてくれる教科に興味がもてる」などは大事な動機である。

　「ワーク3-3」の回答を上の分類と比べてみよう。実際の教室にはさまざまな動機をもつ生徒がおり、それぞれに支えられていることがわかるだろう。

5．自分の力を信じること

図3-6　ナッツ（著）・坪田信貴（原作）『ビリギャル』
　　　　白泉社、2013年、186-187頁。

　再びビリギャルの話に戻ろう。見事志望大学に合格したビリギャルの最後は、自分の可能性を信じて将来へ向かっていこうとする主人公の姿が描かれている（図3-6）。「未来は自分次第」「きっと次も大丈夫　だって私をここへ連れてきてくれたのも　あの時そうしたビリギャルなんだから」とある。

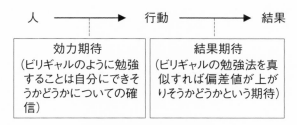

図3-7 結果期待と効力期待

出所）Bandura, A. "Self-efficacy: Toward a Unifying Theory ot Behavioral Change", *Psychological Review*, 84（2）, pp.191-215, 1977 を参考に作成。

　自分の人生に影響を与えるような事象をきちんと自分が統制できるという信念をバンデューラ（Bandura, A.）は**セルフ・エフィカシー（self-efficacy）**と呼んだ。自らの能力への確信の程度、その信頼感を示す。ビリギャルは大学受験を経てセルフ・エフィカシーを高めていったのであろう。

二の足を踏んでしまうとき

　ある行動がある結果をもたらすという期待は「結果期待」という。しかし、たとえば、ある勉強法でもダイエット法でも「それをやればたしかに効果がありそうだ」と感じても、その行動を自分はできそうだという自信がもてなければ、動機づけが高まるかどうか、その行動を実際に起こすかどうかはわからない。結果をもたらすのに必要な行動を自分が効果的に実行できそうかどうかという確信を「効力期待（自己効力）」という（図3-7）。先ほどのビリギャルの話を読んだ人が自分も何かに挑戦しようとやる気が高まるかどうかは図3-7に示すように、ビリギャルの勉強法を真似すれば偏差値が上がりそうだという結果期待と、ビリギャルのように勉強することが自分にできそうかどうかという効力期待に左右されるのだ。

6．無力感はどこからくるのか？

「どうせやってもムダ」──学習性無力感

　「どうせやってもムダ」とあきらめてしまったことはないだろうか。日常で

われわれがやる気をとくに意識するのは、やる気のあるときよりむしろ無力感に悩むときかもしれない。セリグマンとマイアー[6]は、イヌを使った実験で無力感が学習されることを示した。イヌをベルトで固定し電気ショックを与えるという、イヌには少し気の毒な実験である。電気ショックを受けたイヌは、頭の両側のパネルを押すと電気ショックが止められる逃避可能群と、自らパネルを押しても電気ショックを止められない逃避不可能群に分けられた。その状態で反復的に電気ショックを与えたあと、今度は犬の肩の高さほどの障壁を乗り越えれば床から流れる電気ショックを逃れられるという課題で、逃避可能群のイヌは逃避することを学習したが、逃避不可能群では電気ショックから逃れようとしなくなった。自分でその状況がコントロールできないことで学習された無気力を**学習性無力感**（learned helplessness）という。何をやっても事態を改善できないとき、何をしてもむだだというあきらめを学習してしまう。自分の行動に対してある結果がともなうと理解することを随伴性の認知といい、その関係が認知されない場合に無気力に陥る（図3-8）。

　人間を対象とした教育場面における研究[7]では、努力しても成績は変えられないと考えている子どもに対して、自分の努力で課題の成績は変えられると考えている子どもは、正解のない課題により粘り強く取り組んだ。自分の努力と成績の随伴性を認知していない子どもたちは、すぐにあきらめてしまった。自分の行動によって結果がコントロールできるかどうかという認知が大切なのがわかる。

無力感に陥りやすい人

　あなたは無力感に陥りやすいだろうか。何事もすぐあきらめ無力感を感じや

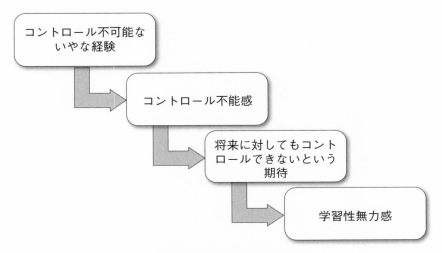

図 3－8　学習性無力感に至るプロセス
出所）鹿毛雅治編『モティベーションをまなぶ 12 の理論』全剛出版、2012 年、310 頁を参考に作成。

すい人と、失敗しても頑張り続けられる人の違いはどこにあるのだろうか。たとえば、試験終了後に聞こえてくるさまざまなつぶやき、「（試験勉強を）やらなかったから、やっぱできなかった」「試験問題、チョーむずい」「ヤマあたったわ（はずれた）」「ヤバイ、ムリ」。このように、生じた結果の原因を求めることを**原因帰属**という。

ワーク 3－4

あなたの原因帰属にはどのような傾向があるだろうか？
最近受けた、またはこれまでに受けたテストの結果を招いた原因は？

....

....

その原因は今回に限ったことなのか、それとも次回以降の試験でも続いていくと思うか？

....

....

ワイナー（Weiner, B.）は、原因が自分のなかにあるのか、自分以外の外部の

表 3-1　原因帰属の分類

	安定的	変動的
内的	能力	努力
外的	課題の難しさ	運

出所）外山美樹『行動を起こし持続する力——モチベーションの心理学』新曜社、2011 年、155 頁。

要因にあるのかという原因の所在（内的－外的）の次元、次にも同じ結果が期待できるのか、それとも期待できないのかという安定性（安定的－変動的）の次元を組み合わせ、四つの原因帰属に分類した（表3-1）。原因帰属理論では、原因帰属の仕方に応じた期待や感情が生起し、動機づけに影響する。たとえば失敗の原因の努力への帰属は、後悔を生じさせるが、次回は努力によってはよい結果が得られるという期待が生じ、次は頑張るかもしれない。一方、失敗の原因を能力に帰属すると、あきらめや無能感が生じ、次回も同様の結果しか期待できないため、行動しなくなってしまうかもしれない。

　アブラムソンら[8]は原因帰属の考え方を学習性無力感理論に取り入れ、学習性無力感への陥りやすさの個人差を示した（改訂版学習性無力感）。原因帰属の次元に新たに全体的－特殊的という次元が加えられた。全体的－特殊的とは、コントロールできない原因が他の多くの場合も共通しているのか（全体的）、今回の出来事だけに関連しているのか（特殊的）である。不快な状況に直面し自分ではコントロールできないと知覚し、こうなったのは自分のせいだ（内的）、今後も続くだろう（安定的）、今回だけでなく他の出来事にも起こるだろう（全体的）と帰属すると学習性無力感に陥りやすい。セリグマンらは、学習性無力感に陥りやすく無気力状態がずっと続いてしまうかどうかは、帰属スタイル（原因帰属にみられる人それぞれの傾向）の差だとした。無力感が生じやすい場合には、自分の原因帰属の傾向を振り返ってみることも有効であろう。

努力してできないのは恥ずかしい？　諸刃の剣

　原因帰属の考え方では、無力感に陥らないためには能力ではなく努力への帰属が大切であったが、失敗の努力への帰属はつねに動機づけを高めるのか。たとえば、努力しなければ教師に罰せられるが、努力したのにテストでよい点をとれなかった場合には、むしろその人の能力の低さを周囲に示すかもしれず、本人の恥感情や無能感の強まりが推測される。このように努力は二重拘束的な

はたらきをもち、「諸刃の剣」にもなりうることが指摘される[9]。あえて努力しているのを周囲に隠したり、試験前に用事を入れたり、自らハンディキャップを作り出したりすることもある。これは、失敗時の自己評価の低下を防ぐための行為で、セルフ・ハンディキャッピングと呼ばれる。指導者においては、努力への帰属を促すことが効果をもつ文脈への配慮も大切であろう。

ワーク3-5

これまでの内容を踏まえて、子どもたちのやる気スイッチを押すためにはどのような教育環境が大切だろうか。自分自身の経験もふまえて話し合ってみよう。

注

（1）　上淵寿編『キーワード 動機づけ心理学』金子書房、2012年。

（2）　M. R. Lepper, D. Greene, & R. E. Nisbett, "Undermining Children's Intrinsic Interest with Extrinsic Reward: A Test of the "Overjustification" Hypothesis", *Journal of Personality and Social Psychology*, 28 (1), 1973, pp.129–137.

（3）　E.L. デシ、R. フラスト（桜井茂男監訳）『人を伸ばす力——内発と自律のすすめ』新曜社、1999年。

（4）　R. M. Ryan & E. L. Deci, "Self-determination Theory and the Facilitation of Intrinsic Motivation, Social Development, and Well-being", *American Psychologist*, 55 (1), 2000, pp.68–78.

（5）　E. L. Deci & R. M. Ryan, *Intrinsic Motivation and Self-Determination in Human Behavior*, Plenum, 1985 および E. L. Deci & R. M. Ryan (eds.), *Handbook of self-determination research*, Rochester, University of Rochester Press, 2002.

（6）　M. E. Seligman & S. F. Maier, "Failure to Escape Traumatic Shock", *Journal of Experimental Psychology*, 74 (1), 1–9, 1967.

（7）　C. I. Diener & C. S. Dweck, "An Analysis of Learned Helplessness: Continuous Changes in Performance, Strategy, and Achievement Cognitions Following Failure", *Journal of Personality and Social Psychology*, 36 (5), 1978, pp.451–462.

（ 8 ） L. Y. Abramson, M. E. Seligman, & J. D. Teasdale, "Learned Helplessness in
Humans: Critique and Reformulation", *Journal of Abnormal Psychology*, 87 （1），
1978, pp.49–74.

（ 9 ） M. V. Covington & C. L. Omelich, "Effort: The Double-edged Sword in School
Achievement", *Journal of Educational Psychology*, 71 （2），1979, pp.169–182.

【読書案内】
①**外山美樹『行動を起こし、持続する力──モチベーションの心理学』**新曜社、2011
年。
　動機づけを高めるためのメカニズムについて、心理学のさまざまな理論を紹介しな
がら、わかりやすく説明されている。動機づけに関しては一般的に信じられている現
象を覆すような研究もたくさん紹介されている。
②**上淵寿・大芦治（編著）『新・動機づけ研究の最前線』**北大路書房、2019 年。
　動機づけをめぐる近年の研究で積み上げられてきた知見について学べる書。動機づ
けの発達など、より幅広い話題について、最新の知見が学べる。

参考文献

Abramson, L. Y., M. E Seligman,, & J. D Teasdale,, "Learned Helplessness in Humans:
Critique and Reformulation", *Journal of Abnormal Psychology*, 87 （1），1978, pp.49–74.

Bandura, A. "Self-efficacy: Toward a Unifying Theory of Behavioral Change",
Psychological Review, 84 （2），1977, pp.191–215.

Covington, M. V. & C. L Omelich,, "Effort: The Double-edged Sword in School
Achievement", *Journal of Educational Psychology*, 71 （2），1979, pp.169–182.

Deci, E. L. "Effects of Externally Mediated Rewards on Intrinsic Motivation", *Journal
of Personality and Social Psychology*, 18 （1），1971, pp.105–115.

Deci, E. L. & R. M Ryan,, *Intrinsic Motivation and Self-Determination in Human
Behavior*, Plenum, 1985.

Deci, E. L. & R. M Ryan,, (eds.), *Handbook of Self-determination Research*, University of
Rochester Press, 2002.

Diener, C. I., & C. S Dweck, "An Analysis of Learned Helplessness: Continuous
Changes in Performance, Strategy, and Achievement Cognitions Following Failure",
Journal of Personality and Social Psychology, 36 （5），1978, pp.451–462.

Lepper, M. R., D., Greene, & R. E. Nisbett, "Undermining Children's Intrinsic Interest
with Extrinsic Reward: A Test of the "Overjustification" Hypothesis", *Journal of*

Personality and Social Psychology, 28（1）, 1973, pp.129–137.

Ryan, R. M. & E. L. Deci, "Self-determination Theory and the Facilitation of Intrinsic Motivation, Social Development, and Well-being", *American Psychologist*, 55（1）, 2000, pp.68–78.

Seligman, M. E. & S. F. Maier, "Failure to Escape Traumatic Shock", *Journal of Experimental Psychology*, 74（1）, 1967, pp.1–9

市川伸一『学ぶ意欲の心理学』、PHP 研究所、2004 年。

上淵寿編『キーワード 動機づけ心理学』金子書房、2012 年。

上淵寿・大芦治編『新・動機づけ研究の最前線』北大路書房、2019 年。

鹿毛雅治編『モティベーションをまなぶ12 の理論』全剛出版、2012 年。

外山美樹『行動を起こし、持続する力　モチベーションの心理学』新曜社、2011 年。

坪田信貴『学年ビリのギャルが1 年で偏差値を40 上げて慶應大学に現役合格した話』KADOKAWA、2013 年。

デシ、E.L.、フラスト、R.（桜井茂男監訳）『人を伸ばす力——内発と自律のすすめ』新曜社、1999 年。

ワイナー、B.（林保・宮本美沙子監訳）『ヒューマン・モチベーション——動機づけの心理学』金子書房、1989 年。

（飯高晶子）

第4章
どうやってものを覚えていくのか？
行動主義と認知主義に基づく学習理論

1. 心の存在はどうすれば確かめられるのか

　唐突だが、人には心があるのだろうか。あるとすれば、心の存在はどんなことをすれば確かめられるのだろうか。大きな問いだが、これに対する2通りの答えを知ったうえで読み進めてもらうことで、人はどのように新しい行動を習得するか、を整理して理解しやすくなると思う。

　心理学では、大きく分けて、行動主義と認知主義という2通りの考え方がある。行動主義とは、心は行動に表れる、つまり心があるとすれば目に見える行動という形で表れるはずだと考える立場である。一方認知主義は、心は脳の中のコンピュータのようなもので、必ずしも行動として表現されるわけではない、と考える立場である。

　両者の違いを説明するために、たとえば「電車の中で席を譲りたいと思う心」があるかを、行動主義と認知主義の二つの立場から考えてみよう。……電車で席に座っている自分の目の前に、松葉杖をついた人が立った。「席を譲ろうか」と考える。しかし同時に、「松葉杖をもっていると、席に座ったり立ったりすることはかえって面倒ではないか」という考えが生じる。すると、他の乗客が先に席を譲ってしまった。……このとき自分には、席を譲りたい心があったのだろうか？

　行動主義の考え方では、目に見える行動として表れるのが心であるから、席を譲らなかった（譲れなかった）ということは、席を譲る心はなかった、ということになる。いくら心のなかで迷っていたとしても、行動だけをみれば、席を譲りたくない人と同じだとさえいえる。一方の認知主義では、「「席を譲ろうか」と考える」経験をした以上、たとえ行動に表れなくとも、席を譲る心が

あったと認める。仮に、席を譲る心など毛頭なかったとしても「「席を譲ろうか」と思っていたんだ」と言い張ってしまえば、心があるかのように見せることもできてしまう。

── ワーク4−1 ──

あなたにとっては、行動主義と認知主義のどちらが、より親しみやすい考え方だろうか。周囲の人と話し合ってみよう。

どちらの考えも極端すぎるように感じたかもしれない。心理学者に聞いてみても、一方だけを支持する研究者はむしろ少ないだろう。ちなみに著者は、日常生活では行動主義者だが、学問上は認知主義者といえるかもしれない。行動主義と認知主義は、時代によってどちらが優勢かは揺れ続けている。そのなかで、人が新しい行動や新しい考えを身につけるプロセスをどう捉えるかについて、いくつか理論があるので紹介していきたい。

2．行動主義に基づく学習理論

　学習はヒトだけがもつ特別な能力ではない。イヌやネコでも学習し、新しい行動を獲得することができる。動物が学習するという事実は、その行動が変容していく様子を見ることで確認できると考えるのが行動主義の立場である。

古典的条件づけ
　たとえばイヌには、餌を与えられると唾液を分泌するという反射が生まれつきある。そして、餌を食べる前、たとえば餌を運ぶ餌係を一度見ただけでは唾液は分泌しないのが自然な状態である。しかし、同じ餌係が何度も何度も餌を

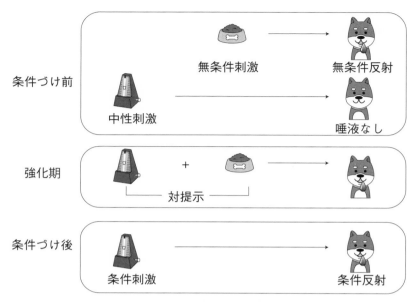

図4-1 古典的条件づけが成立する過程

与えることが続くと、イヌは餌係を見ただけで唾液を分泌するようになる。ロシアの生理学者である**パブロフ**（Pavlov, I. 1849-1936）がこの現象を発見し、**古典的条件づけ**と呼ばれるようになった[1]。

　パブロフは研究を進め、餌やりとはまったく関係のないもの、たとえばメトロノームの音でも、犬に唾液を分泌させる合図にできることを示した。イヌにエサが与えられる直前にメトロノームの音を聞かせるようにすると、その後数日で、メトロノームの音を聞くと唾液を分泌するようになった。さらに、今度はメトロノームの音とベルを同時に鳴らすことを繰り返すと、ベルが鳴っただけでも唾液を分泌するようになるという。これは高次条件づけと呼ばれ、餌とメトロノームの音を連合させ、さらにメトロノームの音とベルを連合させ、というように連合させる合図（専門的には「刺激」と呼ぶ）を増やしていくこともできるという。なお、イヌが唾液を出すこと自体は同じ行動にみえても、餌を食べて唾液を分泌する行動は生得的な行動パターンであるから「無条件反射」と呼ばれ、メトロノームの音を聞いて唾液を分泌することは学習された行

動であるから「条件反射」と呼んで区別をする。

オペラント条件づけ

　オペラント（operant）は、operation という英語からも類推できるように、操作的な、自発的なという意味の英語である。**オペラント条件づけ**とは、動物が自発的に起こした行動の条件づけである。イヌの例でいえば、お手、おまわり、投げたフリスビーを口でキャッチする、などの行動は、イヌは生まれつき身に付けているわけではない。イヌがお手などの目標行動をとるまで待ち（ときには人が目標行動をするように導き）、学習させるのがオペラント条件づけである。先ほどの古典的条件づけが、唾液分泌などの動物が生得的にもつ行動を対象としていたのに対し、オペラント条件づけではより多様な行動の学習を説明することができる。

　オペラント条件づけの先駆けとなった理論に、試行錯誤学習がある。代表的な実験例は、ネコを対象として行ったものである。動物の知能について研究していた、アメリカの心理学者**ソーンダイク**は、ネコを内鍵のついた箱に入れ、どれくらい速く扉を開けられるようになるか調べた。この箱は**問題箱**と呼ばれ、15種類もつくられた。たとえば、図4-2に示した箱は、箱の中のペダルを踏むと、扉につけられた金具が引っ張られ、扉が開く。ネコは空腹状態で箱に入れられるので、箱の外に置いてある餌を食べるために、扉を開けて外に出ようとする。最初のうちは、ネコは柵を引っかいたり、柵から手を出したり、ペダルとは関係のない行動をとることが多い。やがて偶然、ペダルに足を載せることがある。すると、金具が引っ張られ扉が開き、ネコは餌を食べることができる。箱に入れられてから脱出する

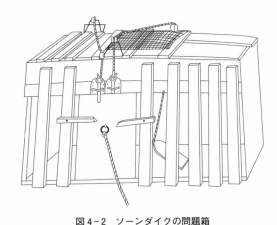

図4-2　ソーンダイクの問題箱
出所）Edward L. Thorndike, *Animal Intelligence : Experimental Studies*, Thoemmes Press, 1998, p.30 より改変。

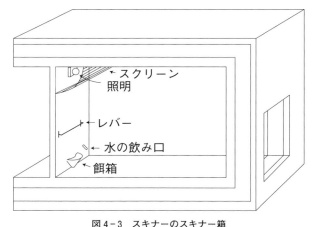

図4-3　スキナーのスキナー箱
出所）Burrhus Frederic Skinner, *The Behavior of Organisms : An Experimental Analysis*, Prentce - Hall, 1966, p.49 より改変。

までの過程は試行と呼ばれ、何度も試行を繰り返すうちに、脱出するまでの時間が短くなっていく。同時に、柵を引っかくというような、脱出に関係のない誤反応が少なくなり、脱出に直結する正反応（ペダルに足を載せる行動）のみが生じるようになる。このような学習は**試行錯誤学習**と呼ばれる[2]。

　試行錯誤学習の理論を発展させ、オペラント条件づけの体系を打ち立てたのが**スキナー**である。じつは試行錯誤学習には、自発した行動（「反応」と呼ぶ）に、餌などのご褒美（「正の強化子」）が与えられる（「強化」）ことによって、反応の生起頻度が増すことだけでなく、反応に対して電気ショックなどの嫌な出来事（「負の強化子」）が与えられる（「罰」）ことで、反応の生起頻度が下がるような学習も含まれる。スキナーは、学習が成立するよう環境さえ整えれば、動物にどんな行動でも学習させられると考えた。これを実現するのが**スキナー箱**である。

　スキナー箱は、レバーを押すと餌が出てくる装置である（図4-3）。スキナー箱の中に空腹状態のラットを入れると、最初は床を引っかいたり立ち上がったりなどレバーとは関係のない反応を多発するが、やがて偶然に、レバーに前足がかかり、レバーが押され、餌を食べることができるようになる。問題箱のネコと同じように試行錯誤学習が成立する。

スキナーは試行錯誤学習が成立したあとにも、その反応をコントロールできることを示した[3]。レバー押しの回数と餌が出てくる関係を変えるとラットの反応が変わることを発見した。たとえばレバーを5回押すと餌がもらえる条件、レバーを平均5回（あるときは2回、あるときは8回など毎回変わる回数）押すと餌がもらえる条件では、前者のほうが、反応の頻度が増えるのが早かった。また、レバーを押す回数とは関係なく5分おきに餌がもらえる条件では、餌がもらえる直前だけレバー押し反応が増えたし、平均5分（あるときは2分、あるときは8分など毎回変わる時間）おきに餌がもらえる条件では、他のどの条件よりも少ない回数しかレバーを押さない、など、反応が起こる頻度をコントロールできることがわかった。

── ワーク4-2 ──

生徒に学習習慣を身につけさせるために、古典的条件づけ、オペラント条件づけを活用するとすれば、どのように使えるだろうか。

条件づけを利用した学習指導法

ヒトの学習にオペラント条件づけの理論を応用するアイデアを最初に出したのも、やはりスキナーであった。学習者一人ひとりの理解度にあわせて個別にプログラムが決められ、学習者がティーチングマシンと呼ばれる装置（現代ではコンピュータで実現される）を用いて学習を進める方法は**プログラム学習**と呼ばれる。プログラム学習の主な特徴は以下の五つである。

①即時確認の原理：学習者には反応の正否をすぐに知らせること。反応からフィードバックまでの時間が短いことで、より効果的に反応を強化できる。

②自己ペースの原理：学習は学習者のペースで進めること。個人によって適切なペースは異なる。

③スモールステップの原理：学習は少しずつ進めていけるようにし、難易度を上げる際は小刻みに上げていくこと。

　④積極的反応の原理：学習者の主体的で能動的な取り組みによって学習が成立する。

　⑤学習者検証の原理：プログラムのよしあしは、学習者が実際に学習できたかによって判断すること。専門家がいくらよいといっても、学習者が学習できないならば改善が必要。

　これまで説明してきた条件づけを、学校教育において活用する場面を考えてみよう。古典的条件づけであれば「もともと授業に興味がなかったが、授業中の先生の雑談を楽しんで聞くうちに、授業を楽しいと思うようになった」のは、本来授業とは関係のない先生の雑談への楽しみが、授業と連合され、授業そのものを楽しめるようになったと説明できるだろう。オペラント条件づけであれば、「たまたま早朝に勉強していたら成績があがったことで、早起きして勉強をする日が増えた」ことは、早朝勉強という自発的な行動に、成績が上がるという報酬がともなうことで正の強化が起こり、早朝勉強の頻度が上がったと説明できる。

3．認知主義に基づく学習理論

　行動主義では、動物がみずからとった行動に強化が与えられることで学習が成立すると考えたが、認知主義では、自分が行動しなくとも、ただ「考えるだけ」、あるいは、他の動物の様子を「見るだけ」で、新しい行動を獲得することを理論化している。

洞察学習

　ドイツの心理学者ケーラーは、パブロフより約40歳下で、認知主義に基づく学習を支える重要な観察を報告している（第1章も参照）。チンパンジーの檻の中に、手の届かない高さでバナナを宙にぶらさげておく。部屋の隅には、積み重ねることのできる木箱を置く。はじめのうち、チンパンジーはバナナめがけてジャンプをしたり、手伝ってもらおうと人の手を引いていったりしていた

が、やがてじっと座り込み、何もしなくなった。その後、ひらめいたように、木箱をいくつか重ね、その上に立ち上がることでバナナを手にすることができた。

　この様子を観察したケーラーは、動物が「考える」こと、すなわち洞察によって新しい行動を獲得すると考えた。このチンパンジーたちは、それまでに同じ場面に遭遇しておらず模倣や試行錯誤を行ったことがなかったし、箱の重ね方が悪くて何度も崩れたあとでも、なお箱を重ねようと努力し続けたためだ。なぜ動物はひらめくことができるのかは、いまだにほとんどわかっていない。近年、動物行動学者のドゥ・ヴァールは、動物が物のアフォーダンス（物の使い方のこと。たとえば人はドアの取っ手を見れば、開けたことがなくても開き戸か引き戸かわかってしまう）に気づき、「箱＝積み重ねられる物、乗ることができる物」ということを学習してあり、これらを組み合わせることで問題解決に至ったと述べている[4]。

観察学習

　洞察説では学習が成立するメカニズムが十分に説明されておらず、学校教育の場面で応用することを考えるのは難しいかもしれない。行動主義ではスキナーがオペラント条件づけの理論を体系化した頃、認知主義では他者の行動を見るだけで、行動が獲得されるという現象に注目が集まっていた。**バンデューラ**は1961年の論文[5]で「親が、友達を攻撃した子どもを、たたいて叱る」という光景を例に挙げて説明している。親は、友達を攻撃するとこんなに痛い目に合うんだから二度としないように、という意図でたたくのだろう。しかし子どもは、皮肉にも、気に入らないときはこんなふうに人をたたくものなんだな、と親の行動をまねて、また友達をたたく可能性がある。この現象は、広義には、学ぶ意図をもたないうちに学習が成立するという偶発学習の一つである。バンデューラ（Bandura, A. 1925-）は、人が他者の行動を観察するだけで、模倣によってその行動を獲得する点に注目し、この現象を**観察学習**と呼んだ[6]。

　バンデューラは、3〜6歳の子どもを対象に、大人がおもちゃに暴力をふるう場面を見せたら、子どもがまねしてしまうかを実験で確かめた[7]。実験では、まず子どもに部屋の片隅に座ってもらい、ハンコやシールなどで遊ばせておく。部屋の反対側の隅にはモデルとなる大人を呼び、組み立て式のおもちゃ、木槌、

そして空気で膨らむ 1.5m ほどの高さのゴム人形で遊ぶように伝え、実験者は部屋を出る。

　このときモデルは 2 通りのうちいずれかの振る舞いをする。一方は攻撃条件で、人形に攻撃的な行動をする。モデルは最初のうちこそおもちゃで遊ぶものの、やがて人形を攻撃し始めた。人形にまたがり、パンチをしたり、木づちで人形の頭をたたいたあと、人形を投げ上げてキックしたり……このとき同時に攻撃的な言葉を発した。他方は非攻撃条件で、モデルは組み立て式のおもちゃで静かに遊び、人形には目もくれなかった。どちらの条件でも、10 分後に実験者が部屋に入り、遊ぶ時間は終了となった。

　その後子どもは、少し休憩したのち、さまざまなおもちゃがある別の部屋に移動する。クレヨンや折り紙、クマのぬいぐるみや車のおもちゃがあったほか、最初の部屋でモデルが与えられていたようなゴム人形、木づち、そしておもちゃの銃もあった。バンデューラたちは、子どもが 20 分この部屋で過ごすときにとる行動を記録し、モデルが攻撃条件だった場合と、非攻撃条件だった場合とで、違いがみられるかを検討した。その結果、攻撃条件の子どもたちで、モデルと同じ行動、つまり木槌で人形の頭をたたく、人形にまたがる、投げ上げてキックするなどの行動が、非攻撃条件の子どもたちや、そもそもモデルを観察しなかった子どもたちよりも多くみられたという（図 4-4 左「身体的攻撃の頻度」）。さらに、モデルと同じ台詞で攻撃的な発言も、より多くみられたという（図 4-4 右「言語的攻撃の頻度」）。この研究がきっかけとなり、テレビ放送の影響力が大きかった 1960 年当時、テレビでの暴力シーンや性的なシーンが教育に悪影響であるという世論も起きた。

　観察学習の特徴は、何といっても、自分に何の報酬や罰がなくとも学習が成立する点である。この現象は、行動は報酬や罰がともなうことで学習されると考える条件づけ理論では説明できない。バンデューラは、観察学習における報酬は、行動すること自体であると説明している。さらに、観察学習で獲得した行動は、その後の報酬や罰によって生起頻度が変わることも報告されている。たとえば、人形に攻撃行動をしたモデルが、あとから他の大人によって厳しく罰せられる場面までを子どもが観察すると、攻撃行動をとる子どもの割合は男子で 7 割程度、女子で 3 割程度にまで大きく減少した。これぞ「人のふりみて

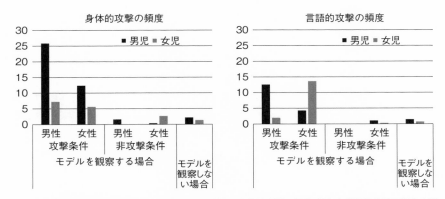

図4-4　攻撃行動の観察学習によって生じた、子どもの身体的攻撃の頻度（左）と言語的攻撃の頻度（右）
注）横軸の「男性」「女性」はモデルの性別を表す。
出所）Albert Bandura, Dorothea Ross, & Sheila A. Ross, "Imitation of Film-mediated Aggressive Models", *The Journal of Abnormal and Social Psychology*, 66, 1963, pp. 575–582 より作成。

我がふり直せ」で、他者が行動の結果として罰を受けた場面を観察することが、あたかも行動した自分自身への強化のようにはたらくという。この現象は代理強化と呼ばれる。

　もう一つの特徴は、モデルの特徴が自分に似ていたり、モデルに親しみやすさを感じたりしたときに観察学習が起きやすいということである。先ほどのバンデューラの実験結果で、言語的攻撃についてみてみると男児は男性モデルのとき、女児は女性モデルのときに、攻撃行動が多かったことがわかる。幼児と同じ性別のモデルのときに学習が起きやすかったようだ。また、モデルが子どもにやさしく接するときのほうが、冷たく接するときよりも学習が起こりやすいことも、バンデューラの1961年の実験から示されている。

┌─ ワーク4-3 ─
生徒に学習習慣を身につけさせるために、観察学習を活用するとすれば、どのように使えるだろうか。

　好ましい行動を観察学習によって生徒に獲得させようとする場合は、好まし
い行動をとるモデルが必要である。とくに、生徒にとって親しみがもてる対象
として、生徒が愛着を感じやすい対象、たとえば生徒の好きな有名人やキャラ
クターを活用することも有効かもしれない。

4．新しいことを覚える——記憶

　自分の行動とそれにともなう結果の連合を記憶することで、条件づけが成立
する。他者の行動を記憶することで、観察学習が成立する。と考えれば、記憶
はあらゆる学習の基盤であることがわかる。

　記憶のプロセスには3段階あり、①情報を頭に入れる「**記銘**」、②情報を貯
蔵しておく「**保持**」、③貯蔵されている情報を取り出してくる、つまり思い出
す「**想起**」に分けることができる。

　そもそも、勉強＝丸暗記、というイメージをもつ人も多いだろうか。じつは
記憶にはいくつかの種類があり、それぞれが学習を支えている。もちろん、丸
暗記した記憶のように意識的に思い出せる記憶もあるが、ほかにも、意識しな
いうちに覚えてしまう記憶、ほんの数秒は頭のなかにあるのにすぐに忘れてし
まう記憶、などがある。

覚えておける時間の長さによる分類

　まず、記憶が保持される時間の長さで分けると、感覚記憶・短期記憶・長期
記憶の三つがある。

　感覚記憶とは、網膜に光が映ることで感じられる景色や、鼓膜が振動するこ
とで感じられる音などが、網膜や鼓膜などの感覚器官の興奮として瞬間的に保
持される記憶である。視覚情報は1秒以内しかもたず、聴覚的な情報も3〜4
秒しか保持されない。その一方で、記憶容量はある程度大きいと考えられてい

記憶の種類	感覚記憶	短期記憶	長期記憶
保持期間	数百ミリ秒〜数秒	数秒〜数分	ほぼ永久
保持を担う身体器官	感覚器官の興奮	脳	脳
保持できる情報の量	感覚器官に入力される量に等しい	7 ± 2	ほぼ無限
情報の単位	— （一瞬の映像や音そのもの）	チャンク （意味のあるまとまり）	意味、エピソード、手続き、など多岐にわたる

表 4-1　記憶の分類とそれぞれの特徴

る。とくに聴覚情報は、後続する音を聞くまで意味が処理できない（たとえば1秒程度で聞ける長さの言葉「げんそ」を聞いたそばから忘れてしまったのでは、「げんそばんごう」か「げんそきごう」かを区別して理解できない）ため、聞いた音を蓄えておくような役割があると考えられている。

　短期記憶とは、入力された感覚記憶のなかで注意を向けたものが脳で情報処理され、数秒から数十秒程度保持される記憶である。その容量は、人が注意を向けられる範囲は限られているため少ない。たとえば、元素記号の周期表を覚えるとき、H、He、Li、Be……と順に覚えようとしても、5〜9個、7 ± 2個しか覚えられないということが知られている。この7という数字はミラーという心理学者が発見し、彼の論文タイトル通りマジックナンバーと呼ばれている[8]。では、7の単位は何だろうか？　アルファベット1「字」、元素記号一「つ」などがありうるが、正解は**「チャンク」**である。聞きなれない言葉だが、意味のまとまりを意味する単位である。先ほどの元素の周期表は、じつは覚えるコツがある。H、He、Li、Be という四つの元素の並びを、「H」「He」「Li」「Be」という元素記号一つずつで意味を捉えると、元素記号一つが1チャンクとなるため、覚えるために計4チャンクの記憶容量を使ってしまう。そこで、この並びに語呂をあてて「水兵リーベ」と読むのである。すると、リーベという名前の水平さん、という一つの意味となり、1チャンクで覚えることができる。さらに続く元素記号五つ（B、C、N、O、F、Ne）にも「ぼくの船」と語呂をあてればこれも1チャンクとなり、合計9個の元素記号をわずか2チャンクで覚えることができる。さらに、チャンクは覚える人が自在に変えることができる。ぼく＝水平リーベと考え、水平のリーベが自分の船を紹介する映像をイメージすることで、映像一つを意味のまとまりとして「水平リーベぼくの

船」までを1チャンクで覚えることができるだろう。

── ワーク 4−4 ──

自分が学校で習った語呂合わせで、覚えやすかったものはどのようなものだろうか。なぜ覚えやすかったのか考えてみよう。

　長期記憶とは、短期記憶に入力された情報を何度も記銘と想起を繰り返すことで長期的に記憶がとどまっているものを指す。覚えようとするときに何度も繰り返して思い出すことを**リハーサル**という。これは記憶術の一つで、ただ意味もわからずに繰り返す維持リハーサル（例「4、1、2、6…」）、語呂合わせなどで意味をもたせる意味的リハーサル（「よい風呂」）、語呂合わせの内容を覚えようとするものと関連づける精緻化リハーサル（「評判のいい銭湯の電話番号は「よい風呂」だ」）の順に覚えやすくなる。先ほどの「ワーク4−4」でも考えてもらったように、精緻化された語呂合わせほど覚えやすかったのではないだろうか。

　あるいは、自分で考えた語呂合わせだから愛着があって覚えられたという人もいたかもしれない。語呂合わせを考えるという作業自体に、記憶を定着させる効果がある。これは処理水準効果といい、「Hは水素であるから、「すい」と読み、Heはローマ字読みをもじって「へい」、と読めば「水兵」という語呂があわせられ」などと工夫する過程でよく考えることで記憶に残りやすくなる。

　これは、長期記憶の情報の単位が多岐にわたることと関連してみられる現象といえる。長期記憶は、「元素記号Hは水素である」というような辞書の文言として書かれるような意味記憶、「授業中にHをよむとき、エッチって口に出すのが恥ずかしかったな」のような、いつ・どこで・誰が・何をした、のように思い出の形で残るエピソード記憶などがある。これらは思い出すときに言葉

で言い表せる記憶であるから、宣言的記憶と呼ばれる。語呂合わせを考えるという作業では、語呂合わせによって残る意味記憶、そして語呂を考えたときの苦労というエピソード記憶があいまって、記憶の保持や想起を助けると考えられる。

　想起するときに言葉で説明できず、無意識のうちにとどまっている記憶は、**潜在的記憶**という。たとえば、箸の持ち方や自転車の乗り方などは、言葉で表現しきれない。箸の持ち方は「手の薬指の第一関節と、親指と人差し指の間に1本の箸を渡し、親指の第一関節付近でそれを押さえる。そのまま、中指の第一関節と親指の腹でもう1本の箸を持ち、人差し指を添える」という程度は言葉で説明できても、実践するのは難しい（いま、利き手でないほうの手で、ペン2本を箸のように持とうとすればわかるだろう）。このような手続きや技能に関する記憶は、手続き記憶と呼ばれ、潜在的記憶の一つである。なお、潜在的記憶は、顕在的記憶とは異なる脳領域に保持されていることがわかっている。したがって、脳機能障害などで顕在的記憶が失われても、かつて身につけた技能を発揮することができたり、新しく技能を身に付けたりできることがある。

ワーク4−5

ここまで読んでみて、「勉強＝丸暗記」というイメージは変わっただろうか。教科書を丸暗記できるような記憶力しかもたない人は、テストでよい点がとれるだろうか。

記憶＝学力か？──作業記憶と意味的ネットワーク

　たしかに暗記科目といわれるような教科は、教科書の内容を丸暗記し、長期記憶（とくに意味記憶）として保持できる記憶力がものをいうかもしれない。しかし、教科書の記述は互いに関連しているものもあるため、丸暗記するより

は、項目ごとに関連づけながら記憶するほうが記憶容量の節約につながる。さらに、記憶一般には、ある記憶を想起するときには関連する記憶も想起されやすいという特徴がある。たとえば、図形問題を解く際に「円」に関係する公式を思い出そうとして、円周角の定理→接弦定理→内接四角形の性質→……のように、関連する定理がするすると出てくる経験をしたことのある人もいるだろう。このように、記憶同士に関連をもたせる、つまり記憶のネットワークをつくることで、記憶はより柔軟に多様に活用することができる[9]。

　さらに、学校のテストで問われるのは、もっと多様な能力であるはずである。教科書の内容を自分の言葉で説明する言語力、教科書の図表が意味することを読み取る洞察力もある。数学でいえば、公式を正しく使いこなす力、パズルのような図形問題を解く力は手続き記憶の一つであろう。さらには、単純な一次方程式であっても、答えにたどり着くまでに覚えておかなければならない手順を、解き終わるまでの間だけ記憶しておく短期記憶も必要になる。$a = bx + c$ を x について解くとき、定数項を右辺に集めること、x を左辺に移項すること、移項した際に符号を逆にすること……など、いくつもの事項を覚えておく必要がある。このように問題解決に使われる短期記憶を、**作業記憶**と呼ぶ。

5．認知を学習に活用する

　観察学習や記憶といった認知主義における概念も、学習において重要であることを理解したと思う。これらを学習場面で活用するアイデアを、数学の公式を覚える際の授業に生かすことを考えながら本章を閉じたい。

メタ認知

　公式を記憶する前には、いま自分が何を覚えていて何を忘れているか（例：一次関数の公式は覚えているが、二次関数の公式は忘れた）を理解していれば忘れたことだけを重点的に覚え直すという効率的な覚え方ができる。さらに、公式の一部分は自分にとって覚えにくいなと気がつけば、そこを重点的に覚えればよいとわかる。

　記憶や気づき、思考などの認知活動全般についての認知を**メタ認知**という。

上述のように、自分の記憶についての記憶（メタ記憶）は、自分の記憶力を把握したり、得意な記憶術を考案することに役立つ。あるいは、勉強しているときの自分を俯瞰的に認知することで、勉強がはかどっているかをモニタリングしたり、はかどっていないときに休憩をはさむなどセルフコントロールしたりできる[10]。

　メタ認知を鍛えるためには、教師がメタ認知の仕方をデモンストレーションすることもありうる。たとえば黒板で数学の問題を解く際、自分が何を考えているかを丁寧に説明する（まずどこに注目するか、どんな公式を使うか、気をつけるべき落とし穴はないか、うまくいかないときはどう発想を変えるか、など）。生徒は自分の思考の過程をメタ認知によって振り返り、自分に足りなかった部分を補強していくことができるだろう。また、教師の解き方を見ること自体で観察学習が起こり、問題を解くための思考のきめ細かさや、楽しそうに取り組む姿勢を学び取ってくれる可能性がある。

発見学習

　あらかじめ印刷された公式をただの文字列として受動的に丸暗記するよりも、自分で問題を解いて公式を導きだし、それを覚えるほうが身につきやすいと感じたことはないだろうか。教師が知識（この場合は公式）を教えるのではなく、生徒自身に知識を発見する過程を再体験させる教授法は**発見学習**と呼ばれ、アメリカの教育学者ブルーナーによって提案された[11]。とくに理科では、教師が科学者となって、仮説を立て、実験によって検証する過程を生徒に見せることは有効である。生徒が仮説検証する手続きをまねることで、あたかも生徒自身が発見したかのように新しい知識に触れることができるため、学習者の学習意欲が高まりやすい。

私、集中してる？

有意味受容学習

　限られた授業時間のなかで効率よく公式を覚えさせるためには、教師が一方的に知識を教える学習方法がとられることも多いだろう。こうした教授法は講義法と呼ばれる。講義法には、一対多でも進めやすい、たくさんの知識を短時間で伝えられるといった長所もあるが、生徒が受け身になる場合、知識を学ぶことに意欲的になれない場合には効果的でない。そこで、講義法を用いる場合であっても、生徒がすでにもっている記憶を活用することで知識をより吸収させやすくできると発想したのは、アメリカの心理学者**オーズベル**（Aysubel, D. 1918-2008）であった。

　オーズベルは、教師が知識を先に伝えるような講義法のような学習指導法を受容学習と呼び、そのなかでも、文章を読解したり、概念を理解したりする学習を**有意味受容学習**と呼んだ。生徒が学習材料に接するとき、生徒自身がすでにもっている知識、つまり記憶のネットワークと、その学習材料との関連を事前に伝えることで、生徒が学習材料を記憶のネットワークにタグづけるように取り込める。数学で新しい公式を覚えさせる場合は、公式の一部分はすでに学んだ別の公式と関連していることを紹介することで、生徒の記憶のネットワークに新しい公式が入り込み、関連づけて覚えやすくなる、あるいはほかの公式を使っている最中にも新しい公式を想起しやすくなる、などの効果が期待できるだろう。あるいは理科では、大気の分野を教授する際、「皆さんがいつも見ている天気予報でよく出てくる図のことだよ」などと、生徒が生活のなかで身に付けているであろう知識や記憶と関連づけることで、生徒の知識構造のなかに新しい概念を取り込みやすくなると考えられる。

注

（1）　Ivan Petrovich Pavlov, G. V. Anrep（Trans. and Eds.）, *Conditioned Reflexes : An Investigation of the Physiological Activity of the Cerebral Cortex*, Dover Pub, 1960.

（2）　Edward L. Thorndike, *Animal Intelligence : Experimental Studies*, Thoemmes Press, 1998.

（3）　Burrhus Frederic Skinner, *The Behavior of Organisms : An Experimental Analysis* (*Century psychology series*), Richard M. Elliott（ed.）, Prentice- Hall, 1966.

（4）　フランス・ドゥ・ヴァール（松沢哲郎監修、柴田裕之翻訳）『動物の賢さがわ

かるほど人間は賢いのか』紀伊國屋書店、2017年。

（5）　Albert Bandura& Aletha C. Huston, "Identification as a Process of Incidental Learning", *The Journal of Abnormal and Social Psychology*, 63, pp. 311–318, 1961.

（6）　A. バンデューラ（原野広太郎・福島脩美訳）『モデリングの心理学——観察学習の理論と方法』金子書房、1975年。

（7）　Albert Bandura, Dorothea Ross, & Sheila A Ross, "Imitation of Film-mediated Aggressive Models", *The Journal of Abnormal and Social Psychology*, 66, pp. 575–582, 1963.

（8）　George A. Miller, "The Magical Number Seven, Plus or Minus Two: Some Limits on Our Capacity for Processing Information", *Psychological Review*, 63 (2), pp. 81–97, 1956.

（9）　筆者は、記憶のネットワークがあることで、一つのことを多角的に理解したり、新たな発想ができるようになるため、記憶のネットワーク＝知識と考えている。

（10）　外山紀子・外山美樹『やさしい発達と学習』有斐閣、2010年、81-83頁。

（11）　鎌原雅彦・竹綱誠一郎『やさしい教育心理学（第4版）』有斐閣、2015年、131-134頁。

【読書案内】

①フランス・ドゥ・ヴァール（松沢哲郎 監修、柴田裕之 翻訳）『動物の賢さがわかるほど人間は賢いのか』紀伊國屋書店、2017年。

　人の賢さの由来を動物の進化という観点から捉えることで、生物としての人の学びの可能性を知ることができる。生物の興味深い振る舞いを通して、認知とは何か、賢さはどう獲得されるのかを考えることができる。

②柿木隆介『記憶力の脳科学』大和書房、2015年。

　「ながら学習」は効果的か、睡眠学習に意味はあるのか、記憶力を高めるにはどうすればよいか、一夜漬けは効果的か、など、日々勉強している者なら誰しもがもったことのある疑問に脳研究の立場から明快に答えている一冊。

参考文献

外山紀子・外山美樹『やさしい発達と学習』有斐閣、2010年。

鎌原雅彦・竹綱誠一郎『やさしい教育心理学（第4版）』有斐閣、2015年。

服部環・外山美樹 編『スタンダード教育心理学』サイエンス社、2013年。

（市川寛子）

第5章
子どもの発達はどのように進むのか？
ピアジェとヴィゴツキーの理論から考える発達

1．子育て・教育のなかでの「？」

　発達早期の子どもの親や子どもに関わる人々にとって、日々の子どもの行動は、まさに「？（疑問符）」の宝庫といえるのではないだろうか。

　たとえば、急に大声で泣き始めた新生児の親は、「お腹がすいているんじゃないだろうか？」「いま眠いんじゃないだろうか？」と悩みと迷いの「？」を頭に浮かべ、お医者さんごっこを、医者と患者の役割を交替しながら延々子どもと続け（させられ）ている幼児の親は「何度も同じことを繰り返して飽きないんだろうか？」「いつになればこの無限ループから解放されるのだろうか？」と不思議や不安の「？」を心のなかに浮かべる。

　子どもの行動が変化する際にも「？」は大人たちの心のなかに浮かんでくる。先日まで時間をかけてもできなかったはずの、洋服のボタンをとめるということが突然すんなり自分でできるようになったり、ある CM のなかのフレーズが突然子どもの口から発せられると、「どうしてできるようになったんだろう？」「どこで覚えたんだろう？」という驚きと原因追究の「？」が浮かぶ。一方で「〜ちゃんはできるのになんでうちの子はできないんだろう？」「まだ言葉がでないけど、大丈夫なんだろうか？」といった深刻な悩みの「？」も子育てにはつきものであろう。

　発達心理学や教育心理学は、そうした親や教師たちの日常の「？」に対してさまざまな答えを出してきた。そうした知見のなかでも、親や子どもに関わる人たちが抱く毎日の「？」だけでなく、そもそも子どもはどのようにして大人へと発達していくのか、発達するとはどういう過程なのか、という根本的な「？」にも答えるものがある。本章では、そうした発達について考えるうえで

根本的な「？」について、とくに後世に多大な影響を及ぼした2人の心理学者ピアジェとヴィゴツキーの発達の理論をみていきたい。

2．ピアジェが考えた認知発達の段階

　スイスの発達心理学者**ピアジェ**（Piaget, Jean 1896-1980）は、子どもの行動に対する丁寧な観察を積み重ね、発生的認識論と呼ばれる独自の発達理論を作り上げた。認識論が「発生的」ということは、認識（認知）をあらかじめ備わったものとして考えるのではなく、その起源や発生の過程に遡って検討していることになる[1]。つまり、物事の因果関係や時間・空間の概念、道徳の概念等を子どもがいつ頃からどのように獲得し理解するようになるのかを探るといった、認知の発達過程・機序についての理論といえる。

　ピアジェはそうした認知の発達を、（1）**感覚運動期**、（2）**前操作期**、（3）**具体的操作期**、（4）**形式的操作期**という四つの段階（**発達段階**）に分けて考えている[2][3]。

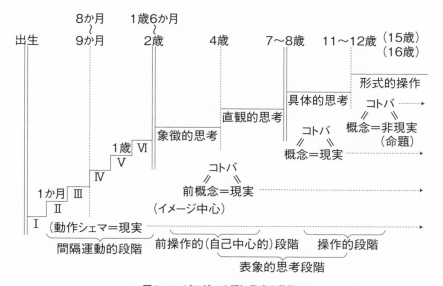

図5-1　ピアジェの認知発達の段階

出所）内田伸子・臼井博・藤崎春代『乳幼児の心理学』有斐閣、1991 年、133 頁。

感覚運動期（誕生から２歳頃まで――乳児期から幼児期）

　感覚運動期の初期には、身体的な運動（反射など）や見る（視覚）・聞く（聴覚）などの感覚をもとに外界（環境・対象）との相互作用が行われ、それらが次第に組み合わされ関係づけられる（協応していく）なかで、次第に初歩的な思考へと結びつき、感覚運動的なシェマ[(4)]が形成される。行動の特徴や外界との相互作用のあり方は、表５-１にみられるように時期によって異なる。

表５-１　前操作期における六つの段階と循環反応

段階	大まかな時期	特徴
第１段階	出生から１か月	吸啜反射（口の中に指を入れると吸う）、把握反射（手のひらに指を入れて押すと、その指を握りしめる）、歩行反射（両側のわきの下を持って体を支え、床に立たせるようにすると、両足を交互に出してまるで歩くような動きがみられる）など、子どもが生まれつきもっている「反射」（原始反射と呼ばれる）が行動の中心となる。
第２段階	１か月から４か月	随意運動ができるようになることで、とりあえず近くにあるもの（対象）に手を伸ばすなど、いくつかの動作を組み合わせる（シェマの協応）ことで、新しい行動パターンを形成するとともに、**第１次循環反応**＊（快感情を得た運動を反復する。例：手を開いたり閉じたりする、同じ音声を発する）が形成される時期。
第３段階	４か月から８か月	**第２次循環反応**（興味ある変化を生じさせる動作を繰り返す。例：箱をたたくとつぶれるのが楽しくて繰り返す）が生じる。目と手の協応動作が成立してくる。物の一部を見ることでその物全体がわかり始める。
第４段階	８か月から10か月	２次的シェマの協応（異なった二つのシェマを組み合わせて目的シェマと手段シェマを区分。例：おもちゃを布で覆い隠すと、左手で布を払いのけ、右手でおもちゃをつかもうとする）と新しい状況への適用ができるようになる。**対象の永続性**＊＊の獲得。
第５段階	11か月から15か月	**第３次循環反応**が形成される（動作にバリエーションをつけて繰り返す。例：ボールを地面に繰り返し落とす際に、さまざまな落とし方を試してみる）。動作の適用範囲を広げ、より柔軟な動作ができるようになる。
第６段階	18か月から24か月	感覚運動的知能の完成。象徴機能（記号）・表象（イメージ）の発達。シェマが内面化し、洞察や予期的行動（心のなかで行動を事前にシミュレーション）することができるようになる。

＊　「循環反応」とは、感覚運動機に子どもが行う、単純な同一行動の繰り返しのことであり、自己と外部との関わり方や発達上の意味合いに応じて第１次から第３次までの循環反応に区別できる。
＊＊　「対象の永続性」とは、対象が視界から消えても存在し続け、同一の特性を保持していると認識できることである。たとえば、目の前に置かれた小さなボールを布で覆ったときに、視界からはボールは消えるが、その布の中にボールが存在し続けていることを理解しているかどうかといったことである。「対象の永続性」概念は、生後８か月頃に獲得されるものとピアジェは考えたが、その後の研究では８か月より早い時期に獲得されるという指摘もなされている。

─── **ワーク 5−1** ───────────

次の二つの事例は、ピアジェ自身の観察した子どもたちの様子である[5]。それ
ぞれ、感覚運動期のどの段階のものか、考えてみよう（各事例の観察対象児の
年齢を示す数字は、順に、歳：月（日）を表す）。

観察 12　ローラン──0：1 (3)、また、続けざまに何度も舌を突出する。じゅうぶん目を
さましているが、じっとして腕はほとんど動かさず、空吸いもしない。彼はただ、口を
なかば開いて、下唇の上で舌を出したり入れたりしているだけである。──0：1 (5)、
ローランは最初空吸いをしていたが、やがてこの空吸いをやめて上述の舌だけの運動に
変わっていった。──0：1 (6)、彼は舌で下唇をなめたり、唇と歯茎のあいだで舌を動
かしたりして、明らかに舌で遊んでいる。──その後もこの行動は頻繁にくりかえされ、
いつも満足げな仕草をともなっていた。

観察 141　ローラン──0：10 (11)、あお向きに寝ていて、やりやすい姿勢ではないのに、
前日の実験を再開する。セルロイドの白鳥とか箱とか、いろいろなものを次々につかん
では腕を伸ばして落とす。そしてはっきりと、落とす位置を変える。あるときは目の上
方から、あるときは下方から、腕をあるときは垂直に、あるときは斜めに伸ばして落と
す。どこか新しい場所（たとえば枕の上）に落ちると、空間関係をしらべるかのように
同じ場所に続けて 2〜3 回落とし、それから別のやり方に移る。いつもならすぐ口に持っ
ていく白鳥が口のすぐそばに落ちても、ただ口を開く動作をするだけで吸おうとはせず、
同じ軌道で 3 度落とす。

────────────────────────────────
────────────────────────────────
────────────────────────────────
────────────────────────────────
────────────────────────────────
────────────────────────────────

前操作期（2 歳頃から 7 歳頃まで──幼児期）

　主に感覚と身体運動に基づいて外界と相互作用を行ってきた感覚運動期に続
いて、イメージ（表象）を使って外界を認識する力が発達し、のちに「操作」
へとつながる時期である**前操作期**が訪れる[6]。

　前操作期は、**象徴的思考**（2 歳から 4 歳頃）と**直観的思考**（4 歳から 7 歳
頃）の段階に分けられる。象徴的思考の段階では、感覚運動期の終わりに表象

や象徴の機能が発達するのを受けて、遅延模倣（以前見たモデルの動作を時間をおいて模倣する）やごっこ遊びなどがみられるようになり、言葉の急速な発達が起こる。

続く直観的思考の段階では、深い推論なしに見たままの判断をしてしまったり、知覚的に目立つ特徴に基づく判断を行う傾向がある。そうした知覚優位の判断など、この時期の認知の特徴を示す有名な課題の一つに「**保存の原理**」に関するものがある[7]。

たとえば液量保存の課題では、①子どもの目の前に同じ形同じ大きさのAとBの二つのビーカーを置く。二つのビーカーに同じ高さまで水を入れ、AとBに同じだけ水が入っていることを子どもに確認させる。②AとBより細いビーカーCを用意し、子どもの見ている前で、Bの水をCに移し替える（Aはそのまま）。③子どもにAとCではどちらのほうが水が多いか（あるいは、どちらのほうがたくさん飲めるか）、それとも同じかを問う。この課題に取り組む前操作期の子どもは、水面の高さ（直観）に注目するため、底面積が小さく、水面が高くなるビーカーCの水の量が多いと答えてしまう。保存の原理を獲得し、課題をクリアするようになるのは具体的操作期以降になる。

また、**自己中心性**や中心化の傾向もこの時期の子どもの認知の特徴の一つである。自己中心性（中心化）とは、自分自身の行為と他者や物の活動との未分化、あるいは自己の視点と他者の視点の未分化から、主体が自身の行為や観点を絶対的なものとして捉えて行動することである[8]。ピアジェとインヘルダー[9]は、そうした自己中心性を「**三つ山課題**」への子どもの反応をもとに論じている。

三つ山課題では、子どもに三つの大きさの異なる山からなる模型（図5-2）の周りを歩かせて見え方の違いに慣れさせる。その後、一方の面（たとえば図

中 A の位置）に子どもを座らせ、その反対側（図中 C）に人形を置く。さらに A から D それぞれの位置からの山の見え方が描かれた絵を示し、そのなかから「人形から見た山の見え方」を選ばせる。

この課題に対して、自己中心性をもつ前操作期の子どもたちは、自分の座って

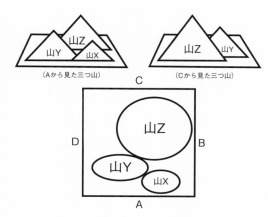

図 5-2　三つ山課題

いる位置（たとえば図中 A）からの見え方を選んでしまう。つまり、他者（人形）の視点を自分の視点から分離して取得することができず、自分の視点からの判断をしてしまうのである。人形（あるいは実験者が座ることもある）の位置からの見え（図中 C からの見え）を選ぶことができるようになるのは 9 歳以降とされている。

本書 12 章において紹介される「アニミズム（汎心論）」的な思考や、実念論（心的な出来事と物理的な出来事を混同すること）、人工論（すべての事物は人がつくったものだと考えること）といった傾向も前操作期の認知的特徴であるが、それらもこうした自己中心性の表れと考えることができる。

具体的操作期（7、8 歳頃から 11、12 歳頃まで——児童期）

小学校の算数の教科書でも、1 年生の頃にはイラストが多く掲載され、扱う内容も具体的な物（りんごやみかんなど）と数式との対応がつくように工夫されている。また、たとえば足し算の学習でおはじきを使って教えるなど、教材自体も具体的な物を自分の身体を使って教えることも多いだろう。

7、8 歳頃から始まる**具体的操作期**の初期においては、頭のなかでの論理的操作が可能になってくる。その一方で、具体的なことがらについての操作は可能であるものの、抽象度の高い論理的な操作については、まだ十分に行うことができない。それが、ちょうど指を折って数えることで足し算を行っていたも

のが、次第に頭のなかでの指折りへと変わり、さらには頭のなかでの計算に置き換わっていくように、次第に頭のなかでの抽象度の高い操作へと変わっていくのである。

形式的操作期（11、12 歳頃以降──青年期・思春期以降）

　ピアジェの考える発達段階の最後のものである**形式的操作期**になると、具体的操作期の、具体的なレベルでの論理的思考を中心とした操作から、さらに一歩進んで、抽象的なものごとについても論理的な思考を適用できるようになり、現実の世界だけではなく、可能性の世界の問題についても論理的に思考できるようになる。それにともない、たとえば、比例概念や、仮説演繹的思考、命題論理等、具体的な対象を離れた論理的思考、抽象的なルールのみを対象とした論理的思考が可能になる。

3．ピアジェの考える発達の仕組み

　これまでみてきたような、ピアジェの考えた発達の道筋（発達の段階）には、段階の間で子どもの知的な活動のあり方が質的に変化するだけではなく、段階間で連続性をもち、変化しない「変化の仕方」のようなものが一貫して存在してもいる。変化しないものの一つは、認知的な発達が段階ごとにゼロから生じているのではなく、発達段階の間でつねに既存のシェマ（生得的な、あるいは前段階で成熟したシェマ）との連続性において起こるということである。もう一つは、発達上の変化が、つねに人と環境との相互作用に安定（**均衡化**）をもたらすことを目指して起こるということである。

　均衡化に向かって人が環境との相互作用を行う際には、認知的枠組みである「シェマ（schema）」が使用される。この相互作用のなかでのシェマの変化のあり方には二つの種類のものがあり、**同化**と**調節**と呼ばれる。生物が食べ物を食べると、それが体の一部となり、生体の維持や成長に役に立つように（生物学的な意味での「同化」）、人間の知的な発達においても、認知的な対象を、すでにもっているシェマに取り込むことにより、そのシェマが保存あるいは拡張される。言葉を変えれば、既有のシェマを環境のなかの情報・対象に適用するの

であり、これを「同化」と呼ぶ。逆に、自分のすでにもっているシェマを情報・対象にあわせて変形させていくことを「調節」と呼ぶ。たとえば、羽を持って空を飛ぶスズメもツバメも「鳥さん」カテゴリーに分類（シェマ）できている（同化）幼児は、羽のないペンギンも「鳥さん」カテゴリーだと教えられて「鳥さん」シェマ自体を変える（調節）ことにより、周囲の人間とのやり取りや学習活動を適応的なものにすることができる。また、これらの同化と調節は必ずしも別々の行為として表れるわけではない。たとえば、子どもが箸を使って食べることができるという場合、さまざまな食物に対して「箸でつまむ」というシェマを行使する（同化）と同時に、食物の形にあわせて「つまみ方を変える」（調節）ことが必要になる。すなわち、子どもは既有のシェマを基礎として、同化・調節という環境との相互作用の方法をバランスをとりながら進めていくことを通じ、シェマを発達的に変化させていくことで、環境との適応をはかるのである。発達段階を通じた変化は、断絶したものではなく、つねに前の段階で形成されたシェマ（既有のシェマ）を利用する点で連続性があり、同時に各段階のなかでは、上記のプロセスを経て各段階特有の安定的なシェマが新たに形成されていく。ピアジェの考えたこうした発達のメカニズムは**均衡化理論**と呼ばれる。

4．子どもを社会・歴史・文化のなかで捉える——ヴィゴツキーの考え方

　ピアジェがみる子どもの発達は、遺伝的な要因と環境的な要因が作用するなかで、子どもが積極的に自身（主体）と対象（客体）との相互作用（行為）を行うことから生まれてくるものであった。そうした行為のなかで、シェマの構造は変化し、操作や思考が形成されていくことが認知的な発達であった。

　ロシアの発達心理学者**ヴィゴツキー**（Vygotsky, Lev Semenovich 1896–1934）は、ピアジェと同様に環境のなかでの発達を考えるなかで、ピアジェとは異なった発達の理論を提出している。ヴィゴツキーは、人間が意図をもって能動的に行う注意・記憶や思考といった心的過程を人間の「**高次精神機能**（higher mental function）」と呼んでいるが、ヒトがそうした高次精神機能をもつのは、一方では動物からヒト（ホモ・サピエンス）への進化（生物学的発達・系統発生）の

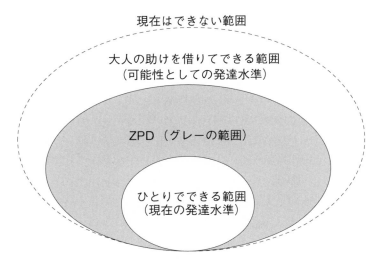

現在はできない範囲

大人の助けを借りてできる範囲
（可能性としての発達水準）

ZPD（グレーの範囲）

ひとりでできる範囲
（現在の発達水準）

図5-3　発達の最近接領域（ZPD）

結果であり、もう一方では、原始人を文化人に変えた歴史的な発展（文化的発達）の結果であるという[10]。したがって、ヒトが個体発生を通じて高次精神機能を実現していく際には、そうした生物学的発達と文化的発達が不可分のものとして含まれている（両者が個体発生のなかで合流している）ことになる。

5．発達の最近接領域

　ヴィゴツキーは、ヒトの精神機能の発達が、他者との関係のなかで生じる点も指摘している。たとえば、ヴィゴツキーは知的発達のレベルが同じく8歳の子ども（8歳レベルの課題まで解ける生活年齢10歳の子ども）2人が、さまざまなやり方で大人の助けを借りて問題を解くように提案され指導されるなかで、9歳と12歳のレベルの問題まで解けるようになる例を挙げている[11]。8歳の課題という、子どもが現時点で誰の助けも借りずにひとりでやりとげることができる水準を「現在の発達水準」と呼ぶ。日常でも、「現在の発達水準（＝現在の能力）」を試すために行われる、たとえば入学試験や資格試験を受ける際には、ヒントや適切なアドバイスを与えてくれる付き添いの人と一緒に受験し

たりはしないだろう。また、一般的には「現在の発達水準」がその子どもの能力として考えられることが多い。それに対し、ヴィゴツキーはもう一つの発達の水準を考えた。それが、例のなかでは9歳や12歳のレベルの課題のような、潜在的な可能性としての発達水準であり、現時点では大人（親や教師など）の援助を必要とするが、それらの大人の助けがあればできる水準のことである。ヴィゴツキー自身の言葉でいえば「まだ成熟してはいないが成熟中の過程にある機能、今はまだ萌芽状態にあるけれど明日には成熟するような機能」あるいは「発達の果実ではなくて、発達のつぼみ、発達の花と呼びうるような機能」である[12]。

　「発達の最近接領域（ZPD：Zone of Proximal Development）」とは、この例では、大人の助けを借りてできるようになる9歳や12歳の発達水準（可能性としての発達水準）と、ひとりでやりとげられる8歳の発達水準（現在の発達水準）との間の領域のことである。そして、ヴィゴツキーにとって教育とは、すでに子どもがもっている「現在の発達水準」を利用するということなのではなく、模倣や他者との対話や協同を通じた学習を通じて、発達の最近接領域にある機能をいかに呼び起こすことができるかということであった。

6．ヴィゴツキーの考える発達の仕組み

　こうした、社会的・歴史的・文化的なものとして発達を考え、可能性に向けて子どもの力を伸ばすために、教育・支援の方法を重視するヴィゴツキーの考え方の基礎には、発達の仕組みについて二つのアイデアが存在する[13]。一つは人間の内面的な精神過程が「**精神間機能**」から「**精神内機能**」へと転化することによって生じるというアイデアであり、もう一つは、人間の高次の精神活動が「**心理的道具（＝言語などの記号）**」によって媒介されている過程であるというアイデアである。

　まず、「精神間から精神内へ」というアイデアについては、ヴィゴツキー自身は「あらゆる高次精神機能は、子どもの発達において2回現れます。最初は、集団的活動・社会的活動として、すなわち精神間機能として、2回目には個人的活動として、子どもの思考内部の方法として、精神内機能として現れま

す(14)」と述べている。つまり、ヒトのさまざまな高次精神機能が、最初は他者との共同作業や他者との会話のような社会的な相互作用のなかに外的な「精神間機能」として現れ、それがやがて道徳的判断であったり、心のなかの言葉であったりという、「精神内機能」へと転化していくというものである。

　この「精神間から精神内へ」という発達の方向については、子どもの言葉が発達していく道筋をめぐって、ピアジェとヴィゴツキーの間で行われた論争の内容をみるとわかりやすいだろう。たとえば、ピアジェは、幼児の「ひとりごと」に注目し、幼稚園での6歳児2名の1か月間の発話内容を分析している(15)。その結果、他者への伝達を目的としない発話である自己中心性言語は、6歳時点で多く観察できるものの、7、8歳を境に急速に減少し、他者への伝達を目的とした発話である社会性言語が主になっていくことを明らかにしている。すなわち、最初は自分のなかで用いられていた言葉が、他者とのコミュニケーションのための言語へと移行していく、と考えた。これに対して、ヴィゴツキー(16)は、ひとりごとを、思考のために用いられる言語が内面化されていないものとして捉え、他者とのコミュニケーションのために用いられる言葉（**外言**）が、自分の思考や行動のコントロールのために用いられる言葉（**内言**）になるという言語発達の道筋を考えた。つまり、その外言から内言への移行過程の途中にみられるものとしてひとりごとを捉え、逆に内言から外言への発達の道筋を考えているピアジェの理論を批判している。

　次に、精神的な活動が心理的な道具によって媒介されているというアイデアについては、ヴィゴツキーによれば、ヒトの高次精神機能は、人間の活動のなかに中間的媒介物である「道具」が入ることによって生じるものである(17)（図5-4）。一般的に道具は、人間が対象（刺激）に対して何らかの影響を及ぼすものとして機能する。たとえば、投手が投げたボール（対象）をバット（道具）で打ち返すことでヒットを狙う。あるいはもう少し能動的には、釘（対象）を木などに打ち込む際には、金づち（道具）を釘に叩きつける。ここでいう道具（技術的な道具）を言葉も含めた記号（心理的な道具）に置き換えると、たとえば誰かから「今年のカープはどうですか？」という問いかけ（刺激）をされたら、「絶好調です。絶対優勝します！」（道具としての言葉）と答える（反応）ことによって、相手に自分が熱烈な広島東洋カープのファンであるこ

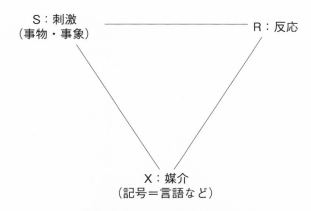

図5-4　刺激-反応-媒介の関係
出所）Vygotsky, L. S., *Mind in Society: The Development of Higher Psychological Processes*, Harvard University Press, 1978, p. 40 に一部追記。

　とを伝え、相手がカープファンであれば円滑な、熱烈な他球団ファンであればぎくしゃくしたものになるかもしれないが、いずれにせよ、会話行為を成立させ、相手に何らかの印象や態度を形成させることになる。

　心理的道具には、言葉だけではなく、たとえば芸術作品、文字、図式、図表なども含まれる[18]が、こうした媒介としての心理的道具は前に挙げた技術的道具とは異なり、外界の対象に影響を及ぼすだけではなく、自己をコントロールするための道具としても機能する。上に「内言」として紹介した言葉の場合もその一例である。たとえば、親から「強い子は泣かないんだよ」と言われて、転んで痛いのに、心のなかで「泣いちゃだめだ、泣いちゃだめだ」という言葉を繰り返している子どもにとって、言葉は感情をコントロールするための道具としてはたらいていると考えられる。大人でも、落ちこんだときにお気に入りの映画を見たり、音楽を聴いたりして心をなぐさめることがあるだろう。ヴィゴツキーにとっての発達は、この道具を媒介として対象と主体の間で成立する行為のあり方が変化していくことであり、道具（およびその使用法）が歴史的・文化的な所産である以上、発達は人の遺伝的・生物学的なものを基盤としながら、必前的に社会的・歴史的・文化的なものとなる（4節で述べた表現を使えば、「生物学的発達と文化的発達が個体発生のなかで合流する」）。

以下は、ヴィゴツキーらが行った「色禁止課題」の様子である[19]。これを参考にしつつ、日常のなかで言葉が自己を制御したり、課題の遂行を促進したりする道具としてはたらく例を思いつく限り挙げてみよう。

課題の内容：参加者（就学前児、小学校低学年・高学年、大人）に質問に答えてもらうが、その際にルールがあり、(1) 二つの特定の色の名を言ってはいけない（たとえば、赤と青を言ってはいけない、など）、(2) 同じ色名は二度使ってはいけない、というものである。ルールに違反するとゲームに負けたことになり、以下の二つのセッション間での勝敗の成績が検討される。

第1セッション：友達はいますか？　やシャツの色は何色？　などの七つの色に関係する質問を含む、簡単な18の質問が参加者に投げかけられる。

第2セッション：第1セッションと同様の質問が投げかけられるが、9枚の色カードが導入される。その際、「道具」（禁止された色名のカードを脇に置いておくなど）としてカードが使えることが教示される。

結果：就学前児はカードを道具としてうまく使えず、大人はカードを使わなくても課題を遂行できるため、第1-第2セッション間で成績の差がない。一方、小学校低学年・高学年では、カードを第2セッションで用いることで、第1セッションよりも第2セッションで成績が高くなる。

7．道しるべとしてのピアジェ、ヴィゴツキーの発達理論

　本章で紹介したピアジェとヴィゴツキーの発達についての考え方は、その後、

ときには批判を受けつつも、今日まで多くの研究の基礎となっている。それは、両者の発達についての視点や発達のモデル・理論が異なった点を多く含みながら、発達の本質をそれぞれの角度から見いだし、明快に論じているからだと思われる。もちろん、具体的なレベルでは、一人ひとりの子どもの発達は千差万別である。子どもたちに関わる親や教師も、日々ピアジェやヴィゴツキーが見た子どもたちとは異なる目の前の子どもたちと向き合っているのであり、彼らとは違った形での数多くの「？」を心に浮かべているのかもしれない。しかしながら、ピアジェやヴィゴツキーが彼らの目の前の子どもたちとじっくり向き合いながら見いだした知見や理論は、今日でも「？」に向かっていく親や教師にとって重要な道しるべとなるものを与えてくれているのである。

注

（1）　J., Piaget, *L'épistémologie génétique*, Paris: Presses universitaires de France, 1970.（滝沢武久訳『発生的認識論』白水社、1972 年）

（2）　ここでの「操作」という用語は、外的行為としての「操作」（たとえば「レバーの操作」）ではなく、そうした行為が頭のなかに内化されたものである。

（3）　発達段階が一定の順序性やある程度固定されたスケジュール表をもっているということは、ピアジェにとって遺伝的・生物学的要因によって発達のスケジュールが生得的に決定されるということを意味していない（Piaget, J., "Piaget's Theory", In P.H. Mussen (ed.), *Carmichael's Manual of Child Psychology:Vol. 1* (3rd ed.), New York: John Wiley & Sons, 1970, pp.703-732（中垣啓訳『ピアジェに学ぶ認知発達の科学』北大路書房、2007 年））。遺伝的・生物学的な成熟は、つねに環境と経験の影響を受けながら起こるのであり、その影響の受け方によって発達（の時期）が前倒しになったり遅れたりというスケジュールの変化（逸脱）は当然起こりうる。

（4）　ピアジェの厳密な用語法に従えば、この箇所で「シェマ（Schema）」となっているものは、本来は「シェム（Scheme）」と表記すべきところであるが、一般的には「シェマ」の用語で一括されることも多く、本章でも理解の混乱を避けるために、「シェマ」として統一した。シェマとシェムの違いについて、ピアジェは次のように述べている。「シェマは単純化されたイメージ（たとえば、町の地図）であるのに対し、シェムは行為において繰り返され一般化されうるものをさす（たとえば、棒やその他の道具で物を「押す」とき、「押しのシェム」というのは押すという行為に共通するところのものである）（J. ピアジェ（中垣啓訳）

『ピアジェに学ぶ認知発達の科学』北大路書房、2007 年）。

（5） J., Piaget, *La naissance de l'intelligence chez l'enfant*, Delachaux et Niestlé, 1936
（谷村覚・浜田寿美男訳『知能の誕生』ミネルヴァ書房、1978 年、51 頁および
279–280 頁）。順に、観察 12 は第 1 から第 2 段階の過渡期での第 1 次循環反応の
例、観察 141 は第 4 から 5 段階の第 3 次循環反応が次第に形成される時期の観察
例である。

（6）「前操作期」とは「操作」以前の時期という意味になる。

（7） J. Piaget, & B., Inhelder, *Le développement desquantités che zl'enfant :
conservation et atomisme*, Paris:DelachauxetNiestlé, 1941.（滝沢武久・銀林浩訳
『量の発達心理学』国土社、1965 年）

（8） J., Piaget, "Piaget's Theory", In P.H. Mussen（ed.）, *Carmichael's Manual of
Child Psychology:Vol. 1*（3 rd ed.）, New York: John Wiley & Sons, 1970, pp.703–
732.（中垣啓訳『ピアジェに学ぶ認知発達の科学』北大路書房、2007 年、47 頁）

（9） Piaget, I. & Inhelder, B., *The Child's Conception of Space*, Routledge & Kegan
Paul, 1956.

（10） L. S. ヴィゴツキー（柴田義松訳）『精神発達の理論』明治図書、1970 年。

（11） L. S. ヴィゴツキー（土井捷三・神谷栄司訳）『「発達の最近接領域」の理論
――教授・学習過程における子どもの発達』三学出版、2003 年。

（12） 同上。

（13） 柴田義松『ヴィゴツキー入門』子どもの未来社、2006 年。

（14） 注（11）に同じ。

（15） J., Piaget, *Le langage et la pensée chez l'enfantNeuchâtel*, Paris: Delachaux et
Niestlé, 1923.

（16） L. S. ヴィゴツキー（柴田義松訳）『思考と言語』新読書社、2001 年。

（17） 能動的な行為として考える際には、刺激を「対象」、反応を「主体」という言
葉で置き換えてみるとわかりやすいのかもしれない。

（18） L. S. ヴィゴツキー（柴田義松・森岡修一・藤本卓訳）『心理学の危機』明治図
書、1987 年。

（19） L. S. ヴィゴツキー（柴田義松・森岡修一訳）『児童心理学講義』明治図書、
1976 年。

参考文献

内田伸子・臼井博・藤崎春代『乳幼児の心理学』、有斐閣、1991 年。
ヴィゴツキー、L.S.（柴田義松訳）『精神発達の理論』明治図書、1970 年。

ヴィゴツキー、L. S.（柴田義松・森岡修一訳）『児童心理学講義』明治図書、1976年。

Vygotsky, L. S., *Mind in Society: The Development of Higher Psychological Processes*, Harvard University Press, 1978.

ヴィゴツキー、L. S.（柴田義松・森岡修一・藤本卓訳）『心理学の危機』明治図書、1987年。

ヴィゴツキー、L. S.（柴田義松訳）『思考と言語』新読書社、2001年。

ヴィゴツキー、L. S.（土井捷三・神谷栄司訳）『「発達の最近接領域」の理論——教授・学習過程における子どもの発達』三学出版、2003年。

柴田義松『ヴィゴツキー入門』子どもの未来社、2006年。

Piaget, J., *Le langage et la pensēe chez l'enfantNeuchātel*, Delachaux et Niestlé, 1923.

Piaget, J., *La naissance de l'intelligence chez l'enfant*, Delachaux et Niestlé, 1936.（ピアジェ、J.（谷村覚・浜田寿美男訳）『知能の誕生』ミネルヴァ書房、1978年）

Piaget, J. & Inhelder, B., *Le dēveloppement desquantitēs che zl'enfant : conservation et atomisme*, Delachauxet Niestlé.1941.（ピアジェ、J.／インヘルダー、B.（滝沢武久・銀林浩訳）『量の発達心理学』国土社、1965年）

Piaget, J., *L'ēpistēmologie gēnētique*, Presses universitaires de France, 1970.（ピアジェ、J.（滝沢武久訳）『発生的認識論』白水社、1972年）

Piaget, J.,"Piaget's Theory." In P.H.Mussen（ed.）, *Carmichael's Manual of Child Psychology, Vol.1*（3rd ed.）, John Wiley& Sons, 1970.（ピアジェ、J.（中垣啓訳）『ピアジェに学ぶ認知発達の科学』北大路書房、2007年）

【読書案内】

① J., Piaget, "Piaget's Theory", In P.H. Mussen（ed.）, *Carmichael's Manual of Child Psychology:Vol.1*（3rd ed）, New York: John Wiley & Sons, 1970., pp.703–732.（中垣啓訳『ピアジェに学ぶ認知発達の科学』北大路書房、2007年）

　ピアジェの著作は数多くあり、難解なものも多い。そのなかで、詳細な解説もあり、全体的にピアジェの発達理論を理解するのに適した本。

② 柴田義松『ヴィゴツキー入門』子どもの未来社、2006年。

　ヴィゴツキーの生涯から発達の理論まで、全体的にヴィゴツキーの考えを押さえるための入門書。

（渡辺忠温）

第6章
学校はラーニング^{学習}の場？
教師と子どものアンラーニング^{学び捨てること}

1．入学してまもない小学1年生の子どもたち

　小学校に入学した頃のことをあなたは覚えているだろうか。入学式の朝、教室に入るとき、自分の席に座ったとき、新しい先生やクラスの友達と出会ったとき、授業が始まったとき、どんな気持ちだっただろう。先生はどういう態度を示し、どんな言葉で語りかけていただろう。

　次に示すのは、1975年に、教職8年目ではじめて小学1年生を担任した教師の牛山栄世（1943-2011）が語る、当時の子どもたちの様子である[1]。

　　　さわがしいインコのような子、貝のようにしゃべらない子、子犬のようにじゃれつく子、ウサギのように表情の見えない子、リスのようにいっときもとどまらぬ子、ヤギのようにじっと視線をおくってくる子、サルのようにとめどなく散らかす子、機敏さを知らぬカタツムリのような子……ひとりひとりが、頑としてひとりひとりだった。（中略）

　　　とにかくじっとしていない。身も心もじっとしていない。この多様、多彩のひとつひとつに、相応の付き合いを、いっときの猶予もなくくりひろげるには、よほどのエネルギーがないと追いつかない。

　家庭や保育所、幼稚園で遊びを中心として過ごす生活から小学校での教科などの学習を中心とした生活に移行していく時期に、子どもたちが学校生活に適応できず落ち着かない状態が続くいわゆる**小1プロブレム**が問題視されるようになったのは2000年頃である。事例は、その25年前の子どもたちの様子である。皆さんがいま、この学級の担任ならどのように応答するだろうか。

─── **ワーク6-1** ───

入学まもない小学1年生の教室で、担任のあなたは、どう応答するか？

....

....

どのような答えになっただろうか。応答の方法を考えるとき、それぞれが抱く小学校教育のイメージや、自分自身が体験したさまざまな出来事を想起し重ね合わせた人もいるだろう。近年、保幼小の連携の重要性はさかんに叫ばれ、**スタートカリキュラム**の編成・充実が求められているが、本章では、子どもが学校で出会う学習と、子どもを学習に誘う教師の学習を検討したい。

2．学習の定義

学校教育における学習は、明確な教育目標に向かって正しい認知と行動を身につけるために行われる意図的活動である。しかし、心理学における**学習**は、「経験による比較的永続的な行動の変容」と定義されるように、明確な意図に基づく、「正しい」認知と行動の形成だけが学習だとは考えられていない。水が怖くてプールに入れないといった過剰な不安や恐怖、ゲームやネット依存などの望ましくない認知や行動も学習によって形成されるものと考える。

また、先の小学1年生の様子からは、教科内容を意図的に学ぶ授業が成立するまでに子どもはさまざまなことを学習するのだと気づかされる。それを**活動理論**に照らすと、図6-1のようになる。活動理論は、ヴィゴツキーの社会構成主義（第5章も参照のこと）に端を発し、学習を含むあらゆる人間の行為を個人的な営みとしてではなく、言語や道具、制度など社会的なものによって媒介されたものとしてみなす考え方である。図6-1は、代表的な活動理論家であるユーリア・エンゲストローム（Engeström, Y.）が伝統的な学校の学習活動として描いたものである。教室での学習は一般に、主体（教師や子ども）が対象に向けて、道具の使用に媒介されて行う行為と捉えられる（図6-1の上の三角形）。だが、それは氷山の一角で、その下に、活動のルール、コミュニティ、分業といった、活動の社会的な構造部分がある。子どもは、目に見える、教室

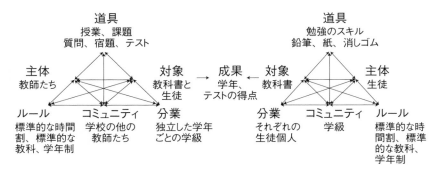

図6-1 伝統的な教育の活動システム

出所）エンゲストローム（山住勝広・山住勝利・蓮見二郎訳）『ノットワークする活動理論——チームから結び目へ』新曜社、2013 年、145 頁。

での学習活動（授業）を成立させるために、教室での学級生活に適応する仕方など、目に見えない、社会的な構造部分を学習する必要があるのだ。学習は、知識や技能の獲得に限らず、より広義に捉えられる。

3．学習の方法

　新年度が始まって3か月も経つと、小学1年生の子どもでも「落ち着いてくる」といわれる。子どもは教師の期待通りに振る舞うようになるのである。それは、子どもが教室での学級生活に適応する仕方を学習していくからだといえる。子どもは、「用事がないのに授業中に立ち歩いてはいけません」など明示的に教えられて学習することもあるが、この学習には、「用事をわざわざつくってむやみに立ち歩くこともいけない」という暗黙のルールも含まれる。

　暗黙のルールも含めた、学級生活に適応する仕方を子どもはどのように学習していくのか。それは、特定の文化に固有の**身体技法（ハビトゥス）**を獲得していく過程として捉えることができる[2]。この過程を、黒柳徹子の子ども時代を描いた『窓際のトットちゃん』からみてみよう。トットちゃんこと黒柳徹子は、現在の公立小学校である尋常小学校に入学するが、1年生で退学になる。着席して先生の指示通りに勉強し、規律正しく行動することができず、図画の時間には画用紙から大きくはみ出して机の上にまで絵を描いてしまう。尋常小

学校に適応する身体技法を身につけることができなかったのだ。だが、トットちゃんは、転校先のトモエ学園では、そのような不適応を起こさず、他の生徒がするように自分で席を選び、着席して勉強する。これは尋常小学校ではみられなかったトットちゃんの振る舞いである。何がこの違いをもたらしたのか。

この違いについて、身体技法の獲得過程から考えてみよう。身体技法は、単なる反復練習によって獲得されるものではなく、社会的、文化的な状況の力に影響されて獲得されると考えられる。この学習を考えるのに参考になるのは、学習を「人が実践の共同体に参加することに

図6-2　『窓ぎわのトットちゃん』
出所）黒柳徹子『窓ぎわのトットちゃん』講談社文庫、1984年。

よって、その共同体への参加の度合いが増加していく、アイデンティティの変容過程」とみなす**正統的周辺参加論**[3]（第7章も参照のこと）である。トットちゃんは、座席は毎日自由で、時間割はなく、好きな科目から勉強する授業方法のトモエ学園は変わっているなあと思いながらも[4]、変わっていることの意味を考えずに、まずは友達の模倣をしてトモエ学園での身体技法を学んでいく。ただ模倣するのは、トットちゃんがトモエ学園という特定の共同体に仲間入りする＝参加するための必須の条件でもある。その参加の前提となるのが、学習者の参加への**向心性**（共同体における卓越者や熟達者のように自分もなりたいと思う傾向性）である[5]。トットちゃんの向心性の対象は、電車の車両を教室にし、初対面のトットちゃんの話を4時間も聞き、「きみは、ほんとうは、いい子なんだよ」と言ってくれた校長の小林宗作だろう。その校長がいる学校で学ぶことが共同体への参加になるのであり、そのために共同体のメンバーである他の生徒の模倣をして、トットちゃんは授業に参加していったと考えられる。

こうした身体技法は、学校では、参加のための模倣以外に、教師の意図に沿って教えられて学ぶこともある。いずれにしても、多くの場合、教師は、子どもが学級での身体技法を獲得する環境を作り出す方策を考え、学校の教室での学習が成立する環境をつくっていこうとする。

4．教師のアンラーニング

　牛山の事例に戻ろう[6]。牛山は、席を離れる、手いたずらする、姿勢がくずれるなどして、じっとしていられない子どもに、最初は「はい、手を後ろで組んでごらん」「組みなさい！」と、イスの背もたれの後ろに手を回させて組ませるなど、「教えること」によって、学校の教室での学習が成立する環境をつくろうとした。「教師が教示的にやってみせたこと」について、その意味を教師自身が問うことを控えて、子どもに「忠実に、言われた通りのことを実行させる」ことも学校の多くで起こっていることだろう。

　この行為について、牛山は、「教える」作業を、やりやすくするためだと語る。さらに、牛山は、小学校の教師になって8年目にはじめて1年生を担任して、「それまでやってきた「教える」ということが、足許からくずれていく感じだった[7]」「いままでかかわってきた高学年のあの子らは、所せん私に付き合ってくれたに過ぎない。私は、付き合ってくれている彼らの背にまたがる騎手に過ぎなかったのかもしれない。そんな風に思えてきた[8]」とも語っている。

　牛山は、小学1年生と出会い、教師になるために自分が学習してきたものを忘れること、すなわち**アンラーニング**[9]を迫られていると感じとる。教師にとって、教育経験のなかで身につけてきた信念、規範、価値、手順、ルーティンは、無意識的な制約となる。だが、それが時代や状況にあわなくなったとき、学習してきたものを捨て去ることをアンラーニングという。

　アンラーニングは、組織学習[10]の下位プロセスとして職業人を対象に研究されてきたが、子どもも含めて、個人の新たな成長を導く学習としても注目されている[11]。アンラーニングといっても、子どもも教師も、これまで学んできた知識や技能をすべて学び捨てることができるわけはない。ここでは、アンラーニングについて、これまでの学習を通して身につけてしまっている型としての「教えの身体技法（教え方）」や「学びの身体技法（学び方）」をあらためて問い直し、解体して、組み替えることとして捉えていきたい[12]。

　では、教師は、どのようにして「教えの身体技法」をアンラーニングするのか。牛山は、「教える」ということが通じない経験をして、1年生の子らは、

牛山が教師になってから試みてきた、子ども一人ひとりの課題追究を保証する授業という、実践の枠組みをさらに超える何かを迫っていると感じたともいう(13)。「教えた相手から過ちを指摘されて苦しく自己修正する」ことがアンラーニングのきっかけになっている(14)。そして、牛山は、「このような状況の中で、こちらから、子どもを動かしてやろうなんてことより、とにかく彼らが動き出す場の中で学習を果たすことを考えざるを得なくなった……。そのようなときに、歌ったり踊ったり、粘土細工をしたり、こまを作って回したり、野外に出て花だ虫だ鳥だとやっているときの彼らが実に生き生きしている事実が見えてきた」と語る。牛山がつきあたった壁は、牛山に「子どもの発見」をもたらす。牛山は、子どもとともに野に出て、そこでの子どもの学びの実相に注目し、教科中心の授業から、子どもの主体的学習を目的とする**総合学習**へと転回させた。牛山は、教師として学んできた身体技法（教え方）を捨て（アンラーニング）、子どもに語りかける方法を探しながら実践を転回させ、「専らな遊びこそ、かけがえのない学びだ」と実感し「教師であること」を発見していくのである(15)。

5．子どものアンラーニング

総合学習への注目

　子どもが学校の学習に適応していれば、教師にも子どもにもアンラーニングは必要ないということではない。教師であれ子どもであれ、学校での学びの型をいつのまにか身につけている。そのような型を身につけることは、私たちが共同体に参加し、そのなかで適応していく過程では避けられない。だが、それは、ある種の行動習性を固定化し、特定の共同体の変革を妨げ、人間としての成長や発展の可能性を閉ざす可能性も背負っている。たとえば学校は、依然として学校外の社会、地域や組織から孤立し隔絶している。エンゲストロームは、こうした教科書や教室の壁に閉ざされた学習のあり方を「カプセル化（encapsulation）」した学習として批判する(16)（図6-1参照）。

　学校教育でアンラーニングの機会として注目されるのが牛山の実践にもみられた総合学習である。現在は「総合的な学習の時間」に行われている。

あなたは「総合的な学習の時間」にどのような活動をしたか。それはあなたにとって、どのような体験だったか。

....

....

　筆者が学生に「ワーク6−2」の質問をすると、「記憶がない」、しばらく考えて「席替え」「学級会」「田植えと収穫」「地域調べ」といった返事が返ってくる。

　「総合的な学習の時間」は、1998年の教育課程の改訂にともない創設され、2002年から全国で実施された。「総合的な学習の時間」は、子どもがみずから課題を見つけ、問題解決を進めていく能力を育成すること、主体的、創造的に問題解決や探究に取り組み、「生きる力」を形成していくことが目標とされた。これは今日の21世紀型スキル[17]にも通じる目標だが、2003年の PISA ショック[18]による学習指導要領改訂にともない、「総合的な学習の時間」は削減されるなどの経緯があり、今日の学校に浸透しているとはいえない。それは先の学生の反応にも顕れている。他方、イノベーション教育[19]が世界的に推進され[20]、「総合的な学習の時間」の指導法が2020年施行の教育職員免許法で教員免許取得に必要な科目として必修化されるなど教育課題となりつつある。現在（2020年）、教職志望の皆さんの多くにとっては、学校の教師になったら、学校で学んだ経験の少ないことを教育することになる。「総合的な学習の時間」が導入された当時の教師の大半は、生徒として受けてきた学校教育経験だけでなく、教師としての教育経験においても経験したことのない課題に直面し、それに応えようとしてきた。次に、2002年の導入を前に模索しながら実践を試みた「総合的な学習の時間」の事例をみてみよう。

「松本手まり」の学習

　信州大学附属松本中学校で、松本の伝統工芸である松本手まりを学習材として、1999年度入学の1年生が卒業までの3年にわたって行った総合学習がある[21]。長野県は大正期から総合学習の実践を重ねてきた小学校のある地域だが、

当時、中学校では開発が求められていた時期だった。その3年にわたる実践記録から、生徒の学びの型のアンラーニングが生まれる契機をテーマ選択、探究、学習の発表という三つの過程に焦点を当てて、捉えてみたい。

　一つは、地域のフィールドワークから生徒が松本手まりを学習材として選ぶ過程である。1年生の4月の学級会で一度は「紙芝居をつくろう」というテーマを決めるのだが、1人の生徒が生活記録に「私は絶対にやりたくない」と書いたことからテーマを再考することになる。生徒は、「本当にやりたいものを探したい」と、六つのグループに分かれ、地域のフィールドワークに出る。その発表を聞き、学習の発展性などを検討していくなかで、「自分たちの学習にあっている」のはどれかを考え、「私たちはものをつくることが好き」ということから松本民芸の手まりに触れてみることになる。そうして学級全員で松本民芸館や市立博物館を訪ね、民芸品や復元手まりなどに触れさせてもらったのは8月のことだった。その振り返りの授業で偶然、生徒が手まりをついてみて跳ねることに気づき、生徒は図書館で手まりの構造を調べ始める。そこで「手まりの芯は天蚕の繭らしい」ことを知る。それでも学級の生徒全員が手まりにのめり込むわけではない。そのなかで、手まりの芯は天蚕の繭だと調べた生徒が、副校長室で手まりの芯に使っている天蚕の繭を見つけたと教室に持ち込んだ。これを機に、「この繭に糸を巻いてみたい」「手まりを自分たちでつくろう」と多くの生徒から声があがり、学習が立ち上がっていった。

　伝統的な学習とは違い、総合学習のテーマは生徒自身が決める。テーマを見つけるために地域に出る。これも、教室での授業を基本とする伝統的な学習とは違うところだ。他方、地域での体験や調べ活動はこれまでの教育課程にも存在していた。だが、この事例では、テーマを決めて地域に出るのではなく、テーマを決めるために地域に出るし、地域に出るだけではテーマは決まらない。生徒たち自身のものになるテーマが決まるまで5か月を要するのである。その過程は、生徒も教師も未体験の世界だった。それゆえ、教師の清澤栄三は、テーマの再考がテーマを生徒たち自身のものにするための重要な手がかりだと気づかず、テーマの再考を学級に提案するか迷った。その後も、清澤は、自らも松本手まりに触れ、見学し、学習材としての価値を見極めたり、松本手まりに対する生徒の「感じ」や「思い」が活動の進行につれてどのように変化する

か丁寧に慮りながら進めた。だが、学習の時間とリズムを決めているのは生徒自身であった。この間、生徒たちは、松本手まりに触れてみようと学級全員で民芸館や博物館に出かけ、そのときの感想を学級通信や雑談で交流し、体験を重ねていく。そうした日々の出来事が網目のように連鎖して、生徒の心が松本手まりという対象に向かい、総合学習が立ち上がっていくときが訪れる。それが、天蚕の繭という、学習材の本質を表す実物（これを芯にして糸を巻いていくことで、音がするという、他の地域にはない松本手まりが生まれる）に、副校長室（当時の副校長は牛山栄世だった）で生徒が出会ったときだった。ここは、天蚕の繭という実物を準備し、生徒の機が熟すのを待つ副校長の力量を感じる場面でもあるが、生徒たちが、松本手まりを知らないことを実感する瞬間でもあった。それは自分たちが育ち暮らす松本という地を知らない、さらには自分たち自身のことを知らないということを含みもつ出会いだったのかもしれない。同時に、他の地域にはない松本手まりに魅かれる。そのことを仲間と共有した。無知あるいは未知と魅力と共有を兼ね備えた対象に出会ったとき、テーマは生徒たちにとって自分ごとになり、共同活動の軸としての実質的なテーマになっていくのである。生徒たちは、形式的にテーマを決めて表層的に調べる学習の型をアンラーニングした。

　二つめは、手まりづくりに挑戦し、松本手まり保存会の人に手まりのつくり方を教えてもらうまでの探究過程である。皆で松本手まりをつくってみようと決定したあと、清澤は、町役場の人に相談して繭の準備をし、自分で試しに糸を巻くなどしながら、教師の自分には教える技術はないから、生徒は手まりに関わる地域の人と出会うことになるだろうと想像する。しかし、清澤は、「繭のあるところを先生が知っているからつくってみよう」とは提案しない。

　10月。生徒は材料を揃えてはじめて手まりを巻く。巻き始めると次々に生徒は清澤に「この次どうやるの？」と聞きにくる。清澤は、「ごめん、先生も知らない」と返答し、「ここはどうやってやってるんだ？　そうか、先生もそうやってみよう」などと、逆に生徒に質問する。すると、次第に生徒は来なくなったという。

　8時間かけて糸を巻き終えて、生徒はこの活動に手応えを感じていく。清澤は、このあと、飾り糸をかがり、幾何学模様を作り出す作業の過程で地域の人

に教えを請うことになると考える
のだが、生徒たちは、フィールド
ワークで得た知識で挑戦しようと
する。いろいろと試すが、正確に
できず、「もうだめかもしれな
い」と生徒が思いかけたタイミン
グで、清澤は、地域の人と出会う
チャンスだとばかりに、満を持し
て「これからどうすればいい？」
と生徒に声をかける。生徒は、
「代表が、手まりをつくっている

民芸店でしっかり教えてもらってくればいい」と考える。代表が民芸店の人に
教わりに行き、教室で皆に教えるのだが、正確できれいにはつくれない。その
ときはじめて、生徒は、教室に講師をお呼びして教えてもらおうと考え、口伝
で教えてもらえるだけの人数の講師を探し始め、11月に外部講師とともに手
まりをつくる機会が実現し、12月に手まりが完成する。

　ここで「この次どうやるの？」と聞きにくる生徒に、清澤は「先生も知らな
い」と答えている。生徒にとって「やり方は先生が教えてくれる」ということ
は、慣れ親しんできた学習の型であったと考えられる。ここではそれが裏切ら
れ、生徒は想定外の関係のなかに投げ込まれる。生徒は、生徒同士で教え合う
関係を作り出す。だが、代表が地域の人に学んでいるとはいえ、生徒たちが学
校の外部の人とつながることには広がらない。「学校の中で学ぶ」ということ
も、慣れ親しんできた学習の型である。生徒同士で教え合うだけでは正確でき
れいにはつくれないことを実感して、ようやく生徒はこれまでの学習の型をア
ンラーニングして、地域の専門家に直接に学ぼうとする。

　三つめは、手まりづくりから地域の保存会の方々と交流が始まり、民芸への
関心を深めていき、松本手まりの存在を多くの人々に発信したくなっていき、
博物館での展示に取り組み、学芸員に学び、3年生の8月に「つながれ！　て
まり・人々展」を開催し、4000人の見学者と出会う過程である。

　2年生になって生徒はグループごとの活動を始める。そのなかでも、学級全

体で「芯が天蚕の繭ではなく発泡スチロールの手まりを松本手まりと呼んでいいか」を討論するなど、松本手まりという対象と課題にますます正面から取り組んでいく。また、博物館での展示発表を正式に決める前に、博物館の展示発表の価値を探るために生徒は博物館に出向く。そこで偶然通りかかった館長から、「博物館で中学生が展示発表をすることは、地域に開かれた博物館づくりにとっては、大変意義のあること」という言葉を聞く。このあと、展示発表をやるかやらないかということをクラス全体で確認したことは一度もなかったという。生徒は、館長の言葉を受け入れ、主体的に取り組んでいくのである[22]。清澤は、はじめに結論を出して「聞いてみよう」と動くのではなく、「とにかく行ってみよう」「見て触れて考えてみよう」という学習の手順が生徒の間に生まれていたことがこの出会いをもたらしたと考察している。清澤の考察は、生まれ、育ち、暮らすことに加えて、学ぶ空間としての地域（ローカル）の重要性を物語っている。これは知識の質の問い直しにも通じる。学校教育で伝達される知識や技術は、個別の経験や状況と切り離された**普遍的な（グローバルな）知**が多いのに対して、時間的、空間的に限定された文脈、人々の生きる状況に即した文脈のなかで意味をもつローカルな知を生徒は体験している。「生活科」や「総合的な学習の時間」は、偏った体験主義の傾向を推進する結果となることがあるが、個々人の体験や相互作用を重視する教育というとき、体験と知を分けて捉えるのではなく、**体験と結びついた知（ローカルな知）**という様式を示しているのである[23]。それは、普遍的な知（グローバルな知）のアンラーニングの過程でもある。

　最後に、博物館での展示と振り返りを通して、生徒は、「活動が自分たちにとってどのようなもので、どのようなことが学習でき、その迫り方は良かったのか悪かったのか」を自分たちで評価していく。清澤は、自分たちが思いをかけて取り組んだ活動だからこそ、生まれてくる評価の時間を総合学習の存在理由の一つに挙げている。

ワーク6-3

この総合学習の事例に照らすと、図6-1は、どう変わるだろうか？

・・

・・

6．システムとしての学習

　図はどのように変化しただろうか。道具、対象、ルール、コミュニティ、成果など、多くの要素が変化したのではないだろうか。アンラーニングは、学習者個人に気づきをもたらすことによって生まれる個人レベルの現象ではなく、システムレベルで生起する現象として位置づけることも重要である[24]。活動システムを、その構成要素となる人や道具、対象やルールの寄せ集めとして捉え、どこか一つを変えるだけ（たとえば新しい道具を入れるなど）では、システム全体（教育や学習）に新たに負担をかけ、矛盾を生むことがある。「総合的な学習の時間」に取り組むとき、それは、単に時間割の1コマに新しい科目が追加されるという変化として捉えるだけでなく、学校教育システムの諸要素の相互作用の変化として捉えることも重要である。

　最後に唐突だが、あなたに問うてみたい。あなたは、大学でアンラーニングを体験しているだろうか。

注
（1）　牛山栄世『学びのゆくえ——授業を拓く試みから』岩波書店、2001年、9頁。
（2）　ブルデュ（今村仁司・港道隆訳）『実践感覚Ⅰ』みすず書房、1988年。
（3）　レイヴ＆ウェンガー（佐伯胖訳）『状況に埋め込まれた学習——正統的周辺参加』産業図書、1993年。
（4）　黒柳徹子『窓際のトットちゃん』講談社文庫、1984年、43-45頁。
（5）　尾崎博美「参加による学習」羽野ゆつ子・倉盛美穂子・梶井芳明編『あなたと創る教育心理学——新しい教育課題にどう応えるか』ナカニシヤ出版、2017年、91頁。
（6）　牛山、前掲書、9-14頁。

（7）　同上、9頁。

（8）　同上、11頁。

（9）　日本語では、学び捨てることのほかに、学習棄却、学びほぐし、学習解除など
の訳がある。

（10）　組織に所属するさまざまな人々が、そこで業務経験を積み、学び、それらの智
慧が共有されることで、組織全体としては、少しずつ効率性が高まり、さまざま
なオペレーションが確立していくこと。

（11）　苅宿俊文・佐伯胖・高木光太郎編『ワークショップと学び1　まなびを学ぶ』
東京大学出版会、2012年。

（12）　同上、62頁。

（13）　牛山、前掲書、11頁。

（14）　大江健三郎『定義集』朝日新聞出版、2012年、47頁。

（15）　牛山、前掲書、14頁。

（16）　エンゲストローム（山住勝広・山住勝利・蓮見二郎訳）『ノットワークする活
動理論——チームから結び目へ』新曜社、2013年、146頁。

（17）　問題解決、批判的思考、コミュニケーション、創造力などを指す。

（18）　国際的な学力調査 PISA（Programme for International Student Assessment）
の2003年の調査で、日本の生徒の平均点が下がった問題。

（19）　生徒が教科横断的な学びや批判的思考、創造的問題解決を進める教育。

（20）　OECD 日本イノベーション教育ネットワーク（https://innovativeschools.jp/）
も参照。

（21）　清澤栄三「「松本手まり」をめぐる総合的な学習の時間」稲垣忠彦編『心を育
む総合学習』評論社、2004年。

（22）　井庭崇（『クリエイティブ・ラーニング——創造社会の学びと教育』慶應義塾
大学出版会、2019年、155-156頁）が川喜田二郎の創造についての言葉を引用し
て語る、「絶対的受け身」としての主体性の議論が参考になる。

（23）　ローカルな知とグローバルな知は、前平泰志「序〈ローカルな知〉の可能性」
日本社会教育学会編『〈ローカルな知〉の可能性』東洋館出版社、2008年参照。

（24）　苅宿ほか編、前掲書、120頁。

【読書案内】
①**苅宿俊文・佐伯胖・高木光太郎編『ワークショップと学び 1　まなびを学ぶ』**東
京大学出版会、2012年。
　アンラーニングの場としてのワークショップの可能性とアンラーニングの過程が教

育学、社会学、芸術学の観点から考察されている。

②ユーリア・エンゲストローム（山住勝広・山住勝利・蓮見二郎訳）『ノットワーク
する活動理論——チームから結び目へ』新曜社、2013 年。

　医療や法廷、学校教育、工業生産などの事例に即して、新しい協働を「結び合い」、
すなわち「ノットワーキング」という特徴で捉えている。「結び目の創発」という視
点からアンラーニングの仕組みを考える手がかりになる。

引用・参考文献

井庭崇『クリエイティブ・ラーニング——創造社会の学びと教育』慶應義塾大学出版
　　会、2019 年。

牛山栄世『学びのゆくえ——授業を拓く試みから』岩波書店、2001 年。

ユーリア・エンゲストローム（山住勝広・山住勝利・蓮見二郎訳）『ノットワークす
　　る活動理論——チームから結び目へ』新曜社、2013 年。

大江健三郎『定義集』朝日新聞出版、2012 年。

尾崎博美「第 7 章　参加による学習」羽野ゆつ子・倉盛美穂子・梶井芳明編『あなた
　　と創る教育心理学——新しい教育課題にどう応えるか』ナカニシヤ出版、2017 年。

苅宿俊文・佐伯胖・高木光太郎編『ワークショップと学び 1　まなびを学ぶ』東京大
　　学出版会、2012 年。

清澤栄三「「松本手まり」をめぐる総合的な学習の時間」稲垣忠彦編『心を育む総合
　　学習』評論社、2004 年。

黒柳徹子『窓際のトットちゃん』講談社文庫、1984 年。

ピエール・ブルデュ（今村仁司・港道隆 訳）『実践感覚 I』みすず書房、1988 年。

前平泰志「序〈ローカルな知〉の可能性」日本社会教育学会（編）『〈ローカルな知〉
　　の可能性』東洋館出版社、2008 年、9-23 頁。

ジーン・レイヴ／エティエンヌ・ウェンガー（佐伯 胖訳）『状況に埋め込まれた学習
　　——正統的周辺参加』産業図書、1993 年。

（羽野ゆつ子）

第7章
どうすれば一人前になれるのか？
状況に埋め込まれた学習

1．「状況に埋め込まれた学習」について──状況的学習論

　筆者が以前、家族に買い出しを頼まれて、某ファーストフードチェーン店を訪れたときのこと。カウンターでハンバーガーセットを四つ注文したところ、店員さんは「こちらでお召し上がりになりますか？」と笑顔で筆者に問いかけてきた……。

　筆者の見た目は「大食い」には見えない（と思う）。また、入口から1人で店内に入ってきているのも見えていたはず。

　この場合、**状況的・文脈的**にみて、筆者が「テイクアウトの客」であることは想像がつきそうなものだ。状況的には「お持ち帰りでしょうか？」のほうが自然である。けれども、この店員さんは、状況・文脈を無視して、マニュアル通り筆者に語りかけてきたのであった。

　学校で学ぶ知識（**学校知**）は基本的に、いつ・どこで・どんなシチュエーションで答えても同じ答えになるものがほとんどである（文脈独立的・状況独立的）。ある数学の問題を、北海道で解いたときと大阪で解いたときとで答えが違ってしまってはまずい。3日前に解いた場合と、今日解いた場合で答えが違っても困る。晴れの日だろうが、雪の日だろうが同じ答

学校知と生活知

学校知		生活知
状況に埋め込まれていない知識 文脈独立性 状況独立性 普遍性	⟷	状況に埋め込まれてた知識 文脈依存性 状況依存性 限定性

図7−1　学校知と生活知

えにならなければダメだ（普遍的[1]）。

　けれども、生活のなかの知（生活知）は、状況に応じて答えがかわるものも少なくない（文脈依存的・状況依存的）。ハンバーガー屋の店員の場合、お客さんが子どもか、老人かによって言葉づかいや説明の仕方は自ずとかわるだろう。店内が空いているときと混んでいるとき、それぞれの対応も異なるはずだ。このお客さんにはこのやり方が通用するが、人が変われば通用しなくなるなどということも十分にありうる（限定的）（図7−1）。

　つまり、生活のなかの知は状況に応じて最適解（最も適切な答え）が異なる**生きた知識**といえるだろう。私たちは、「学校知」に関しては、学習指導要領に基づく明確なカリキュラムのもとで、基礎から応用へというプロセスをたどって、さまざまな知識を学んでゆく。そこでの知識は体系化されており、一から順序だてて学習が進行してゆくのである。

　では、状況ごとに正解が異なる生きた知を、私たちはどのような段階を踏んで獲得してゆくのであろうか。それは学校知の習得の仕方とは様相が異なる。本章での課題はそうした「状況に埋め込まれた学習」＝**状況的学習**（situated learning）について読み解いてゆくことである。ここで紹介するのは学習を、個人個人の外的行動や認知構造の変化ではなく、集団的な実践への個人の参加の仕方の変化としてみる視点である。

　われわれがある共同体のなかで一人前になり、生きた知を獲得してゆく過程

で、どのような学びが展開されてゆくのだろうか。本章では、そうした学びの内実に迫るべく、**徒弟的な学びのありよう**に注目して解説してゆく。徒弟制（apprenticeship）とは、職人や伝統芸能などの世界において、後継者の養成と技術的訓練を行うものであるが、そこで成立している学びは、学校の中で組織化されている学校の姿とは性質が異なるものである。佐藤学が指摘しているとおり、「学校においては「教えるカリキュラム」が過剰で、「学ぶカリキュラム」が貧困なのに対して、徒弟的なカリキュラムにおいては、「教えるカリキュラム」は最小限で「学ぶカリキュラム」は最大限に組織されている[2]」。

　では、徒弟的なカリキュラムはどのような姿をしているのであろうか。この問題を検討していくにあたって、二つのマンガを取り上げることにする。漫画『ヒカルの碁』（原作・ほったゆみ、画・小畑健、集英社、1999–2003 年）と『昭和元禄落語心中』（作・雲田はるこ、講談社、2010–2016 年）である。これら二つの作品のなかには状況的学習の内実が生きた形で描き出されている。囲碁の世界、落語の世界における生きた知識の体得のプロセスがアクチュアルに示されているのである。『ヒカルの碁』からみていくことにしよう。

2. 認知的徒弟制について

『ヒカルの碁』を手がかりに

　まずは『ヒカルの碁』のあらすじを確認しておく。小学校 6 年生の進藤ヒカルは、ある日、祖父の家の倉庫で古い碁盤を見つける。その碁盤には幽霊が宿っていて、碁盤を見つけたヒカルの前に突如姿を現す。幽霊の正体は平安時代を生きた天才棋士・藤原佐為だった。佐為の姿はヒカル以外には見えないのだが、現代に蘇った佐為は「どうしても囲碁が打ちたいので力を貸してほしい」とヒカルに懇願する。佐為は碁石を持つことができないので（幽霊だから！）、囲碁を打つためにはかわりに碁石を置いてくれる存在が必要なのだ。囲碁に興味がなく、ルールも一切知らないヒカルだったが、佐為の願いをかなえるため、ヒカルはその役目を引き受けることになる。佐為が背後から指示を出し、ヒカルがその指示通りに囲碁を打つ。バックに天才棋士がついているため、ヒカルは無敵状態。碁石の持ち方すらままならないにもかかわらず、ヒカ

ルはプロをも唸らせる碁を打つことに。

　物語当初、ヒカルは囲碁に対して無関心だったのだが、佐為との出会いを通じて囲碁の世界に触れ、佐為から指南を受けるなかで囲碁の魅力に取り憑かれてゆく。はじめは佐為の指示通りに打っていたヒカルだったが、佐為の指導のもと対局を重ねてゆくうちに、自力で碁が打てるようになる。ヒカルは佐為に稽古をつけてもらいながらたゆまぬ努力を続け、プロ棋士になることを決意する。

　『ヒカルの碁』のうちに描き出されているのは、まさに徒弟的な学びのありようである。ここでは、アメリカの認知学者ジョン・S・ブラウン（Brown, J.S.）やアラン・コリンズ（Collins, A.）らによって提唱された**認知的徒弟制**（cognitive apprenticeship）の概念に基づき、『ヒカルの碁』のストーリーを読み解いていきたい。認知的徒弟制とは、職人の世界などにおける知識や技の伝承にあたって、**弟子が師匠から学ぶ**という伝統的な学習過程を認知的な観点からモデル化したものである。以下に挙げる手法は、学校教育をはじめとする近代的な組織における教育にも活用しうる考えである。向後千春によれば、認知的徒弟制の教え方は以下のようにまとめられる[3]。

1. モデリング（*modeling*）：手本となる熟達者が実際にどのように問題解決をしているのかを観察させる。それにより、どのようにしたら課題を達成できるかを学習者が概念化できるようにする。
2. コーチング（*coaching*）：実際に問題解決に取り組んでいる学習者に、熟達者が1対1でついて、ヒントを出したり、フィードバックを出したりして、指導する。
3. スキャフォールディング（*scaffolding*）：一通りのことができるようになったら、学習者が独り立ちできるように手助けの範囲を限定し、サポートする。
4. フェーディング（*fading*）：学習者が独り立ちできるようになったら手を引いていく。つまり、支援を取り除いてゆく。

これら1から4は具体的にどのようなプロセスとして描き出すことができる

のであろうか。『ヒカルの碁』のストーリーに沿って具体的にみていこう。

モデリングとコーチング──モデル（＝師匠）としての佐為

　『ヒカルの碁』の物語が始まってしばらく描き出されるのは、**モデリング**のありようである。物語のはじめ、囲碁について何の知識ももたないヒカルは、初心者として囲碁に向き合う。この段階のヒカルは、佐為から出される指示を受け取るだけで、自らの思考をはたらかせることはない。知識も経験もないので自分の判断で囲碁を打つことができないからである。「なぜ佐為はそこに碁石を置いたのか」、理由もわからないまま、ヒカルはただひたすら佐為の指示通りに碁石を置いてゆく（図7−2）。佐為とヒカルが囲碁の手合をする際にも、ヒカルは佐為が「良い手だ」と言えば素直にその手を良い手だと捉え、「これは悪手（悪い手）だ」と言えば、悪手とみなす。つまり、ヒカルは佐為に対して価値的にコミットしており、佐為のうちに絶対的な価値基準を見いだしている。ヒカルは佐為（モデル）のやり方をひたすら見て学んでゆくのである（図7−3）。

　佐為は個別具体的な実践のなかで「このような場面ではここに打つのがよい」ということをその都度ヒカルに提示する。この1対1のやり取りが**コーチング**である。ヒカルは佐為を導き手として囲碁の世界に潜入していくのだが、ここにおいて佐為は囲碁の世界の秩序や原理を生きた形で提示する絶対的存在（＝モデル）であり、ヒカルに対してヒントを出したり、フィードバックを行うなどの指導をしている。

　こうしたヒカルの学びは、私たちになじみのある学校教育的な学びとは質を異にしている。ヒカルは囲碁の入門書（教科書）を片手に、1から順を追って段階的に学んでいるわけではない。スタティックな囲碁の知識を学んでいるのではなく、状況のなかで「生きた知識」に

図7−2　佐為の指示どおりにうつヒカル
出所）原作　ほったゆみ　漫画　小畑健『ヒカルの碁』1巻、集英社、1999年、136頁。

触れているのである。

　刻一刻と移り変わる状況のなかで、佐為がどう判
断し、碁を展開していくのか。ここではモデルのや
り方を模倣することが最大の課題となる。囲碁に関
する知識を暗記するのではなく、囲碁の世界に身を
浸しながら、知識を自分のものとしている。

スキャフォールディングとフェーディング

　こうして、毎日のように佐為と囲碁を打ち、その
奥深さを知っていくうちに、ヒカルのなかで「自分
で打ちたい」という思いが強まってゆく。そして実
際に、物語が進むにつれて、ヒカルはひとりで囲碁
が打てるようになってゆく。もちろん、まだまだ未
熟であり、粗も目立つのではあるが、佐為のサポー
トの必要性は徐々に少なくなってゆく。ここにおい

図7-3　佐為によるコーチ
　　　　ング
出所)　原作　ほったゆみ　漫画
　　　小畑健『ヒカルの碁』2巻、
　　　集英社、1999年、95頁。

て、**スキャフォールディング**（足場かけ）の段階に至るのである。学習者（＝
ヒカル）が独り立ちできるよう、佐為のサポートは限定的なものとなってゆく。

　このスキャフォールディング（足場かけ）という概念は、ヴィゴツキーの**発
達の最近接領域の概念**に基づき、Ｊ・Ｓ・ブルーナーらが用いている概念である。
足場かけは、次の段階である**フェーディング**（足場はずし）を見据えて行われ
る。

　さて、いくつもの試練を乗り越えて、ヒカルはプロ棋士になる。プロになっ
てからも、佐為との修行の日々が続いてゆく。ヒカルはめきめきと実力をつけ、
若手棋士のなかでも目立った実績を上げてゆくことになる。けれども、時を同
じくして佐為との別れのときが刻一刻と近づいてくる。

　いまやヒカルは一人立ちし、実力をつけ、まさに自立に至る。以前の彼とは
違い、自分ひとりで囲碁を打ててしまうようになったのだ。それは何を意味す
るであろうか。ここにおいてスキャフォールディング（足場かけ）からフェー
ディングへとステージが移行する。フェーディングにおいて、もはや佐為＝モ
デルのサポートは必要なくなるのだ。

図7-4 佐為のフェーディング

出所）原作　ほったゆみ　漫画　小畑健『ヒカルの碁』
　　　15巻、集英社、2001年、33頁。

フェーディングの段階へと移行するにともない、佐為はこの世での自分に残された時間が少ないことをはっきりと自覚する（図7-4）。そして佐為の輪郭は徐々に薄れていく（フェード）。

ヒカルにとって、佐為との別れは引き裂かれるほどの悲しみをともなうものであったが、佐為の消滅は、ヒカルの成長・自立が引き起こした必然的な帰結なのである。

　以上の学習プロセスについて理解したうえで、自身の経験を振り返り、皆さんがモデリング、コーチング、スキャフォールディング、フェーディングのプロセスを経て身につけた事柄はないか、思い返して以下に記してほしい。

┌── **ワーク7-1** ─────────────────
│ モデリング、コーチング、スキャフォールディング、フェーディングを経て身
│ についたことは何か？
│ ‥‥‥‥‥‥‥‥‥‥‥‥‥‥‥‥‥‥‥‥‥‥‥‥‥‥‥‥‥‥‥‥‥‥‥‥‥‥‥
│ ‥‥‥‥‥‥‥‥‥‥‥‥‥‥‥‥‥‥‥‥‥‥‥‥‥‥‥‥‥‥‥‥‥‥‥‥‥‥‥
│ ‥‥‥‥‥‥‥‥‥‥‥‥‥‥‥‥‥‥‥‥‥‥‥‥‥‥‥‥‥‥‥‥‥‥‥‥‥‥‥
│ ‥‥‥‥‥‥‥‥‥‥‥‥‥‥‥‥‥‥‥‥‥‥‥‥‥‥‥‥‥‥‥‥‥‥‥‥‥‥‥
│ ‥‥‥‥‥‥‥‥‥‥‥‥‥‥‥‥‥‥‥‥‥‥‥‥‥‥‥‥‥‥‥‥‥‥‥‥‥‥‥
│ ‥‥‥‥‥‥‥‥‥‥‥‥‥‥‥‥‥‥‥‥‥‥‥‥‥‥‥‥‥‥‥‥‥‥‥‥‥‥‥
└──────────────────────────

　本節の最後に、認知的徒弟制の概念を導入した実践の一例を挙げておこう。授業中、教師が文章を朗読しながら、それと同時に考えたこと、あるいは感じたことを発話することによって、生徒たちは熟達した読み手の読解過程を学ぶことができるという方法は、認知的徒弟制の理論を活用した実践といえる[4]。

3．正統的周辺参加論を読み解く

周辺から中心へ

　次に、徒弟的な学びのありようを別の角度からみていくことにしたい。ここではとくに、人類学者のレイヴ（Lave, J. 1939–）とウェンガー（Wenger, E. 1952–）が提唱した「正統的周辺参加」（Legitimate Peripheral Participation: LPP）という概念について検討する。職人の世界などでは、いわゆる学校的な教授がないにもかかわらず、学習者が知識や技能を獲得してゆく。そして、学習者はそうした学びのなかで、共同体の一員としてのアイデンティティを獲得してゆくことができる。レイヴとウェンガーは、リベリアの仕立て屋など、徒弟的な共同体における学習の内実を研究し、その特徴を描き出した。仕立て屋の世界において、新参者はまずはじめにアイロンがけの仕方などを覚える。その仕事は部分的ではあるものの、売り物の完成品がどんなものかを手に取って確かめることができる。新参者は経験を積むにしたがって、作業工程の周辺から中心へと徐々に移動してゆき、共同体の文化を学習してゆく。

　学習という営みを学習者個人の変容にのみ焦点化するのではなく、広く社会や文化的実践との関わりから読み解くという視点は、心理学者ヴィゴツキーによって提唱されている。ヴィゴツキーは、人間における高次の心理的な機能は言語を媒介にしてなされることに注目し、言語は他者とのコミュニケーションによって獲得されるものと考えた。そして、人間は言語を用いて思考し、行動すると述べ、人間における高次の心理機能は、社会的に構成されるものであると主張したのである（**社会構成主義的学習観**）。レイヴとウェンガーは文化人類学の手法を導入して、ヴィゴツキーの社会的構成主義の学習理論を展開・発展させた（ヴィゴツキーについては第5章も参照）。

『昭和元禄落語心中』を手がかりに

　本節では、マンガ『昭和元禄落語心中』を例にとり、正統的周辺参加論の内実を具体的にみていくことにする。

　まずはあらすじを確認しておく。舞台は昭和50年頃。刑務所帰りの元チン

ピラ・強次は、刑務所の慰問に訪れた 8 代目有楽亭八雲の落語を聞いて心を打たれ、出所後、八雲に弟子入りを願い出る。それまで弟子は取らないという主義を貫いてきた八雲ではあったが、付き人になることを強次に許し、与太郎の名を与える。与太郎は八雲の家に住み込み、落語家としての修行を行うことになる。

　さて、ここでいったん立ち止まってみよう。正統的周辺参加の概念について解説するにあたって、皆さん自身の経験も問うてみることにしたい。読者の皆さんのなかにアルバイトをしている（あるいはしていた）方はいるだろうか。もし経験のある方は、アルバイトの初日のことを思い返して書き記してみてほしい。どのような仕事をまかされただろうか。あるいは職場で何を感じただろうか。

```
─── ワーク7-2 ───
アルバイト初日の仕事内容は？　そのとき何を感じたか？
.............................................................
.............................................................
.............................................................
.............................................................
.............................................................
```

　新人は最初、**周辺的な**仕事をまかされる。アルバイト初日から重大な仕事をまかされたという人は（絶対とは言い切れないが）ほとんどいないだろう。われわれがあるコミュニティで仕事を開始する場合、基本的にまずは周辺的な仕事を担うことになる。図 7-5 は与太郎の前座修行の場面である。与太郎は、前座として「メクリ」の仕事をまかされている。メクリとは寄席や演芸場などの舞台に設置されている出演者名が書かれた紙製の札のことである。与太郎には出演者がかわるごとにこの札をめくる仕事が与えられている。「札をめくる」という、この周辺的な仕事に従事し、前座の仕事を担うなかで、与太郎は師匠たちの落語（**真正の仕事**）を舞台袖から目の当たりにする。そこにおいて、プロの落語のありようを日々現場で目撃し、肌で感じ取ることができる。そし

て、たとえ周辺的な仕事（お茶く
みや「メクリ」）ではあっても、
たしかに（**正統的に**）「落語」と
いう舞台を支えているという実感
をもつことができるのである。

　つまり、与太郎はたとえ新参者
であっても、共同体の一員として
承認されている。その意味におい
ては「正統的」といえるのだ。徒
弟的な学びにおいて、学習者は実
践共同体における周辺的な立ち位
置からスタートして、徐々に中心
へと移行してゆく。そして、経験
を積むなかで、学習者＝与太郎は
「**十全的参加**」へと移行するのだ。

　さらに、実践共同体への参加の
度合いが高まるにつれて、学習者
のアイデンティティも変容してゆ
く。佐伯が述べている通り、「す

図 7 - 5　与太郎の前座修行
出所）雲田はるこ『昭和元禄落語心中』1 巻、講談社、
　　　2011 年、95 頁。

べての学習がいわば、「何者かになっていく」という、自分づくりなのであり、
全人格的な意味での自分づくりができないならば、それはもともと学習ではな
かった、ということである(5)」。与太郎は、落語家としての修行の過程で、自
らの落語を発見し、落語家としてのアイデンティティを獲得してゆく。ここに
おいて、「学ぶこと」が「変わること（自己変容）」と一体化しているような学
びが展開してゆくのである。学習者は学びを通じて質的な変容を遂げざるをえ
ない。

　この「十全的参加」への変容は、実践共同体のなかで自動的に行われるもの
ではない。尾崎博美が指摘しているとおり、「それは学習者自身がもつ「十全
的参加」への向心性（共同体における卓越者や熟達者のように自分もなりたい
と思う傾向性）によって初めて可能になる(6)」。師匠（八雲）に弟子入りを願

い出た与太郎を突き動かしているのも、熟達者＝八雲のいる世界（落語界）へのやむにやまれぬ向心性である。

　また、こうした学びのありようは共同体にとってみると、共同体の再生産を行っていることになる。『昭和元禄落語心中』では、この点も描き出されている（「八雲と助六編」）。つまり、師匠の八雲もまた、見習い時代があり、正統的周辺参加のプロセスを通じて一人前になったのである。さらには、真打となった主人公・与太郎も弟子をとり、共同体の再生産に寄与してゆくことになる。

　かくして、正統的周辺参加論において、学習は社会的実践の一部となる。自らの学びは、他者とともに成立していたこと、またその学びの背後には多くの人々の社会的・文化的・歴史的な営みがあり、そこに自分が参加しているという考えに至るのである[7]。『昭和元禄落語心中』において、成長した主人公・与太郎は、「何のために落語をやるのか」という師匠の問いに対して、「落語のため」と即答する。実践共同体の一員として、コミュニティの発展を支えてゆくという意思を師匠に伝えるのである。

4．状況的学習論と学校カリキュラムの問題点

　本章で紹介した学びのあり方をそのまま学校教育において実践することは難しい面も多いだろう。状況的学習論は、学校教育の枠組みと大きく異なり、学校教育そのものを問い直す問題提起を行っているともいえる。

　もっとも、状況的学習にも学校カリキュラムにもそれぞれ問題点はある[8]。状況的学習についていえば、柔軟性の問題（一つのことを一つの方法でしかできない）、学習の問題（全体の知識を体系化できない）、転移の問題（獲得したスキルを文脈の違う状況に適用できない）などがあるだろう。

　また、学校カリキュラムについていえば、動機づけの問題（自分が何をやっているのかを見失ってしまう）、不活性の問題（習った知識を現実生活の問題にどう適用してよいのかわからない）、保持の問題（抽象的な知識はそれを使わなければすぐに忘れていってしまう）などがある。

　本章を閉じるにあたり、ここで紹介した視点のうち、学校教育における教育活動において活かしうるポイントがあれば、書き出してみてほしい。

―― ワーク 7-3 ――

本章の内容のうち学校教育に生かしうるものはあるか？

注

（1）　学校での学びは、基本的に**脱文脈化**されている。「学校知」が文脈から切り離されているということ（脱文脈化）は何を意味するだろうか。読者の皆さんのなかには、高校時代に「なぜ三角関数を学ばなければならないのか」「なぜ古文で助動詞の活用を覚えなければならないのか」と疑問に思ったことのある人もいるだろう。けれども、生活知において、そうした疑問は生じえない。スーパーのレジ打ちをしているバイトが「なぜレジの打ち方なんて覚えなければならないのか」と疑問に思うことはないだろうし、カフェのバイトを始めた人が「メニューを覚えなければいけない理由がわからない」と先輩にくってかかることもないだろう（あったとしたら、早い段階でクビになるはずだ）。「状況に埋め込まれた学習」において、学習者にとって、なぜ当該知識を学ばなければならないかはきわめて明確である。

（2）　佐藤学『教育方法学』岩波書店、1996 年、71 頁。

（3）　向後千春『上手な教え方の教科書――入門インストラクショナルデザイン』技術評論社、2015 年、145 頁。

（4）　ソーヤー編（森敏昭・秋田喜代美・大島純・白水始監訳）『学習科学ハンドブック　第二版　基礎／方法論　第 1 巻』北大路書房、2018 年、91 頁。

（5）　佐伯胖「訳者あとがき」、レイヴ＆ウェンガー（佐伯胖訳）『状況に埋め込まれた学習――正統的周辺参加』産業図書、1993 年、188 頁。

（6）　尾崎博美「参加による学習」羽野ゆつ子ほか編『あなたと創る教育心理学――新しい教育課題にどう応えるか』ナカニシヤ出版、2017 年、91 頁。

（7）　佐伯胖「訳者あとがき」、レイヴ＆ウェンガー、前掲書、186 頁。

（8）　向後、前掲書、146 頁。

【読書案内】

①ジーン・レイヴ、エティエンヌ・ウェンガー（佐伯胖訳）『**状況に埋め込まれた学習——正統的周辺参加**』、産業図書株式会社、1993 年。

　文化人類学的な視点により、社会構成主義的な学習観を展開した本。洋服の仕立て人などの事例に基づき、新参者がどのように知識や技能を習得し、熟達していくかを描き出した。そうした実践共同体では、学校教育のような教授行為がないにもかかわらず、学習者は十全に知識や技能の習得を果たしているのであった。

参考文献

ソーヤー編（森敏昭・秋田喜代美・大島純・白水始監訳　望月俊男・益川弘如編訳）『学習科学ハンドブック　第二版　基礎／方法論　第 1 巻』北大路書房、2018 年。

上野直樹・ソーヤーりえこ編『文化と状況的学習——実践、言語、人工物へのアクセスのデザイン』凡人社、2010 年。

向後千春『上手な教え方の教科書——入門インストラクショナルデザイン』技術評論社、2015 年。

佐伯胖『「わかる」ということの意味［新版］』岩波書店、1995 年。

羽野ゆつ子ほか『あなたと創る教育心理学——新しい教育課題にどう応えるか』ナカニシヤ出版、2017 年。

三宅芳雄、三宅なほみ『新訂　教育心理学概論』一般財団法人　放送大学教育振興会、2014 年。

ジーン・レイヴ＆エティエンヌ・ウェンガー（佐伯胖訳）『状況に埋め込まれた学習——正統的周辺参加』、産業図書、1993 年。

（井藤　元）

第8章
読み書きの力はどのように育つのか？
学力を支える言葉の能力の発達

　読み書きの力は、すべての教科学習の基礎となるという点で、子どもが身に付ける能力としてきわめて重要なものである。つまずきは学業不振や自尊感情の低下に直結するだけでなく、高等教育等への進学に当たって選択の幅を著しく狭め、社会的・経済的な将来の可能性を狭める。そうした点から、子どもたちに十分な読み書きの力をつけて行くことは、学校教育の重要な課題である。

　本章では、読み書きの力はどのように育つのか、また、読み書きにつまずくとはどういうことなのか、みていくことにしよう。

1．読み書きのはじまり——就学前

萌芽的リテラシー

　日本のように識字率の高い社会では、子どもたちは生まれたときから文字に囲まれている。そのため、子どもたちは早くから文字の存在に気づき、遊びを通じて文字に関わっている。

　まだ実際には読み書きができない子どもたちが繰り広げる、文字に関わるさまざまな活動を**萌芽的リテラシー**（emergent literacy）という[1]。絵本を繰り返し読んでもらううちにすべて覚えてしまい、自分から「読んで」くれることはよくあることであるし、図8-1のような文字様のものを書いて持ってくることもある。何

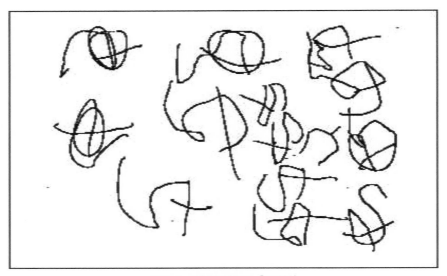

図8-1　4歳児が書いた「お手紙」

出所）高橋登「読み書きの発達」秦野悦子・高橋登編『言語発達とその支援』ミネルヴァ書房、2017年、149頁。

と書いてあるか尋ねると、「読んで」くれることもあるが、「お母さん、読んで」と子どものほうから言ってくることもある。この時期の子どもたちの文字についての認識は私たちのものとは少し異なっているようである。

　子どもたちの文字理解の特徴をよく表すものとして、**単語移動課題**（moving word task）が知られている[2]。文字の読めない3歳児に「ねこ」と書いたカードを示し、「ネコ」と読むことを教えれば、すぐに読むことができるようになる。その後、そのカードをネコが描いてある絵の下に置いたうえで何と読むか尋ねれば、もちろん「ネコ」と読んでくれる。次に風が吹いて、椅子の絵の下にカードが吹き飛ばされてしまう。その状態で再度このカードは何と書いてあるか尋ねると、多くの3歳児は「イス」と答えてしまうのである。子どもたちは、文字が何かを指し示すものであることは理解できているが、それはその場の状況で決まると考えているのかもしれない。

　この時期の子どもは、「ヘビ」と字で書くと言って「――――――」などと書くことも多い。また、「elephant」と「ant」と書かれた文字カードを見せ、どちらがゾウでどちらがアリと書いてあるか尋ねると、偶然よりはずっと高い確率

で「elephant」のほうがゾウを表していると正しく答えることができる。ただし、同じ子どもに「banana」と「car」という文字カードを見せ、どちらが自動車でどちらがバナナか尋ねると、今度は「banana」のほうを自動車と答えてしまう。子どもたちは文字の数と、それが表している物の大きさを対応させて類推しているようである。ヘビの例も含め、幼児期の子どもたちであっても高い推論の能力をもち、文字の仕組みを理解しようとしていることが示唆される[3]。ただし、この時期の子どもたちは、文字が絵などとは異なる手段で何かを表現したものであることは理解しているものの、それがどのようなルールに基づくものであるのかは理解できていないようである。子どもたちは、文字が話し言葉の音に対応することを理解する必要があるのであるが、それを可能にするのが**音韻意識**（phonological awareness）である。

── ワーク8-1 ──

あなたが幼稚園や保育所に通っていた頃に書いたものが残っていたら持ち寄ってみよう。あるいは周囲の幼児にお手紙を書いてもらおう。そこにはどのような特徴がみられるだろうか。

音韻意識の発達

音韻意識とは、話し言葉について、意味的な側面ではなく、音の側面に注意を向け、単位となる音の要素を意図的に操作する能力を指している[4]。具体的にいうと、「つくえ」という言葉について、真ん中の音が「く」であるとか、逆からいうと「えつく」になるということが理解できることを指す。音韻意識は読み習得の前提となることが知られている。ただし、言語や表記システム（アルファベットを用いるのか、日本語のように平仮名や漢字を用いるのかなど）により、読みの習得に必要とされる音の単位は異なる。詳しい説明は省くが、英

語の場合は音の最小単位である音素が音韻意識の単位であるとされることが多いのに対し、日本語の場合は音素のまとまりである音節（より正確にはモーラ）が読みの単位である。英語を学習している場合を除けば、日本語を母語とする子どもたちが音素レベルの音韻意識をもつのは容易なことではない。左の QR コードから英語の音韻意識の問題例を聞くことができる。

　日本語の音韻意識を測る課題としては、タッピング（分解）（単語を構成単位に分解する。例：「つ・く・え」と言いながら手拍子を取る）、抽出（単語の指定の位置の音を答える。例「つくえ」の最後の音を答える）、逆唱（音の配列順を逆にする。例「ねこ」を逆から言う）、置き換え（単語中の音を別の音に置換する。例「みかん」の「み」を「や」に変える）などの課題が知られている。このうち、タッピングと抽出は比較的容易であるが、逆唱や置き換え課題は幼稚園年長児くらいにならないと正答するのは難しい[5]。

　しりとりやなぞなぞなど、音韻意識と関わりが深いことば遊びはたくさんある。しりとりであれば、語尾音を抽出することができる必要があるし、「「れいぞうこ」の中にいる大きな動物は？」のようななぞなぞも、一定レベルの音韻意識がなければ答えることができないのは明らかだろう。こうしたことば遊びを楽しんでいるようにみえる年少の子どもたちは、十分な音韻意識をもっていないことも多い。けれども、そうした子どもたちであっても、周囲の大人や年長の子どもたちと一緒であれば、さまざまなヒントを与えられることにより、遊びに参加することは可能である。ヒントは足場かけ（スキャフォールディング）の役割を果たしており、周囲の導きのもと、子どもたちは遊びを通じて音韻意識を育てているのである[6]。

── ワーク8-2 ──

しりとりやなぞなぞのほかに、子どもの音韻意識を高める遊びにはどのようなものがあるか、話し合ってみよう。

平仮名の読みの習得

　文字に囲まれて生活する子どもたちは、早期から文字が独自の表現手段であることに気づき、遊びを通じて文字の世界に親しんでいく。ただし、この段階の子どもたちは、文字が何に対応しているのか理解しているわけではない。他方、子どもたちはさまざまなことば遊びを通じて音韻意識を育てることにより、話し言葉が音の連なりでできていることに気づくだけでなく、単位となる音を操作することができるようになる。この二つの遊びの活動の延長線上で、文字が音に対応していることに気づくことにより、子どもたちは文字が読めるようになるのである。とくに日本語の場合は、読みの習得に必要な音の単位が英語などの場合と比べて大きいことから、音韻意識を身につけることは比較的容易である。それだけでなく、子どもたちが最初に読みを身につける平仮名は基本的に 1 文字が 1 音節（1 モーラ）に規則的に対応していることから、いったんこのルールに気づいた子どもたちは急速に文字が読めるようになる。

　このことは、読字数の実態調査の結果からも確かめられる[7]。図 8 - 2 は、幼稚園の年少・年中・年長児を対象として、平仮名（清音・濁音・半濁音、および撥音「ん」、合計 71 文字）の読字数を調べたものである。調査は 11 月下旬から 12 月中旬に行われたが、この時期で、年長児の約 70% がほぼすべての文字を読めていることがわかる。平均すると、年少・年中・年長児それぞれで、18.6 文字（26.2%）、49.7 文字（70.0%）、65.9 文字（92.8%）を読むことができている。また、グラフから、全体として中間に位置する子どもの割合が少ないことも読み取れるだろう。このことは、子どもたちがいったん文字と音との対応ルールに気づくと、急激に多くの文字が読めるようになることを意味している。このデータは 1993 年のものなのでだいぶ古いが、現在でもこの傾向は基本的に変わっていない。一方、平仮名のうち、拗音・促音・長音など、**特殊音節**と呼ばれるものは、1 文字 1 音節（1 モーラ）のルールに従っていないた

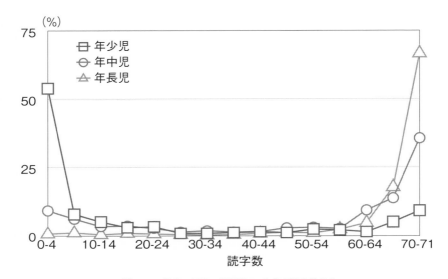

図 8-2　清音・濁音・半濁音 71 文字の読字数分布

出所）島村直己・三神広子「幼児のひらがなの習得―国立国語研究所の 1967 年の調査との比較を通して」『教育心理学研究』42（1）、1997 年、72 頁。

め、子どもたちは少し手こずることになる。一般的には、**清濁音**などが読めるようになってから特殊音節の読みを覚えていくが、年長児でも 60％台にとどまる。

2. 児童期に育つ読み書きの力

学校での学びのはじまり

　子どもたちの多くは、基本的な平仮名を読めるようになってから小学校に入学する。けれども小学校では、そうした子どもたちも、入学後に文字を覚えることになる子どもたちも、等しく一から平仮名の読み書きを学習することになる。1 年生の 1 学期は二つの意味で幼児期からの移行期ということができる[8]。一つは、幼児期では子どもたちが自発的な遊びを通じて言葉や文字の世界に親しみ、平仮名の読みを覚えて行くという、遊びを通じた学びであったのに対し、小学校では授業を通じていっせいに、決まった内容のことを学んでいくという、

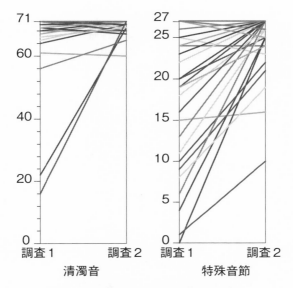

図 8-3　調査時期ごとの平仮名の読みの分布

調査 1 は 5 月中旬に、調査 2 は 12 月初旬に実施された。清濁音は 71 点
満点、特殊音節は 27 点満点。
出所）川端皐月・高橋登「小学校 1 年生はどの様に平仮名の読み書きを
　　　学ぶのか──質的・量的データの組み合わせによる短期縦断的分
　　　析」『大阪教育大学紀要総合教育科学』68、2020 年、169 頁。

遊びから学びへの移行期であるという点である。この移行がスムーズに行われ
るように、1 年生の担任教師は慎重に授業を進めている。国語の授業では、遊
びの要素も取り入れた取り組みが行われるだけでなく、幅の広い習得段階の子
どもたちに目配りをしつつ、子どもたちが全体として授業に参加できるように
する。もう一つ重要なのは、平仮名の学習が、最初は文字それ自体を学習する
ことが目的であったものが、1 学期の終わり頃には、文字を道具として使い、
文章を読んだり書いたりすることが取り組まれるようになるという点である。
ここからすべての教科学習の基盤としての読み書きの学習が本格化する。

習熟には時間がかかる

　図 8-3 は 1 年生の 1 学期半ばと 2 学期の終わりに平仮名の読みを調べたも
のである[9]。特殊音節についてみると、1 学期ではまったく読めない子どもか

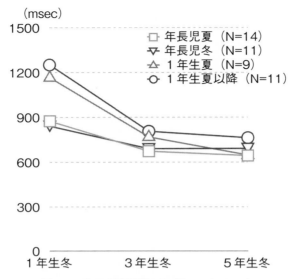

図8-4　読みの習得時期による読みスピードの違い

年長児夏：年長児の夏段階で読みを習得していた者
年長児冬：年長児の冬段階で読みを習得していた者
1年生夏：1年生の夏段階で読みを習得していた者
1年生夏以降：1年生夏の調査以降に読みを習得していた者
出所）高橋登「学童期における読解能力の発達過程——1-5年生の縦断的な分
　　　析」『教育心理学研究』49（1）、2001年、5頁。

　らすべて読める子どもまで、ばらつきが大きいことがわかる。しかも、特殊音
節を含め、1学期中にはすべて学習が終わっているにもかかわらず、2学期末
になってもまだ正確に読めないものが残っている子どももいることがわかる。
　図8-4は、1年生・3年生・5年生の3学期に子どもたちの**読みスピード**の
測定を縦断的に行った結果である[10]。具体的には、パソコンのディスプレイ
上に平仮名で単語を呈示し、読み始めるまでの時間を測定する。子どもたちは
平仮名の読みの習得時期によって、就学前に読みを習得していた2グループと、
入学後に読めるようになったグループ、1年生1学期の終了時点でもまだ読め
ない文字が残っていたグループの4グループに分かれている。グラフから、全
員が平仮名の読み書きができるようになっている1年生の冬の段階でも、子ど
もたちの読みの習得時期によって読みのスピードには大きな違いがあることが

わかる。子どもたちには同時に読解力検査も実施しているが、読みのスピードが速いほど読解力は高いという関係がみられることも明らかになっている。つまり、小学校入学後に平仮名の読み書きを習得した子どもは、就学前から読めるようになっている子どもに比べ、読むスピードは遅く、読むスピードが遅い子どもは読解力検査の得点も低いのである。ただしこの関係は、小学校段階を通じてみられるわけではない。図8-4からもわかるように、3年生になると読みの習得時期による読みスピードの違いはなくなる。それだけでなく、読みのスピードと**読解力**の関係も薄れていく。

　これらのことからわかるのは、平仮名を学習すればすぐに流暢に読めるようになるわけではないということである。流暢に読めるようになるためには一定の時間が必要であり、また、流暢に読めなければ中身を読み取ることも制限される。ただし時間はかかるものの、平仮名の読みは小学校中学年段階には読みの習得時期にかかわらず流暢になり、読解を制約するものではなくなる。

子どもたちの読み書きの力を伸ばすために考えるべきこと

　流暢性の問題と異なり、学童期の子どもたちの読解力に大きな役割を果たし続けるのは**語彙**の力である。語彙が豊富な子どものほうが読解力が高いということは繰り返し確かめられている[11]。

　小学校入学までに、子どもたちは約1万語の語彙をもっているといわれる。個人差は大きいが、はじめて有意味な言葉を発するのが1歳前後のことであり、その後しばらくはゆっくりとしたペースで語彙は増える。2歳から2歳半くらいになると、急激に言葉が増え始める。この時期を語彙の爆発期と呼ぶが、そこから小学校入学まで4年程度しかないことを考慮すると、この4年間、1日あたりおおよそ七つの新しい語を覚えていることになる。一方、小学生を対象とした研究によれば、5年生でおよそ4万語の語彙があると推計されている[12]。そうすると、小学校の子ども達は幼児期よりもさらに多くの言葉を急激に身につけているということがわかるだろう。

　幼児期の子どもたちは、周囲の大人や年長の子どもたちとの会話を通じて多くの言葉を身につけていく。学童期の子どもたちはそれに加え、自発的な読書を通じて多くの語を身につけているようである。実際、子どもたちは読書中に

知らない語に出合ったときに、前後の文脈からある程度は意味を類推することができる。最初は漠然とした理解であっても、繰り返し目にすることにより、言葉の意味はより精緻なものとなるのである。このような形で、学童期の子どもたちは多量の読書を通じて多くの語彙を身につけていくと考えられている[13]。

　学童期の子どもたちが身につける語彙の力は、多くの言葉を覚えているということだけではない。そこには意味的に似ている語を適切に区別し、使い分けることも含まれている。たとえば、「あせる」という言葉の意味を、次の選択肢のなかから選ぶ場合を考えてみよう。1. いやがる、2. あわてる、3. よろこぶ、4. あきらめる、5. こまる。こうした問題形式は語彙検査でよくみられるが、この例の場合は3以外の選択肢はいずれも否定的な感情を表す語なので、子どもが漠然と「嫌な感じ」を表す概念しかもっていなければ、これらの語の意味の違いを正確に区別することは難しいだろう。幼児期の語彙と違い、学童期の子どもが単語の意味を正確に知っているということは、このように、互いに似通った語の意味の違いを理解し、区別できることも含まれているのである。

　それだけでなく、子どもたちは形態素と呼ばれる単語の構成要素の知識ももつようになるので、それを組み合わせることで、新たに出合った語でもその意味を推測することができるようになる[14]。たとえば、いま、この本を読んでいるあなたは「形態素」という語にはじめて出合ったかもしれないが、単語の「形」の「要素」だろうと漠然と意味を思い浮かべることはできたのではないだろうか。学童期の子どもたちが身につける語彙の力とは、このように、新たに出合った単語を分析し、その意味を推測する能力も含まれている。

　このように、子どもたちが学童期に身につける語の力は、ものごとを精緻に理解し、表現することを可能にするだけでなく、自らの力で自らの語彙を伸ばす原動力ともなっていくのである。

　このように考えると、子どもたちが自発的に本を読むように導くことは、この時期の子どもたちの言葉の力を高めるうえできわめて重要であることがわかるだろう。けれども、文字が読めるようになったばかりの子どもたちにとっては、読むことのハードルは高い。このハードルを乗り越えることを助けるのは周囲の年長者の役割である。親や教師のような周囲の年長者は、幼児期から子

どもといっしょに絵本を読んだり読み聞かせをしたりすることにより、この
ハードルを越えることを助けるのである。ここでも周囲の年長者は、子どもた
ちを本という文化的な道具をみずから使いこなして行けるよう、**足場かけ（ス
キャフォールディング）**をしているということができるだろう。

── ワーク8-3 ──

あなたは子どもの頃にどんな絵本が好きだったか思い出してみよう。グループで、
その理由を話し合ってほしい。

....

....

....

....

....

3．読み書きのつまずき（1）──ディスレクシア

　知的には特段の遅れがないにもかかわらず、特定の学習領域に著しいつまず
きがみられる状態を**学習障がい**（learning disabilities）と呼ぶ。読み書きのつま
ずきはその典型であり、**ディスレクシア**（dyslexia）と呼ばれることもある。
ディスレクシアは、書かれた文字や単語、文章などを読む、あるいは文字で書
き表すなど、読み書きの入口と出口のところでつまずいている場合を指してい
る。英語圏では、5％から10％の子どもがディスレクシアであるといわれる[15]。
一方、日本の場合は、文科省の調査によれば、2.5％の子どもたちが読み書き
に大きくつまずいていると指摘されている[16]。

　つまずきの原因がすべて明らかになっているわけではないが、もっともよく
知られているのは、ディスレクシアの子どもたちは音韻意識が弱いという点で
ある。話し言葉の要素となる音を明確に区別して取り出し、操作することが不
得意であるため、文字と音との結びつきを学習することにつまずくのである。
とくに英語の場合は、日本語と比べると、音素などのように小さな単位の音を

文字と結びつける必要があるだけでなく、綴りが不規則であることも、つまずく子どもが多くなる理由であると考えられる。

　その一方で、日本の子どもたちが最初に読みを覚える平仮名は、音の単位が大きく、文字と音の対応関係も規則的なので、英語を母語とする子どもたちと比べると、大きくつまずく子どもの数は多くない。また、英語で読み書きにつまずく場合は、実際に書かれたものが読めない・書けないということも多く、深刻な問題として目につきやすいが、日本語の場合には、なかなか流暢に読めるようにならない、いつまでたっても読み間違いが多いといった形で問題が現れることが多いので、周囲からは、子どものつまずきが重大なものとは認識されにくいことも、数が少ないと考えられている理由として挙げられる。

　もう一点、日本で特徴的なのは、**漢字**の読み書きに大きくつまずく子どもが存在しているという点である[17]。漢字は文字の形が複雑なので、字形を正確に覚えられない、あるいは手指操作が不器用で、マス目から文字がはみ出してしまうなど、音の処理とは別の問題で子どもたちのつまずきが指摘されている。図8-5は子どもたちの漢字の書き誤りを分類したものである[18]。このうち、「反対」を「反体」と書くような誤りは学年の上昇とともに増加するものの、こうした書き誤りを多くする子どもの書取りの成績がとくに低いわけではない。書取りの成績との関わりが深いのは、字形の誤りであり、そうした誤りの多い子どもの書取りの成績はよくない。また、筆順が不正確な子どもも書取りの正確はよくないことが明らかになっている。こうした問題は、アルファベットを使用する言語であまり問題にならない。複雑な字形の文字を多数使用する、日本や中国、台湾などの漢字圏に育つ子どもたちに固有の問題であるということができるだろう。

　ディスレクシアの子どもたちを支援する取り組みも、通級指導教室等の場で行われている。基本的には、適切なアセスメントを行ったうえで、音韻意識の弱さや指先の不器用さなどを改善するための教材を用いた支援が行われる。さらに、弱点の克服ばかりに目を向けるのではなく、大判の教科書を使用する、ICT機器を活用するなど、補助代替的な手段を用いることにより、子どもたちの負担を軽減することも重視される。また、問題が深刻になってから相談機関を訪れる子どもたちは、読み書きのつまずきだけでなく、自信を失い、勉強に

解答の種類	字形	問題例	解答例
1．字形のみの誤り	誤	あさから　（あめ）が　ふっている。	雨
2．同音異字 （読みが同じで異なる漢字）	正	はん（たい）の　いけん。	体
	誤	（とく）いな　スポーツ。	続
3．形態類似 （文字の形態が似ている漢字）	正	か（ぞく）と　くらす。	放
	誤	プレゼントを　（つつ）む。	包
4．意味類似 （意味が似ている漢字）	正	（さん）すうの　じかん。	計
	誤	ちからいっぱい　（はし）る。	赤
5．無関係な漢字 （読みも形も意味も関係のない漢字）	正	しあいに　（か）つ。	行
	誤	みずを　（あ）びる。	糾
6．白紙			

図 8-5　漢字書字の誤答パターン

出所）高橋登・中村知靖「漢字の書字に必要な能力——ATLAN 書取り検査の開発から」『心理学研究』86、2015 年、261 頁。

取り組む意欲も低くなっていることが多いので、そうした側面について配慮することも重要な支援の目標となる。

┌─ **ワーク 8-4** ─────────────

読み書きにつまずいた子どもたちに対しては、どのような配慮が必要だろうか。
書き出してみよう。

....

....

4．読み書きのつまずき（2）——書き言葉を身につけることの難しさ

話し言葉と書き言葉

　音声を表現手段とする**話し言葉**（音声言語、口頭言語）に対し、文字を表現手段として用いる言語は**書き言葉**（書記言語、文字言語）と呼ばれる。言語能力は、理解と産出の組み合わせからなるが、話し言葉では聞くことと話すことが、書き言葉では読むことと書くことがこれに対応する。

　学童期の子どもたちは、基本的な文法を獲得し、語彙も豊富にもっており、構音もおおむね正確であることから、日本語の使い手として、基本的ではあるが十分な話し言葉の能力を身につけているといえるだろう。学童期以降の子どもたちがそのうえに身につける話し言葉は、電話などの場面も含め、話し相手からの即座のフィードバックが得られる状況のもとで、相手の表情や視線、声の調子、姿勢などにも配慮しつつ、適切な表現手段を選び、聞き手との間の刻々の変化に応じて調整する、社会的な関係のなかでの総合的な言語運用の能力、つまりはコミュニケーションの能力である[19]。

　一方、書き言葉では、目の前に相手がいないことにより、刻々のやり取りの調整が行われることはない。また、書くまでに時間をかけることができ、書いたあとの修正も可能な書き言葉の場合は、文章としての完成度も高い。こうしたことにより、書き言葉は、単に表現手段が音声から文字に置き換わっただけではない、話し言葉とは異なる文体上の特徴をもつことになる。また、書き言葉が話し言葉と異なるのは文体のうえだけではない。文章を推敲し、修正する場面に典型的にみられるように、表現とその内容について、意図的で意識的である度合いが強いことも書き言葉の特徴である[20]。

　さらに、子どもたちは学年が上昇するにしたがって、受動や使役、授受など複雑な関係をもった構文を用い、原因・理由、条件などの副詞節を用いた複雑な文を組み合わせ、読み手のことも意識した一貫性のある文章を書くことができるようになる。しかも、子どもたちは物語文や意見文、生活作文など、ジャンルに応じて文体や全体の構成を柔軟に変えることもできるのである[21]。このようにして習得された書き言葉は、学童期以降の重要な言語能力であるだけでなく、話し言葉にも影響し、使用される語彙、文法などの点で話し言葉を豊かなものにしていく[22]。

外国にルーツのある子どもたち（Culturally and Linguistically Diverse Children: CLD 児）

　CLD 児と呼ばれる、日本語指導が必要な児童生徒が急増している（図 8−6 参照）。文部科学省によれば、平成 30 年度の段階で、日本語指導が必要な児童生徒数は外国籍・日本国籍を含めて 5 万名以上になる。地域的な偏りは大きく、東京や神奈川を中心とする首都圏、愛知を中心とした中京圏、および大阪を中心とする近畿圏に集中しており、そうした地域では、仕事や生活のしやすさからコミュニティが形成されることも多く、全校生徒の半数以上がこうした児童・生徒で占められるところもある。法的な整備が進んでいないなかで、現実のほうが先に進んでしまっていることから、地方自治体、地域のボランティア等による試行錯誤の取り組みが行われているが、未就学児の存在や高等学校などの後期中等教育への移行の難しさなど、多くの課題を抱えているのが現状である。

　また、日本語を母語としない CLD 児の日本語の学習過程から、あらためて書き言葉を習得することの重要性と、それを実現することの難しさが明らかになっている。以下では、バイリンガル教育で知られるカミンズの議論を手がかりに、この問題について考えていくことにしよう。なお、日本語教育では「書き言葉」のかわりに「**学習言語**」という用語を用いるのが一般的なので、厳密には概念的にずれる部分もあるが、以降はそちらを用いることにする。

日本語指導が必要な外国籍の児童生徒数

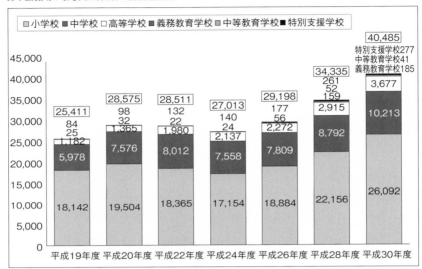

日本語指導が必要な日本国籍の児童生徒数

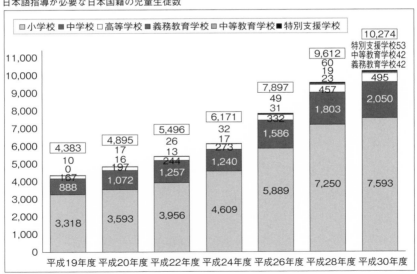

図8-6　日本語指導が必要な児童生徒数の推移

出所）文部科学省総合教育政策局男女共同参画共生社会学習・安全課「「日本語指導が必要な児童生徒の受入状況
等に関する調査（平成30年度）の結果について」2019年。

コミュニケーションの言語と学習言語

　カミンズは、言語的マイノリティの子どもたちの第二言語習得に関する研究に基づき、言語能力を、比較的短時間（数年程度）で習得可能な対人関係に関するコミュニケーションの能力（Basic Interpersonal Communicative Skills: BICS）と、習得に6～7年と、時間がかかる教科学習に必要な認知・教科学習能力（Cognitive Academic Language Proficiency: CALP）に分けている。

　BICS は「よく慣れている場面で相手と対面して会話する力[23]」であるとされることから、書き言葉習得前の話し言葉がこれに対応しているといえるだろう。一方、CALP は「学校という文脈で効果的に機能するために必要な一般的な教科知識とメタ認知的ストラテジーを伴った言語知識」と定義され、そこには読解力、作文力、発表力、応用力などが含まれる[24]。カミンズは、CALP を単に言語能力の一つとしてではなく、教科学習の基盤となる言語能力として位置づけている点に特徴がある。カミンズはその後、CALP の前段階として、基本的な読み書きの習得段階を分け、言語能力を三つに分けて、名称も、それぞれ会話の流暢度（Conversational Fluency: CF）、弁別的言語能力（Discrete Language Skills: DLC）、教科学習言語能力（Academic Language Proficiency: ALP）と変えているが、BICS（CF）と CALP（ALP）の区別は踏襲されている。

学習言語のつまずきとダブルリミティッド

　CLD 児の多くは、日本語がほとんどわからない段階では個別指導も含め、集中的な日本語指導を受けるが、その後は地域の学校で他の日本人児童生徒とともに学ぶことになる。その際、BICS にあたる日常のコミュニケーションの能力は向上し、流暢に周囲の教員や友人と話をすることができているので、十分な日本語の能力を身につけたと判断されがちであるが、実際には CALP にあたる言語能力が十分に育っていないため、勉強に大きくつまずく子どもたちが多いことが徐々に知られるようになっている。とくに、国内外の移動を繰り返す家庭の子どものなかには、家庭での言語（母語）も生活する地域の言語も一定程度は身についているものの、どちらの言語も学習を支えるのに十分でないことから、学力に深刻な問題を抱える子どもが存在する。こうした子どもたちは、母語も生活する地域の言語も制限されることから、**ダブルリミティッド**

と呼ばれることもある⁽²⁵⁾。CLD 児の学習言語の力をどのように育てていくのかは、重要な教育課題となっている。

　その一方で、小学校高学年以降に来日した子どもは、当初は日本語の学習に苦労するものの、母語で一定の学習言語が身についている場合には、それを支えとして学習言語としての日本語の能力を伸ばしていく場合があるということも、日本語指導の現場ではしばしば語られることである⁽²⁶⁾。

　こうした例とは逆に、母語としての日本語を身につけつつ、同時に海外で現地の言語で学習している、海外で生活する日本にルーツをもつ子どもたちもいる。こうした子どもたちの場合は日本語の能力が制限されていることも多いが、高学年になって現地の言語による学習言語が身についてくると、それを支えにして日本語でも考え、表現することができるようになってくる⁽²⁷⁾。

　こうしたことから考えると、言語の能力と思考の能力の間には密接な関係があることがわかるだろう。小学校で子どもたちが身につけていく読み書きの力（書き言葉／学習言語）は、子どもたちの考える力となっていき、そのようにして身についた思考力は、他の言語の力を支えるものともなっていくのである。

── ワーク 8-5 ──

日本語を母語としない、外国にルーツをもつ子どもたちが日本の学校で学ぶときに、どんなことに困ると思うか。小学校での1日の生活を振り返って考えてみてほしい。

注
（1）　W.H. Teale & E. Sulzby, *Emergent Literacy: Writing and Reading*, Ablex, 1986.
（2）　E. Bialystok, "Symbolic Representation of Letters and Numbers", *Cognitive Development*, 7（3）, 1992.

（3）　I. Levin & O. Korat, "Sensitivity to Phonological, Morphological, and Semantic Cues in Early Reading and Writing in Hebrew", *Merrill-Palmer Quarterly*, 39（2）, 1993; I. Levin & L. T. Landsmann, "Becoming Literate: Referential and Phonetic Strategies in Early Reading and Writing", *International Journal of Behavioral Development*, 12（3）, 1989.

（4）　M. J. Adams, *Beginning to Read: Thinking and Learning about Print*, MIT Press, 1994. 天野清『子どものかな文字の習得過程』秋山書店、1986 年。

（5）　高橋登・中村知靖「日本語の音韻意識は平仮名の読みの前提であるだけなのか——ATLAN 音韻意識検査の開発とその適用から」『発達心理学研究』31、2020 年。

（6）　高橋登「幼児のことば遊びの発達——"しりとり"を可能にする条件の分析」『発達心理学研究』8、1997 年。

（7）　島村直己・三神広子「幼児のひらがなの習得——国立国語研究所の 1967 年の調査との比較を通して」『教育心理学研究』42（1）、1997 年。

（8）　川端皐月・高橋登「小学校 1 年生はどの様に平仮名の読み書きを学ぶのか——質的・量的データの組み合わせによる短期縦断的分析」『大阪教育大学紀要 総合教育科学』68、2020 年。

（9）　同上。

（10）　高橋登「学童期における読解能力の発達過程——1–5 年生の縦断的な分析」『教育心理学研究』49（1）、2001 年。

（11）　同上。

（12）　J. M. Anglin, "Vocabulary Development: A Morphological Analysis", *Monographs of the Society for Research in Child Development*, 58（10）, 1993.

（13）　高橋登「学童期の語彙能力」『コミュニケーション障害学』23、2012 年。

（14）　Anglin, *op. cit.*

（15）　マーガレット・J・スノウリング（加藤醇子・宇野彰・紅葉誠一訳）『ディスレクシア——読み書きの LD　親と専門家のためのガイド』東京書籍、2008 年。

（16）　文部科学省。「通常の学級に在籍する発達障害の可能性のある特別な教育的支援を必要とする児童生徒に関する調査結果について」2012 年。https://www.mext.go.jp/a_menu/shotou/tokubetu/material/__icsFiles/afieldfile/2012/12/10/1328729_01.pdf

（17）　小池敏英・雲井未歓・窪島務『LD 児のためのひらがな・漢字支援——個別支援に生かす書字教材』あいり出版、2003 年。

（18）　高橋登・中村知靖「漢字の書字に必要な能力——ATLAN 書取り検査の開発から」『心理学研究』86、2015 年。

(19)　高橋登「コミュニケーションの発達」根ヶ山光一・仲真紀子編『発達の基盤
　　　——身体、認知、情動（発達科学ハンドブック 4）』新曜社、2012 年。

(20)　内田伸子「子どもの推敲方略の発達——作文における自己内対話の過程」『お
　　　茶の水女子大学人文科学紀要』42、1989 年。ヴィゴツキー（柴田義松訳）『思考
　　　と言語（新訳版）』新読書社、2001 年。

(21)　柴山真琴・高橋登・池上摩希子・ビアルケ（當山）千咲「小学生作文の評価法
　　　の開発——多様な環境のもとでの「書き言葉」の習得を支援するために」『日本
　　　発達心理学会第 26 回大会発表論文集』2015 年。

(22)　岡本夏木『子どもとことば』岩波新書、1982 年。D. Ravid & L. Tolchinsky,
　　　"Developing Linguistic Literacy: A Comprehensive Model", *Journal of Child
　　　Language*, 29（2）, 2002.

(23)　ジム・カミンズ（中島和子訳）『言語マイノリティを支える教育』慶應義塾大
　　　学出版会、2011 年、30 頁。

(24)　同上、31 頁。

(25)　中島和子「テーマ「ダブルリミテッド・一時的セミリンガル現象を考える」に
　　　ついて」『母語・継承語・バイリンガル教育（MHB）研究』3、2007 年。

(26)　櫻井千穂『外国にルーツをもつ子どものバイリンガル読書力』大阪大学出版会、
　　　2018 年。

(27)　ビアルケ（當山）千咲・柴山真琴・高橋登・池上摩希子「継承日本語学習児に
　　　おける二言語の作文力の発達過程——ドイツの補習校に通う独日国際児の事例か
　　　ら」『日本語教育』172、2019 年。

【読書案内】

①レフ・セミョノヴィチ・ヴィゴツキー（**柴田義松訳**）『**思考と言語**』、新読書社、
2001 年。

　原著の出版から 80 年以上が経つが、現在でも子どもの発達と教育の関係を考える
上で、本書から多くのことを学ぶことができるだろう。特に、本章で扱った幼児期の
遊びを中心とする自発的な学びと小学校入学後の系統的な学習の関係や、書き言葉の
役割、思考と言葉の関係の分析は、繰り返し熟読するに値する論考である。

参考文献

Adams, M. J., *Beginning to Read: Thinking and Learning about Print*, MIT Press, 1994.

Anglin, J. M., "Vocabulary Development: A Morphological Analysis", *Monographs of the
Society for Research in Child Development*, 58（10）, 1993, pp.v–165. https://doi.

org/10. 2307/1166112

Bialystok, E. "Symbolic Representation of Letters and Numbers", *Cognitive Development*, 7 (3), 1992, pp.301–316. https://doi.org/10. 1016/0885-2014 (92) 90018-M

Levin, I., & O. Korat, "Sensitivity to Phonological, Morphological, and Semantic Cues in Early Reading and Writing in Hebrew", *Merrill-Palmer Quarterly*, 39 (2), 1993, pp.213–232.

Levin, I., & L. T.Landsmann, "Becoming Literate: Referential and Phonetic Strategies in Early Reading and Writing", *International Journal of Behavioral Development*, 12 (3), 1989, pp.369–384.

Ravid, D. & L. Tolchinsky, "Developing Linguistic Literacy: A Comprehensive Model", *Journal of Child Language*, 29 (2), 2002, pp.417–447.

Teale, W. H. & E. Sulzby, *Emergent Literacy: Writing and Reading*, Ablex, 1986.

天野清『子どものかな文字の習得過程』秋山書店、1986 年。

ヴィゴツキー、レフ・セミョノヴィチ（柴田義松訳）『思考と言語（新訳版）』新読書社、2001 年

内田伸子「子どもの推敲方略の発達——作文における自己内対話の過程」『お茶の水女子大学人文科学紀要』42、1989 年、75–104 頁。

岡本夏木『子どもとことば』岩波新書、1982 年。

カミンズ、ジム（中島和子訳）『言語マイノリティを支える教育』慶應義塾大学出版会、2011 年。

川端皐月・高橋登「小学校 1 年生はどの様に平仮名の読み書きを学ぶのか——質的・量的データの組み合わせによる短期縦断的分析」『大阪教育大学紀要 総合教育科学』68、2020 年、163–178 頁。

小池敏英・雲井未歓・窪島務『LD 児のためのひらがな・漢字支援：個別支援に生かす書字教材』あいり出版、2003 年。

櫻井千穂『外国にルーツをもつ子どものバイリンガル読書力』大阪大学出版会、2018 年。

柴山真琴・高橋登・池上摩希子・ビアルケ（當山）千咲「小学生作文の評価法の開発——多様な環境のもとでの「書き言葉」の習得を支援するために」『日本発達心理学会第 26 回大会発表論文集』2015 年。

島村直己・三神広子「幼児のひらがなの習得——国立国語研究所の 1967 年の調査との比較を通して」『教育心理学研究』42 (1)、1997 年、70–76 頁。

スノウリング、マーガレット・J（加藤醇子・宇野彰・紅葉誠一訳）『ディスレクシア

　　──読み書きの LD　親と専門家のためのガイド』東京書籍、2008 年。

高橋登「幼児のことば遊びの発達──"しりとり"を可能にする条件の分析」『発達心理学研究』8、1997 年、42-52 頁。

高橋登「学童期における読解能力の発達過程──1-5 年生の縦断的な分析」『教育心理学研究』49（1）、2001 年、1-10 頁。

高橋登「学童期の語彙能力」『コミュニケーション障害学』23、2012 年、118-125 頁。

高橋登「コミュニケーションの発達」根ヶ山光一・仲真紀子編『発達の基盤──身体、認知、情動（発達科学ハンドブック 4）』新曜社、2012 年。

高橋登・中村知靖「漢字の書字に必要な能力──ATLAN 書取り検査の開発から」『心理学研究』86、2015 年、258-268 頁。

高橋登・中村知靖「日本語の音韻意識は平仮名の読みの前提であるだけなのか──ATLAN 音韻意識検査の開発とその適用から」『発達心理学研究』31、2020 年、1-13 頁。

中島和子「テーマ「ダブルリミテッド・一時的セミリンガル現象を考える」について」『母語・継承語・バイリンガル教育（MHB）研究』3、2007 年、1-6 頁。

ビアルケ（當山）千咲・柴山真琴・高橋登・池上摩希子「継承日本語学習児における二言語の作文力の発達過程──ドイツの補習校に通う独日国際児の事例から」『日本語教育』172、2019 年、102-117 頁。

（高橋 登）

第9章
ヒトの子どもはなぜ遊ぶ？
遊びの進化と大人の役割

1．遊びって何だろう？

　ヒトはとてもよく遊ぶ動物だ。とくに子どもたちはよく遊ぶ。ヒトは成熟するまでにかなり時間がかかるが、長い成長期間の多くを遊びに費やす。また、ヒトの遊びはとても多様である。缶けり、鬼ごっこなどの「名前のある遊び」だけでなく、名づけて分類するのが難しい遊びもある。乳児期には、身近な環境（物や出っ張り、くぼみなど）に興味をもって関わる探索的な遊びもよくみられる。また、大人がよく遊ぶこともヒトの特徴だ。遊びは主に哺乳類と鳥類にみられるが[1]、子どもの間にしか遊びがみられない動物が多いのである。現代社会では、音楽や演劇の鑑賞、スポーツ観戦、遊園地など、エンタテインメントやレジャーとしても多様な遊びが楽しまれている。

```
┌─── ワーク 9−1 ──────────────────────────
│ 遊びというとどんなことを思い浮かべるか、自由に書いてみよう。
│ ------------------------------------------------------------
│ ------------------------------------------------------------
│ ------------------------------------------------------------
│ ------------------------------------------------------------
│ ------------------------------------------------------------
│ ------------------------------------------------------------
└────────────────────────────────────────
```

　遊びについて皆さんはどんなことを思い浮かべただろうか？　「遊びたい」という願望を書いた人もいれば、遊びの種類や遊ぶ子どもの姿を思い浮かべた人もいるだろう。一方で、遊びへのネガティブな印象について書いた人もいる

かもしれない。「勉強せずに遊んでばかり」とか「遊んでないで真面目にや
れ」などと言われた経験を思い出した人や、いたずらやギャンブルを「悪い遊
び」の例として挙げた人もいるかもしれない。ヒトはよく遊び、遊ばずにいら
れない存在だが、遊びを我慢したり否定的に捉えたりすることも多い。

　この章のテーマは「遊び」だが、じつは遊びを「定義」することは難しい[2]。
「遊び」と「遊びでないもの」の区別が難しい場合がしばしばある。よく用い
られる定義に、「遊びは自発的な行動で、直接的な目的や機能をもたない」と
いうものがある。つまり、誰かに強制されてやるのは遊びではない。また、ヒ
トは「遊びたいから遊ぶ」のであって、遊びには他の目的や機能はないという
ことだ。しかし、この定義ではうまくいかないことがある。たとえば、ある人
が自発的に遊んでいるのかどうかは、観察しただけでは判別が難しいことがあ
る。また、「遊びたい」以外の目的や機能があっても、遊びとみなされる例が
ある。たとえば、釣りは遊びの一種とみなせるが、魚という食物を得る目的を
ともなうものだ。また、スポーツの試合で「プレイ」することも遊びとみなせ
るが、相手に勝つことを目的としているともいえるし、地位の向上や異性から
の人気を得るといった機能をもつ場合もあるだろう。

　このように、遊びには一筋縄では捉えられない難しさがあるが、この難しさ
にこれ以上踏み込むのはやめておこう。本章では、遊びは「楽しさやおもしろ
さが誘因となって自発的に行われる行動」というふうに定義しておく。

2．遊びの多様性と分類

　ヒトの遊びはとても多様だが、さまざまな観点から分類することができる。
　遊びは、単独遊びと社会的遊びに大きく分けられる。パーテン（Parten, M.B.
1902–1970）は、遊びにおける社会的な関わりの発達過程を整理している[3]（図
9–1）。「**傍観者的行動**」は、他児の遊びに関心をもち、近づく・見るなどする
ことだ。「**平行遊び**」は、複数の子が近くで似たような遊びをしているが互い
に関わりをもたない状態である。「**連合遊び**」は、複数の子が一緒に遊ぶが、
それぞれがやりたいようにやっている状態である。「**協同遊び**」は、複数の子
が役割分担をして協力して遊びを発展させることだ。

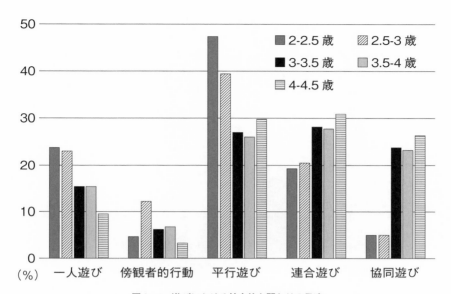

図9-1　遊びにおける社会的な関わりの発達

出所）M.B. Parten, "Social Participation among Pre-school Children", *The Journal of Abnormal and Social Psychology*, 27（3）, 1932 をもとに作成。

　遊び方による分類にもさまざまなものがある。でんぐり返りなどの「運動遊び」、ボールや道具を使う「物遊び」、ふりや見立てによる想像の世界を楽しむ「ごっこ遊び」、くすぐりなどの「取っ組み合い遊び」、ルールに従って勝負を競う「ルール遊び」、積み木やブロックでイメージを形づくる「構成遊び」などだ。また、ガラガラを握る感触や振ったときの音、ゆりかごの揺れなどを楽しむ遊びを「感覚遊び」という。絵本や人形劇などを鑑賞することを「受容遊び」、自分で歌う、踊る、絵を描くなどすることを「表現遊び」と呼ぶこともある。

　これらの分類カテゴリーは、互いに排他的ではない。つまり、一つの遊びが複数のカテゴリーにあてはまることがある。たとえば、ドッジボールはボールを使う「物遊び」であると同時に「ルール遊び」でもあり、ボールをうまく投げる／よけるといった課題に挑む「運動遊び」でもある。

　遊びが行われる場所によって「屋内遊び」「戸外遊び」などと分類することもある。また、地域に古くから伝わる遊びは「伝承遊び」に分類される。

以上のように、ヒトの遊びはさまざまな観点から分類される。ところで、ヒトの子どもはなぜこのように多様な遊びをもっているのだろうか？

┌─ **ワーク9-2** ─────────────────────────┐
　子どもはなぜ遊ぶのか、思いついたことを自由に書いてみよう。

　　　　　　　　　　　　　　　　　　　　　　　　　　　　　　　　　　

　　　　　　　　　　　　　　　　　　　　　　　　　　　　　　　　　　

　　　　　　　　　　　　　　　　　　　　　　　　　　　　　　　　　　

　　　　　　　　　　　　　　　　　　　　　　　　　　　　　　　　　　

　　　　　　　　　　　　　　　　　　　　　　　　　　　　　　　　　　
└─────────────────────────────────────┘

3．ヒトの子どもはなぜ遊ぶ？──4種類の「なぜ」

　子どもはなぜ遊ぶのかという問いに、皆さんはどう答えただろうか？

　動物行動学者のティンバーゲン（Tinbergen, N. 1907-1988）は、動物がある行動をするのはなぜかを問うときに、四つの視点から考えることが重要だと指摘した[4]。その四つとは、①近接要因、②究極要因、③発達過程、④進化史である。①**近接要因**とは、ある行動がどのような原因（または神経生理学的メカニズム）で引き起こされるかということだ。②**究極要因**とは、その行動がなぜ進化したのかということだ。ある行動が、その動物の生存や繁殖にどのような利益をもたらすかを考えることになる。ある動物がうまく生き残ったり、繁殖したりするのにつながる行動は、進化の過程で残りやすいからだ。③**発達過程**とは、その行動がどのように発達するかだ。ある年齢になるとできるようになる行動もあれば、他者の行動を見て学ぶことで獲得される行動もある。④**進化史**とは、その行動が、動物の進化の歴史のなかでいつ生じ、どの分類群に共有されているかということである。

　上のワークで皆さんが書いた内容は、四つの「なぜ」のどれにあてはまるだろうか？　たとえば、楽しいから遊ぶとか、友達と関わりたいから遊ぶと書いた人は、①の近接要因を考えたことになる。遊びが子どもの育ちにとってどん

な意義をもつかを書いた人は、②の究極要因を考えたことになるだろう。ある遊びの動作を修得したあとに、もっと難しい動作に挑戦するようになるなど、③の発達過程について考えた人もいるかもしれない。ヒトの遊びと動物の遊びを比べるなど、④の進化史に関連することを考えた人もいるだろうか。

　このように、さまざまな視点から「子どもはなぜ遊ぶのか」を問うことができるが、多くの人が考えたのは、①近接要因と②究極要因についてだろう。そこで本章では、この二つの問いについてさらに考えていきたい。

4．遊びはなぜ楽しいか？

　楽しいから遊ぶというのが、遊びの近接要因の最もシンプルな答えだろう。楽しさやおもしろさは、遊びを引き起こす誘因として欠かせない要素といえそうだ。では、私たちはなぜ「楽しい」「おもしろい」と感じるのだろうか？

```
─── ワーク9-3 ───────────────────
遊びはなぜ楽しいのか、思いついたことを自由に書いてみよう。
........................................................................
........................................................................
........................................................................
........................................................................
........................................................................
........................................................................
```

　私たちは皆、幼少期からさまざまな遊びを経験してきたはずだ。だから、遊びが楽しいことをよく知っている。しかし、遊びがなぜ楽しいのかを考えてみると、答えるのが意外に難しいと感じた人も多いのではないだろうか。

　フランスの思想家カイヨワ（Caillois, R. 1913–1978）は、楽しさの種類という観点から遊びを分類した[5]（表9-1）。①**アゴン**は、勝ち負けやスキルの競い合いを楽しむ遊びだ。将棋、かけっこ、サッカー、ゴルフなど、ルールに従って勝敗を決める遊びが含まれる。また、くすぐり遊びのように、明確な勝ち負けのルールはないが競合的なやり取りを楽しむ遊びもある。②**ミミクリ**は模倣を

表9-1　カイヨワによる遊びの分類

①アゴン：競争を楽しむ遊び
②ミミクリ：模倣を楽しむ遊び
③アレア：偶然性を楽しむ遊び
④イリンクス：眩暈（めまい）を楽しむ遊び

楽しむ遊びだ。ままごとやヒーローごっこ、人形遊び、物まねなど、何かになりきることや想像することを楽しむ遊びである。③**アレア**は偶然の成り行きを楽しむ遊びだ。さいころ、くじ引き、虫相撲⁽⁶⁾など、運試しをともなう遊びが含まれる。④**イリンクス**は眩暈（めまい）を楽しむ遊びだ。でんぐり返りなどの運動遊びや、ブランコ、すべり台、スキー、ダンスなど、浮遊感や軽い感覚の攪乱を楽しむ遊びが含まれる。

　カイヨワが示した遊びの分類も、互いに排他的ではない。たとえば、双六やじゃんけん、トランプは、アゴンとアレアが組み合わさった遊びだといえる。また、スキー競技はアゴンとイリンクスの組み合わせといえるだろう。

　アレアの偶然性は「未知性」とも言い換えられるが、じつはすべての遊びに含まれる重要な要素だと考えることができる。たとえば、くすぐり遊びは、逃れようとする相手を押さえ込んでくすぐるという競合的なやり取り（アゴン）を楽しむ遊びだが、ここには「偶然性の楽しさ」がともなう。競合を楽しむ遊びだが、「相手に勝つ」ことがつねに目指されているわけではない。一方の遊び手が自発的に「やられる側」になることもあるし、ゆっくり逃げることで、もう少しで掴まえられそうな状況をつくったりもするのである。競合する状態でどう展開するかわからない「未知性」を楽しんでいるといえるだろう。

　遊ぶ者同士は、動きの方向やタイミングをあわせることが多いが（同調）、あえて少し「ズラす」ことで予想外の展開を生み出すこともある。他者の動き

図9-2　母親にくすぐられて笑うチンパンジーの乳児
出所）筆者撮影。

は完全には予測できないので、相互交渉では予想外の展開が自然に生じるが、ヒトは、相手の予想を裏切ることで「未知性」を意図的に生み出すのである。ヒトのくすぐり遊びでは、タイミングを遅らせたりズラしたりする「じらし」や「はぐらかし」があるが、これらはチンパンジーには明確にはみられない[7]（図9-2）。このように「同調」と「ズレ」の間を揺れ動くことで生じる偶然性・未知性が、遊びの楽しさを生み出しているのだと考えられる。

　より明確に「勝つ」ことが目指されるスポーツでも、偶然性・未知性は重要である。どちらが勝つかが明らかなときには、競技者も観戦者も楽しめないだろう。どちらが勝つかわからない伯仲した競技が展開するように、ゴルフなどにはハンディキャップの仕組みもある。アゴン以外の遊びにも未知性は認められる。ごっこ遊びには、模倣（ミミクリ）の楽しさだけでなく、友達とのやり取りで想像の世界が予想できない展開をみせる楽しさもあるだろう。また、眩暈（イリンクス）を楽しむブランコやすべり台などの遊びも、身体感覚の新鮮な（未知の）変化や撹乱を楽しむものと捉えることができる。

　乳幼児は、同じ遊びを何度も繰り返しているようにみえることがある。こういった繰り返しには「未知」の要素はなさそうにも思えるが、同じようにやっているようでもまったく同じではないことに注意が必要だ。同じようにやろうとしても、まったく同じにはできないものだ（とくに乳幼児は）。同じようにしているつもりなのに結果が異なることへの乳幼児の好奇心が、探索的な遊びの繰り返しを引き起こしていると考えることができる。乳幼児にとって、身の周りの環境は未知性にあふれているが、同様の行為を繰り返しているときには、環境との関わりで生じる事象は一定の枠内におさまる。乳幼児は何度も繰り返すことで、その一定の枠のなかでの変化を感じ取り、自分の行為との結びつき（自分の行為がもたらす結果）について学ぶのだと考えられる。

　遊びの楽しさには競争や模倣、眩暈の感覚といった側面もあるが、この章では偶然性・未知性にとくに注目してきた。予測できない部分があるからこそ、遊びを楽しむことができる。乳幼児にとって、身の周りの環境は未知性であふれており、環境との関わりは何でも遊びになりやすい。ただし、未知性は、遊ぶ者にとって危険や不安の原因ともなりうる。自分が扱える範囲を越えると、楽しさは恐怖に取って代わられる。遊びとは、自分が扱える範囲の未知性を楽

しむ（あるいは未知性に挑む）ことだともいえるだろう。

5．遊びはなぜ楽しいものとなったか？——遊びの意義と進化

　次に、遊びの究極要因、つまり、ヒトの子どもはなぜ遊ぶように生まれつい
ているかについて考えよう。前節でまとめた「遊びの楽しさ」がなぜ進化した
のかを考えることになる。

　よく用いられる遊びの定義に「直接的な目的や機能をもたない」という点が
挙げられていることは、すでに紹介した。遊びは何かの役に立つからではなく、
ただ遊びたいからなされるものだということだ。たしかに、遊んでいる子ども
は、それが何かの役に立つとは思っていないだろう。しかし、だからといって、
遊びは何の役にも立たないものだということにはならない。遊びは、子どもの
成長や発達のために重要な意味をもっていると考えられる。

```
┌─ ワーク9-4 ─────────────────────────────
│ 子どもの育ちにとって、遊びはどのような意義をもっているだろうか？　具体
│ 的な遊びの様子を思い浮かべながら、箇条書きで挙げてみよう。
│ ........................................................................
│ ........................................................................
│ ........................................................................
│ ........................................................................
│ ........................................................................
│ ........................................................................
└──────────────────────────────────────
```

　子どもの遊びは多様だが、遊びを通した育ちも多様だと考えられる。たとえ
ば、側転や木登りなどの運動遊びは、筋力や運動スキルの向上に加えて、恐怖
の克服や危険を知って避ける能力の育ちにもつながるだろう。物を使う遊びは、
物の性質の理解や物を道具として使う技能の獲得につながる。積み木遊びでは、
たとえば円柱を置く向きによって上に別の積み木を積めるかどうかが変わるが、
ここで子どもは円柱の性質を学ぶ。すべり台では、重力や摩擦といった物理的
法則を体験的に知ることができる。砂場では、水の量によって泥の性質が変わ

ることを体験できる。製作遊びは、手指の器用さや創造性の育ちにつながるだろう。身の周りの文字に関心をもつようになると、お手紙や絵本をつくる遊びを通して文字を書けるようにもなる。お絵描き遊びは、クレヨンで紙をこすると軌跡が残るという不思議な現象の体験に加え、美的感性の育ちや混ぜた色の変化についての学びにもつながるだろう[8]。

　友達や大人との遊びは、社会的側面の育ちにつながると考えられる。たとえば、くすぐりなどの取っ組み合いの遊びは、他者の動きに同調したり、動きに変化をつけたりして楽しさを生み出すことや、急な変化への対応能力の育ちにつながると考えられる。相手と楽しさを共有することで親和的な関係を結べるのを知ることも、重要な学びだろう。ごっこ遊びでは、想像の世界を友達と共有し、協力して発展させる経験ができる。異年齢の社会的遊びは、それぞれの能力に応じた役割分担や、年少者への思いやりの育ちにつながるだろう。ルール遊びでは、ルールを守ることだけでなく、皆が楽しめるようなルールを考える・話し合うという育ちもみられる。社会的遊びが始まるときには、積極的でない相手を誘い込む行動がみられる場合がある。遊びの誘いには、相手の状況や気持ちを読み取ることや、相手を誘い込むジェスチャーや発話が必要となるが、これらは遊び以外の場面でも活用できるだろう。友達との遊びで要求が食い違うなどして喧嘩になることもあるが、対話をして調整する、仲直りをするなど、葛藤を解決する方法を習得する機会ともなる。

　遊びを通した育ちの多様性が理解できただろうか。保育の分野では、生活や遊びを通した乳幼児の育ちの多様性を、健康・人間関係・環境・言葉・表現の五つの領域に整理している（表9-2）。ここには、物の性質や法則性を知る（領域・環境）、文字や言葉について学ぶ（領域・言葉）などの**認知的能力**だけでなく、好奇心・探究心や、遊びのなか

表9-2　保育の5領域の主な内容

健康：健康な心と体、健康で安全な生活を作り出す力
人間関係：自立心、人と関わる力、協同性、道徳性・規範意識
環境：好奇心や探究心、思考力、自然との関わり、数量・図形
言葉：言葉に対する感覚、言葉で表現する力
表現：豊かな感性、表現する力、創造性

で目標を成し遂げようとする意欲や粘り強さ、他者と協力して取り組む姿勢など、非認知的な側面の発達も含まれる。後者は「**社会・情動的スキル**」とも呼ばれるが、小学校以降の認知的な学習を支えるものとして、その育ちの重要性が注目されている[9]。

　一つひとつの遊びは一見すると「無駄」に思えることもあるだろう。しかし、遊びを通した育ち・学びはとても幅広く、時間をかけて徐々に積み重ねられていくものである。遊びは、子どもの成長にとって不可欠だと考えられる。遊びが楽しさ・おもしろさという快感情をともなうように進化したのは、主にそのためだろう[10]。子どもたちは生まれながらに好奇心旺盛で、多くの時間を遊びに没頭して過ごす。さまざまな遊びを通して、自分が生きる世界（他者を含む）との関わり方を学んでいく。子どもたちは、好奇心に導かれて遊びに熱中することを通して、さまざまな経験をして学ぶ力をもっているのである。

6．ヒトの子どもの遊びの特徴

　前節でまとめた遊びを通した育ち・学びのうちの一部は、ヒト以外の動物にも共通してみられる[11]。動物には乳幼児期にだけ遊びがみられる種が多いが、やはり学ぶべきことの多い時期に遊びがあるということだ。たとえば、運動やコミュニケーションの育ち、石や枝・水などの性質や自然の法則性の学びといった部分は、動物にも同様にみられると考えられる。

　ヒトは成長にかなり時間がかかる動物だ。長い子ども期は、狩猟・採集や石器の技術が無理なく伝承され、高度な社会的能力が育つために必要な期間だったと考えられている[12]。組織的な教育制度が成立する前の数百万年の人類の歴史において、遊びが果たす役割は大きかったと考えられる。

　遊びを通した子どもの育ちに関して、ヒトの特徴を二つ指摘できる。ヒトに最も近縁な動物であるチンパンジーと比較すると、ヒトの特徴は、他者との関わりの側面に顕著に表れる[13]。

関心の共有を通した学び

　ヒトの子どもは、遊びのなかで他者と関心を共有することでさまざまなことを学ぶ。乳児は生後9か月頃になると「**指さし**」をして他者と関心を共有するようになる。養育者が乳児と同じモノを見て（**共同注意**）、その名を言ったり、それを触ったりすることで、乳児はモノの名前や関わり方を学ぶようになる。また、モノをあげる・もらうことを楽しんだり、養育者にモノを取ってもらう・モノを見せに行くなど、モノを介した他者との関わりもみられるようになる（**三項関係**）。見慣れないモノがあったときには、近くの養育者の表情を見ることで、それが安全かどうかの判断もできるようになる（**社会的参照**）。

　このように、指さし、共同注意、三項関係、社会的参照の発達により、ヒトの子どもは大人と関心を共有しながら環境との関わり方を学ぶようになる。このような学びのコミュニケーションはチンパンジーの遊びではみられない。

　関心の共有は、子ども同士でもみられる。環境への他者の関わり方を見て、自分が気づかなかった視点を得るなど、「学びの共有」も生じることになる。

教育的な援助

　ヒトでは、遊びにおいて教育的な援助もみられる。「教育」というと学校教育を思い浮かべやすいが、近代の教育制度が成立する前から、家庭や地域でさまざまな教育的援助があったと考えられる。たとえば、玩具や道具を与えて使い方を学ぶ機会をつくるなど、ヒトの養育者はしばしば、遊びを通した子どもの学びを豊かにする状況を用意する。また、コマを回して見せるなど、遊びの見本を提示することもある。遊ぶ子どもに対してうなずく、ほほ笑むなどの正のフィードバックを与えるのも、ヒトに特有の教育的な関わりである。

7．子どもの遊びに関わる大人の役割

　関心の共有や教育的な援助によって遊びを通した学びが深められる点が、ヒトの特徴だといえる。では、大人はどのように子どもの遊びに関わるべきか？ここでの「大人」は、乳幼児の養育者や保育者のことだけではない。児童期以降も遊びは頻繁にみられ、遊びを通した学びは重要だと考えられる。学校教師や地域の大人も、子どもの遊びへの関わり方を考える必要がある。

　子どもの遊びへの大人の関わり方には、いくつか種類がある。たとえば、①子どもと一緒に遊ぶ、②歌や絵本などで子どもを楽しませる、③子どもに遊びのプログラムを与える、④子どもが安心して遊びに集中できるように見守る（安全基地）、⑤自分自身が遊びに熱中する姿を見せる（モデル提示）、⑥子どもの遊びが発展するような環境を用意する（環境構成）などだ。

── ワーク9−5 ──

教育者・保育者または保護者として、あなたは子どもの遊びにどのように関わるだろうか？　子どもの育ちにとってよい関わり方について考え、近くの人と意見を交換してみよう。

　子どもの遊びへの関わり方はさまざまあり、どれか一つが正解だということはない。子どもの年齢や、子どもとの関係性などに応じて考えることになるだろう。ただし、「子ども」や「遊び」についての大人の認識が、子どもへの関わり方に影響する点には注意が必要である。

　子どもについての認識（子どもをどのような存在と捉えるか）を「**子ども観**」という。同様に、子どもの遊びをどう捉えるかが「**遊び観**」だ。子ども観

や遊び観は、大人の子どもへの関わり方に強く影響する。たとえば、「子ども
はわがままで、いたずらばかりする」という子ども観や、「子どもの遊びは周
りに迷惑をかけることばかりだ」という遊び観をもっていると、子どもの遊び
を制限することが多くなるだろう。子どもの育ちにとっての遊びの重要性をふ
まえると、このような子ども観・遊び観には陥らないことが望ましい。

　子どもの認知・学びの過程を理論化した発達心理学者のピアジェ（Piajet, J.
1896–1980）は、子ども観・遊び観の変革をもたらしたことでも知られる。ピ
アジェは、子どもは「知識を注ぎ込まれる容器」だという古い子ども観ではな
く、子どもは「自分から環境にはたらきかけることで、知識を構成していく存
在」だと考えた。つまり、受動的に教えられて学ぶのではなく、環境と関わる
遊びを通して子どもは能動的に学ぶ存在だということだ。子どもは「遊びを通
して自ら学ぶ力をもっている」のである。このように捉えると、子どもが本来
もっているこの力をいかに引き出すかが重要になる。言葉がけや環境構成に
よって子どもが遊びに夢中になれるよう支えることや、遊びがより発展し、深
まるように援助することが大人の役割として重要だと考えられる。

　幼稚園教育要領でも、子どもの自発的な遊びを通した学びが重視されてい
る[14]。保育者が子どもたちに活動を「やらせる」のではなく、子どもの主体
性を尊重し、個々の子どもの興味を深めるような保育をすることとなっている。
しかし、実際の保育現場では全員参加の一斉活動を「やらせる」例も少なくな
い。音楽、体育、英語などの早期教育的な活動ばかりで、自由遊びの時間がな
い園もある。プログラム化された遊びによって効率的に学びや技能を獲得させ
られるという発想から、保護者がこれらを支持することも多いようだ。「遊ん
でばかりで教育してない園」を保護者が非難する声が聞かれることもある。こ
のように、自由な遊びが否定的に捉えられる場合があるが、本章でみてきたよ
うに、自由で自発的な遊びを通して子どもは多くのことを経験し、学ぶのであ
る。プログラム化された遊びにより、自由な遊びを通した学びの機会が奪われ
ることがないように注意する必要がある。

　与えられた活動への参加では得られないものがある。子ども自身が興味ある
ものを見つけ、遊びを展開するなかで生じる課題に挑み、じっくり考えて試行
錯誤するという経験だ。このような過程を経て達成感を得ることや、物の性質

や法則性などの学びを深めることで、子どもの興味や好奇心はさらに広がるだろう。そしてそれは、主体的に遊びをさらに展開する力となるだろう。つまり、子どもの主体性を尊重することは、主体性の育ちにもつながる。「やらせる」活動に偏った保育は、子どもの主体性の育ちを妨げる恐れがある。

　自由な遊びの環境が望まれるのは、家庭や学校現場、地域の遊び場においても同様である。遊びに否定的な保護者に対しては、保育者が自由な遊びを通した子どもの育ちの様子を伝えていくべきだろう。学校現場では、教科学習に遊びの要素を取り入れるといった発想だけでなく、休み時間の遊びを通した児童の育ちや教師の関わり方について、あらためて考える必要があるだろう。地域の遊び場でも、球技などの遊びが制限されることが多くなっている。子どもの育ちのためにどのような遊びの環境が必要かを、考えなければいけない。遊びは、個々の子どもの育ちや学びにとって重要なだけではない。葛藤の解決や協同性、道徳性など、人々が共に生きる社会を形成するのに必要なスキルや姿勢の育ちのためにも、遊びは重要な役割を果たしているのである。

注
（１）　島田将喜「遊び研究の〈むずかしさ〉と〈おもしろさ〉——動物行動学からみた系譜」亀井伸孝編『遊びの人類学ことはじめ——フィールドで出会った"子ども"たち』昭和堂、2009 年。
（２）　同上。
（３）　M. B. Parten, "Social Participation among Pre-school Children", *The Journal of Abnormal and Social Psychology*, 27（３）, 1932.
（４）　長谷川真理子『生き物をめぐる４つの「なぜ」』集英社新書、2002 年。
（５）　R. カイヨワ（多田道太郎・塚崎幹夫訳）『遊びと人間』講談社、1958 年／1971 年。
（６）　クモやカブトムシなどの虫が闘う様子を観戦したり、どちらが勝つかを予想したりして楽しむ遊び
（７）　松阪崇久「チンパンジーの遊びの多様性と環境——ヒトの遊び環境を考えるために」『子ども学』第５号、萌文書林、2017 年。
（８）　身の周りの環境と関わる遊びを繰り返すことで、「こうすれば、こうなる」といった法則性や因果関係について、乳幼児は少しずつ学んでいく。
（９）　松阪崇久「感情の発達がなぜ注目されているのか？——社会性や認知発達を支

　　える感情」藤崎亜由子ほか編『あなたと生きる発達心理学——子どもの世界を発
　　見する保育のおもしろさを求めて』ナカニシヤ出版、2019 年。
（10）　遊びが不可欠なのは、ストレスの解消のためだという考え方もある。乳幼児期
　　には苦痛の多い労働や勉強はないことが普通だが、不安を解消し、心の安定を保
　　つために遊びが一定の役割を果たしている可能性がある。
（11）　松阪崇久「チンパンジーの遊びの多様性と環境——ヒトの遊び環境を考えるた
　　めに」『子ども学』第 5 号、萌文書林、2017 年。
（12）　鈴木光太郎『ヒトの心はどう進化したのか——狩猟採集生活が生んだもの』ち
　　くま新書、2013 年。
（13）　松阪前掲論文。
（14）　文部科学省「幼稚園教育要領」2017 年。

【読書案内】
①利根川彰博『好奇心が育む学びの世界』風鳴舎、2017 年。
　子どもたちが生活のなかでさまざまな不思議を発見し、好奇心から探究的な遊びを
発展させていく様子を、豊富な写真とともに紹介している。子どもたちがもともと
もっている力を引き出すことの大切さを実感できる。
②プレイワーク研究会編『子どもの放課後にかかわる人の Q&A 50』学文社、2017 年。
　放課後児童クラブ、冒険遊び場のスタッフや教師、保育者など、子どもの遊びに関
わる人にお薦め。現場で直面する課題への向き合い方や子どもの遊びを支える視点を
深めるためのヒントが得られる。

引用・参考文献

カイヨワ R.（多田道太郎・塚崎幹夫 訳）『遊びと人間』講談社、1958 年／1971 年
松阪崇久「チンパンジーの遊びの多様性と環境——ヒトの遊び環境を考えるために」
　『子ども学』第 5 号、萌文書林、2017 年。
松阪崇久「感情の発達がなぜ注目されているのか？——社会性や認知発達を支える感
　情」藤崎亜由子・羽野ゆつ子・渋谷郁子・網谷綾香編『あなたと生きる発達心理学
　——子どもの世界を発見する保育のおもしろさを求めて』ナカニシヤ出版、2019 年。
島田将喜「遊び研究の〈むずかしさ〉と〈おもしろさ〉——動物行動学からみた系
　譜」亀井伸孝編『遊びの人類学ことはじめ——フィールドで出会った“子ども”た
　ち』、昭和堂、2009 年。
鈴木光太郎『ヒトの心はどう進化したのか——狩猟採集生活が生んだもの』ちくま新
　書、2013 年。

文部科学省「幼稚園教育要領」2017 年。

Parten, M. B. Social Participation among Pre-school Children. *The Journal of Abnormal and Social Psychology*, 27（3）, 1932.

長谷川真理子『生き物をめぐる 4 つの「なぜ」』集英社新書、2002 年。

（松阪崇久）

第 10 章
道徳性が発達するってどういうこと？
ピアジェ、コールバーグ、ギリガンの道徳性発達理論

1．道徳性の発達に関するさまざまなアプローチ

　「あなたは道徳的な人間ですか」。こんなふうに問われて、自信をもって「そう思う」と即答できる人は少ないのではないだろうか。

　私たちが道徳的な人間であることを自認するのにためらいを感じるのには、いくつかの理由がありそうだ。まず思いつくのは、つねに完璧に道徳的な、「聖人君子」のような人は稀だということである。小さな子どもには「嘘をついてはいけない」と諭しながら、他者からの評価を気にして、自分のミスをつい言い出せなかったり、思いやりが重要だと言いながら、通学途中のホームで人身事故が発生したというアナウンスを聞けば、事故に遭った人を思う前に、復旧までの時間を気にしてしまったりする——。道徳的な観点からみずからの振る舞いを振り返るとき、やましさや不安を少しも感じないという人はいない

だろう。そのことが、「私は道徳的な人間だ」と言い切ることにとまどいを覚えさせるのである。とはいえ、「私は道徳性の欠片もない人間だ」という人もまた稀だろう。そもそも、やましさを感じることができるということ自体、良心をもっていることの証でもある（やましさを感じるのは、自分の振る舞いが道徳的にふさわしくないものだとわかっているからこそ

である。つまり、少なくとも道徳的な善悪の判断はできているということになる）。私たちの多くは「ごく普通の人間」で、完璧に道徳的であるとはいえないが、まったく道徳的でないということもない。ここから導かれるのは、道徳性には程度や段階があるという想定である。本章では、この想定を「発達」という観点から論じた、道徳性の発達理論を検討していく。

「道徳的な人間か」と問われて私たちが戸惑いを覚えるのには、ほかにも理由があるかもしれない。たとえば、「道徳的である」とはどのようなことを指すのかが不明瞭だから、といった理由である。先にも述べたように、しばしば私たちはみずからの振る舞いを振り返ってやましさを感じる。つまり、すでに道徳的な善悪について何かしらのことを知っているということだ。だが、あらためて問われてみると、「道徳的である」とはどのようなことなのか、はっきりと説明することは難しいのではないのだろうか。道徳性の観念は複雑であり、人によって何を「道徳的である」とみなすのかが大きく異なる場合もある。そこで、本章での検討に先立って、まずは「道徳性が十全に発達している状態」とはどのような状態なのかを考えてみてほしい。ある人が道徳性を十全に発達させているというとき、その人にはどのような特徴があるだろうか。

```
┌─── ワーク 10 − 1 ──────────────────────────
│ 1)「道徳性が十全に発達している人」とは、どのような人のことをいうのだろ
│ う？　思いつく限り挙げてみよう。
│ ┈┈┈┈┈┈┈┈┈┈┈┈┈┈┈┈┈┈┈┈┈┈┈┈┈┈┈┈┈┈┈┈┈┈┈┈┈┈┈┈
│ ┈┈┈┈┈┈┈┈┈┈┈┈┈┈┈┈┈┈┈┈┈┈┈┈┈┈┈┈┈┈┈┈┈┈┈┈┈┈┈┈
│
│ 2) 数人のグループをつくり、1）で出た意見を共有してみよう。そのうえで、
│ 出てきた意見のうち意味の近いものをまとめて、いくつかのカテゴリに仲間分
│ けしてみよう。
│ ┈┈┈┈┈┈┈┈┈┈┈┈┈┈┈┈┈┈┈┈┈┈┈┈┈┈┈┈┈┈┈┈┈┈┈┈┈┈┈┈
│ ┈┈┈┈┈┈┈┈┈┈┈┈┈┈┈┈┈┈┈┈┈┈┈┈┈┈┈┈┈┈┈┈┈┈┈┈┈┈┈┈
│ ┈┈┈┈┈┈┈┈┈┈┈┈┈┈┈┈┈┈┈┈┈┈┈┈┈┈┈┈┈┈┈┈┈┈┈┈┈┈┈┈
└────────────────────────────────────────
```

　どのような意見が出ただろうか。さまざまなカテゴリが考えられたことと思

う。一口に「道徳性」と言っても、その内容はじつに多岐にわたっており、多様な側面から考えることができる。

　心理学の領域では、こうした広い内容をもつ「道徳性」の発達について、主に**認知**（道徳的な善悪を理解したり判断したりできること）、**感情**（罪悪感をもったり、他者に共感したりすること）、**行動**（道徳的な善悪の基準に従って正しい行動ができること）の側面に着目してアプローチしてきた。本章ではこれらすべてのアプローチを取り上げることはできない。以下では、道徳教育の実践にとくに大きな影響を与えた**ピアジェ**（Piaget, J. 1896–1980）、**コールバーグ**（Kohlberg L. 1927–1987）、**ギリガン**（Gilligan, G. 1936–）による認知的側面からの道徳性発達理論を検討していこう[1]。

２．ピアジェの道徳性発達理論──他律的道徳から自律的道徳へ

　ピアジェは、スイスの心理学者であり、子ども特有の認知構造やその発達過程について研究した人物である（第５章参照）。本章では、1930年（英語版は1932年）の『子どもの道徳的判断（*Le Jugement moral chez l'enfant*)』で展開された、彼の道徳性発達理論を検討する。結論を先取りしていえば、ピアジェは子どもの道徳的判断の仕方を調べ、**他律的道徳**の段階から**自律的道徳**の段階へと発達していくと考えたのだった。

　ピアジェが行った実験は、次のような例話を提示し、どちらの子どものほうが悪いと思うか、その理由はなぜかを質問するというものである。

図10-1　ピアジェ

　　マリーは、お母さんを喜ばせようと、お裁縫をして自分で布を切りました。しかし、彼女はうまくはさみを使えなくて、自分の洋服に大きな穴をあけてしまいました。
　　マーガレットは、お母さんが出かけている間に、お母さんのはさみを持ち出して、

それを使ってしばらくの間遊んでいました。そして、彼女はうまくはさみを使えなくて、自分の洋服に小さな穴をあけてしまいました。

マリーの例では、動機は善いものであったが、結果として大きな損害がもたらされており、マーガレットの例では、動機は悪いものだが、その損害は小さい。

実験の結果、子どもの道徳的判断には二つの型があることが明らかになった。一つは、行為の善悪を、動機とは関わりなく損害の大きさから判断する仕方（**結果論的判断**）であり、もう一つは、損害の大きさには関わりなく動機から判断する仕方（**動機論的判断**）である。マリーとマーガレットの例でいえば、前者では「（大きな穴をあけてしまった）マリーのほうが悪い」、後者では「（遊んでいて穴をあけてしまった）マーガレットのほうが悪い」と答えることになる。これら二つの判断の仕方は、1人の子どもに同時に現れることもある。しかし、概していえば、7〜8歳までの子どもでは結果論的判断をすることが多く、それ以降では動機論的判断をする子どもが多かった[2]。

ピアジェは、この結果論的判断から動機論的判断への移行を、他律的道徳から自律的道徳への移行として説明した。というのも、二つの判断の仕方には、大人や権威と子どもとの関係が深く影響しているからである。

ピアジェによれば、幼児期の子どもが結果論的判断をすることが多いのは、大人への一方的尊敬のために、大人の権威に強く拘束された道徳をもつからだという。7〜8歳までの子どもにとって、大人が示す規則は「大人の権威に基づく、神聖で変えることのできないもの」であり、この規則に一致しているかどうかが善悪の判断基準となる。だからこそ、規則にどの程度一致しているかという、行為の客観的な結果に重きを置いた判断をするのである。

こうした他律的道徳に対して、自律的道徳の段階では、規則は権威者によって与えられる絶対的なものとしてではなく、「合意があれば、合法的な手段によって修正できるもの」として捉える見方に変化する。この変化を可能にするのは、二つの要因である。一つは、認知の脱中心化である。これは、子どもが自分と他者とを区別したうえで、他者の視点や立場にたって考えられるようになることを意味する。もう一つは、大人や権威への一方的な尊敬に基づく関係

から、相互的な尊敬に基づく協同関係に入ることである。ピアジェによれば、こうした協同関係は、子どもが大人に対して経験するのは難しい。というのも、子どもは大人をどうしても一方的に尊敬してしまうからである。それゆえ、相互的な尊敬や協同の経験をするためには、子ども同士の仲間関係が非常に重要になる。兄弟姉妹や遊び仲間などのうちに、互いに尊敬し互いの心情を思いやる、対等な関係が経験されることによって、服従に基づく道徳から相互性に基づく道徳へ、他律的道徳から自律的道徳への移行が可能になるというのである。

　永野重史は、こうしたピアジェの道徳性発達理論が、「全体主義の時代」に発表されたことの意義を示唆している[3]。しばしば、道徳性（道徳的にのぞましいこと）は、社会性ないし向社会性（社会的にのぞましいこと）と同一視される。たしかに両者は大きく重なりあう観念であるが、ピアジェの理論をふまえるならば、子どもの社会化は、社会的なのぞましさや社会的な規範に合致した判断や行動がとれるように育てるだけでは、十分とはいえない。なぜなら、単に社会的なのぞましさや社会的な規範に合致しているというだけでは、その判断や行動は権威への服従によるものかもしれず、他律的道徳の段階にとどまっているかもしれないからである。社会化の過程は、自律的道徳観を育てることまで考えねばならない。そのためには、社会の成員同士が相互的な尊敬に基づく関係を結び、社会的にのぞましいとされていることや社会的な規範を相対化（絶対的なものとみなすのではなく、よりよいものに修正可能だと考えること）できる余地が残されていることが重要なのである。

┌─ワーク10−2─

ピアジェの道徳性発達理論には、どのような教育的意義があるだろうか。教育活動に生かせると思うことを書き出してみよう。

....

....

....

....

....

3. コールバーグの道徳性発達理論——3水準6段階説

「他律的道徳から自律的道徳へ」というピアジェの理論は、アメリカの心理学者コールバーグに引き継がれ、さらに深められることとなった。まずは、次の物語を読んで、ワークに取り組んでみてほしい。

> ある女性が特殊なガンで死にかかっていた。最近そのガンに対する特効薬が開発されたが、開発者である薬屋は製造コストの10倍の値段をつけていた。女性の夫ハインツは、あらゆる知人からお金を借りてまわったが、特効薬の値段の半分しか集められなかった。薬屋は値引きや後払いの交渉にも応じてくれない。ハインツは絶望的になって、妻を助けるために、薬屋の倉庫に押し入り、薬を盗んだ。

ワーク10-3

ハインツは、薬を盗むべきだっただろうか。その理由はなぜか。

　　　ハインツは　　　薬を盗むべきだった　　・　　盗むべきでなかった

理由

....

....

....

児童期までの子どもを対象としたピアジェに対して、コールバーグは青年期・成人期にまで対象を広げ、道徳的な葛藤状況（**モラル・ジレンマ**）に対する判断の仕方から、道徳性の発達段階を理論化した。上述の物語は、コールバーグが実験に際して用いた、モラル・ジレンマの例である。ここで重要なのは、コールバーグが重視したのは、道徳的判断の内容ではなく、道徳的判断の形式だということである。「ハインツのジレンマ」の例でいえば、薬を盗むべきだったと答えても、盗むべきでなかったと答えても、それ自体は発達段階とは関わりがない。重要なのはその理由づけ、つまり「どのような基準にしたがって道徳的判断を下したか」のほうなのである。

コールバーグは、メタ倫理学での議論を参照しながら、道徳的に正しいことを考える際には、**普遍化可能性**と**指令性**という二つの基準を満たさねばならないと考えた。普遍化可能性とは、いつでも、どの場所においても、あらゆる人に、例外なく適用しうるということである。また、指令性とは、個人的な好みや欲求を超えて、そのような行為をしなければならない（「～すべき」という性質をもっている）ということである。たとえば、私が「人を傷つけてはならない」ということを道徳的に正しいものとして主張するとしよう。その場合には、「人を傷つけてはならない」ということがいつでも、どの場所においても、私自身を含むあらゆる人に対して適用できるものでなけれ

図 10-2　コールバーグ

出所）Kohlberg, Lawrence［photograph］, 1971. Records of the Office of News and Public Affairs : Photographs , UAV 605, UAV 605 (Kohlberg 1-71). Harvard University Archives.〈https://id.lib. harvard.edu/ead/c/hua04003c01738/catalog〉https://id.lib.harvard.edu/ead/c/hua04003c01738/catalog Accessed June 28, 2020（反転処理を施した）

ばならず（普遍化可能性）、単に私個人の「人を傷つけたくない」という好みを超えて、「傷つけるべきではない」という仕方で行為を規定するものでなければならない（指令性）。コールバーグは、道徳性の発達を、道徳的判断を下す際の根拠がこれら二つの基準をよりよく満たすようになる過程とみなし、それを表10-1のような発達段階として構成した。

　それによれば、道徳性の発達段階は3水準に区別され、各水準はさらに2段階に分かれる。第1水準の「**前慣習的水準**」は、個人的な利益や損害、快・不快に基づいて、道徳的な正しさについての判断が下される水準であり、第2水準の「**慣習的水準**」は、他者との関係を考慮し、社会的な義務を果たすという視点から道徳的判断が下される水準である。さらに、第3水準の「**脱慣習的水準**」では、特定の社会や規範を超えた、倫理的原理に基づいて判断が下されるとされる（水準が高まっていくにつれて、普遍的可能性と指令性の程度も高まっていることに注意してほしい）。

表 10-1 道徳性の 3 水準 6 段階

水準	段階	段階の内容		階層の社会的視点
		正しいこと	正しい行為をする理由	
水準Ⅰ　前慣習的水準	（第1段階）他律的道徳性	破ると罰せられる規則を守ること。権威者に従順であること。人や人の持ち物に対して物理的な意味で害を与えないこと。	罰を避けることができるから。権威者はすぐれた力をもっているから。	（自己中心的な視点）他者の利害を考慮しないか、またはそれが自分の利害と異なることに気がつかない。したがって、両者の視点を関係づけることをしない。行為は、他者への心理面への利害よりも、物としての利害として考慮される。権威者の視点と自分自身の視点とを混同する。
	（第2段階）個人主義・道具的意図・交換	自分の直接的利害に関わるときのみ、規則に従う。自分自身の利益や要求に沿うように行動するが、他者にも同じことを認める。したがって、正しいこととは公平であることであり、等価で交換・取り引き・合意することでもある。	自分と同じく他の人にも利害（へのこだわり）があるとわからないといけない世の中で、自分自身の要求や利害に合致するから。	（具体的な個人主義的な視点）すべての人が自分の利益を追求しており、それらが対立しうると気づく。（具体的な個人主義のセンスで）何が正しいのかは人によって違う。
水準Ⅱ　慣習的水準	（第3段階）個人間の相互期待・関係・個人間の調和	身近な人々や一般的な他者が自分に期待している役割（よい息子、よいきょうだい、よい友人など）に背かないように行動する。「よい人であること」が重要である。よき人であるということは、よき動機をもち他者への心遣いを示すことである。またそれは、信頼、誠実、尊敬、感謝のような相互的な人間関係を保つことである。	自分自身の目からも、他者の目からもよい人と映りたいから。他者に配慮しなければいけないから。黄金律を信じるから。典型的な善行を支持している規則や権威を維持したいという願望のため。	（他者との関係のなかにある個人の視点）個人的利害に優先する、他者と共有された感情・同意・期待への気づき。相手の立場にたつべきであるという具体的な黄金律によってさまざまな視点を関連づけるが、それを一般化したシステムとしての視点はまだ考慮していない。
	（第4段階）社会システムと良心	自分が同意した義務を果たすこと。法律は、それが他の決まった社会的義務と対立するような極端な場合を除いて、守られるべきである。社会や集団や制度に貢献することも正しいことである。	社会制度を維持するために、また社会的組織の崩壊を避けるため。あるいは、自分の義務を果たせという良心の命令に従うため（規則と権威を信じる第3段階と混同されやすい）。	（個人間の合意や動機と、社会的な視点と分化）役割や規則を決めるシステムの視点をとる。個々の相互関係を社会システムに位置づけて考える。

| 水準Ⅲ　脱慣習的水準 | （第5段階）社会的契約あるいは効用・個人の権利 | 人々がさまざまな価値観や意見をもっていること、ほとんどの価値や規則がその集団による相対的なものであることに気づく。これらの相対的な規則は、公平さを期するために、または社会的契約であるために、通常は守られる。しかし、生命や自由のような絶対的な価値や権利は、どのような社会であっても、多数者の意見がどうであっても、守られなければならない。 | 法律は、すべての人々の幸福や諸権利を守るための社会的契約として、つくられ守られなければならない。家族、友情、信頼、労働の義務に対する契約は、自由意志のもとに結ばれるものである。法律と義務は、全体的な効用性に対する合理的な計算、つまり「最大多数の最大幸福」に基づいているかどうかが問題であると考えるため。 | （社会的視点に優先する見方）合理的な個人の、社会的なつながりや契約に優先した価値や権利への気づき。合意・契約・公平・義務を行なう過程という形式的仕組みによってさまざまな視点を統合する。道徳的視点と法律的視点の両方を考慮するが、それらはときに対立し、統合するのが困難であることに気づく。 |
| | （第6段階）普遍的な倫理的原理 | 自ら選んだ倫理的原理に従う。特定の法律や社会的合意は、それがこの倫理的原理に基づいているので、通常は妥当である。法律がこの倫理的原理に反している場合には、倫理的原理に合うように行動すべきである。その倫理的原理とは、正義（公平さ）という普遍的な原理であり、それは、人権の平等性と、個人としての人間の尊厳の尊重である。 | 理性的な一個人として、普遍的な道徳原理の妥当性を確信し、それらの原理を自分のものとしているという感覚から。 | （社会の成り立ちのもととなる道徳的視点からの視点）道徳性の本質、あるいは、人間はその存在自体が目的であり、そのように扱わなければならないという事実を、理性的な個人は認識しているという視点。 |

出所）ライマーら（荒木紀幸監訳）『道徳性を発達させる授業のコツ——ピアジェとコールバーグの到達点』北大路書房、2004年、56頁をもとに作成。

　これを「ハインツのジレンマ」の例をもとにみてみよう。先に述べたように、ハインツの行動に賛成しても反対しても、それ自体は発達段階には関わりがない。だが、ここでは理由づけの変化がわかりやすいように、反対の立場に固定して考えてみる。第1水準では、反対の理由は、「警察に捕まるから」（第1段階）といった罰を避けようとするものや、「刑務所を出る前に妻は死んでしまうかもしれないから、薬を盗んでも大していいことはない」（第2段階）といった損得勘定に基づくものであり、第2水準では「周りから犯罪者として非難されてしまうから」（第3段階）といった他者からの評価を気にしたものや、「ハインツのような状況にある人が皆同じように盗みに入ったら、社会秩序が崩壊してしまうから」（第4段階）といった特定の社会の維持・安定を考慮し

たものである。これに対して、第３水準では、既存の法や社会秩序を相対化する視点がみられるようになる。この水準では、反対の理由は、「社会の成員の合意に基づき、個人の諸権利を守る法であるならば、私たちは法の恩恵だけでなく拘束も受けなければならないから」（第５段階。第４段階との違いとして重要なのは傍点部の留保）といったものや、生命の尊重や人間の尊厳といった、特定の社会を超えた普遍的な倫理原則に言及するものになる。コールバーグは、こうした道徳性の発達段階は、その進み具合に個人差はあるものの、どのような文化においても同様に認められ、発達の順序は変わらないと結論づけた。

４．ギリガンの道徳性発達理論——「もうひとつ」の道徳性とその発達

　コールバーグの３水準６段階説は、心理学におけるその後の研究動向はもちろんのこと、道徳教育の実践にも大きな影響を与えた。とりわけ、彼の理論を取り入れた「モラル・ジレンマ授業」の実践は、道徳が教科化され「考え、議論する道徳」への転換が求められるなかで、あらためて注目を集めている。

図10-3　ギリガン
出所）https://commons.wikimedia.org/wiki/File:Corol_Gilligan_P1010970_-_cropped.jpg;Author:Deror avi; cropped by User; Ravit; CC BY_SA 3.0

　一方で、コールバーグの道徳性発達理論には、批判も数多く寄せられてきた。それらは、彼の理論に「偏り」があり、道徳性の発達を一面的にしか捉えていないと指摘するものであった。

　批判の一つは、文化的な偏りに関するものである。先に述べたように、コールバーグは、道徳性の３水準６段階はどのような文化においても同じように認められるとした。だが、彼はその３水準６段階を理論化するにあたって、メタ倫理学の議論を参照し、普遍化可能性および指令性をどのように志向しているかによって、発達の順序を決定している。問題となったのは、そもそも、普遍化可能性や指令性といった価値を志向するということ自体

が、西欧の文化に特有のことなのではないかという点である。実際、その後の研究では、3水準6段階のうち、最高次の第6段階に到達した者はどの文化においても少数かまったく認められず、この段階は西欧社会において高い教育を受けた少数の人々にしかみられないと指摘されている。コールバーグの理論が西欧の価値に基づくものであるなら、その枠組みを非西欧の文化にもあてはめることは適切でない（近代西欧中心主義の問題については、第18章を参照）。

　コールバーグの理論の偏りは、ジェンダーの視点からも指摘された。アメリカの心理学者キャロル・ギリガンは、1983年に刊行された『もうひとつの声（*In a Different Voice*）』のなかで、ピアジェやコールバーグをはじめとする心理学の発達理論が、「人間一般」に妥当する理論を標榜しながら、もっぱら男性の発達を対象としたものであることを批判している。実際、コールバーグの発達理論は、20年以上にわたって84名の発達を追った実証的研究に基づいているものの、その対象者はすべて男性で、女性は含まれていなかった。ギリガンによれば、「人間一般」の発達理論と女性の発達の間に矛盾があることは、これまでの研究でも示唆されているが、その矛盾は女性の発達に欠陥があることを示すものと捉えられてきたという。後述するように、ギリガンはそうした傾向を批判したうえで、聞き取り調査をもとに、女性の道徳性の発達が男性のそれとは異なる固有の過程をたどることを明らかにしたのである。

　とはいえ、彼女の議論の意義は、道徳性の発達に関して性差があるということよりも、コールバーグの理論が道徳性の発達を一面的にしか捉えられていないことへの問題提起にあると考えるべきだろう（実際、その後の実証的研究は、道徳性の性差に関するギリガンの主張を必ずしも支持していない）。彼女の批判は、道徳性や発達について、それまでの枠組みから除外されてきた理解の仕方があることを明らかにし、道徳性の発達の多様な道筋に関する研究を促すものであったといえる。それでは、彼女が明らかにした、「もうひとつ」の道徳性やその発達とは、どのようなものだろうか。

　ギリガンは、「ハインツのジレンマ」のような架空の葛藤状況に加えて、実生活上の道徳的な葛藤場面において何らかの選択や判断をした経験について聞き取りを行い、女性が男性とは異なる仕方で道徳を理解していることを明らかにした。彼女によれば、男性が道徳的葛藤を諸権利の重なりあいから生じてく

表 10-2 「ケアの道徳性」の発達段階

レベル1	個人的生存への志向 （自分の生存のために自分自身に配慮する）
移行期1	利己主義から責任性へ （自己の欲求と、他者とのつながり—責任への志向との葛藤が現れる）
レベル2	自己犠牲としての善良さ （ステレオタイプの女性的な善良さで世界を構成化し、自己犠牲によって葛藤を解決する）
移行期2	善良さから真実へ （他者に対してと同様自己に対しても責任を担うようになり、自分がもっている現実の欲求に正直に直面する）
レベル3	非暴力の道徳性 （配慮と責任は自己と他者の両者に向けられ、傷つけないことが道徳的選択の普遍的なガイドとなる）

出所）日本道徳性心理学研究会編『道徳性心理学——道徳教育のための心理学』北大路書房、1992 年、150 頁をもとに作成。

るものと捉え、「いかに他者の権利を侵害することなく、自分の権利を行使できるか」という視点からその解決を図ろうとするのに対して、女性は道徳的葛藤を諸責任の重なりあいから生じてくるものと捉える。また、そうした葛藤については、普遍的な原理に基づき、競合する諸権利を論理的な優先順位をつけることによってではなく、具体的な状況（他者との関わりの質や程度、現実的な影響・結果など）を考慮することで解決が目指されるという。すなわち、女性にとって道徳の問題とは、「私に助けを求めてくる者（私自身、私の家族、一般の人々）に対して、どのように応えることができるか」ということであり、道徳性とは他者を配慮（ケア）し傷つけない義務として捉えられるのである。「ハインツのジレンマ」の例でいえば、「薬屋の財産や所有に関する権利とハインツの妻の生命への権利とをいかに公平に扱い、その対立を解消するか」ということよりも、「助けを求める妻に対して、ハインツや薬屋はいかに応じるべきか」という点に関心が置かれるのである。

　こうしたあり方は、コールバーグの理論においては、低次の発達段階（第3段階）にとどまるものと位置づけられる。だが、ギリガンは、それはコールバーグの発達段階の一つなのではなく、コールバーグの理論の中心にある「**公平さの道徳性**」とは別の「**ケアの道徳性**」として理論化したのである。なお、

「ケアの道徳性」の発達段階は表10-2の通りである。

5．道徳性の発達を見取るために

　本章では、道徳性の発達について、ピアジェ、コールバーグ、ギリガンの理論を検討した。これらの理論は、すべて道徳性の認知的側面に着目しており、実証的な研究に基づいているが、道徳性や発達のあり方についてそれぞれ異なる説明を提供している。また、本章の冒頭で述べた通り、心理学における道徳性の発達に関する研究は、認知的側面に着目したものだけではない。

　こうした多様なアプローチを通じて、重層的に捉えられるようになってきた道徳性の発達について、私たちはどのように理解し、教育活動に生かしていけばよいだろうか。最後に、この点について考えてみてほしい。

---ワーク10-4---

私たちは、子どもの道徳性をどのように捉え、その発達を見取っていくべきだろうか。本章の内容をふまえて、あなたの考えを書き出してみよう。

注

（1）　感情的側面に着目したアプローチとして、フロイト（Freud, S. 1856-1939）の精神分析理論、行動的側面に着目したアプローチとして、バンデューラ（Bandura, A. 1925-）の社会的認知理論やアイゼンバーグ（Eisenberg, N. 1950-）の向社会性理論などがある。

（2）　ただし、その後の研究では、結果論的判断から動機論的判断への移行は、ピアジェの想定よりも早い段階（5歳頃）でみられることが指摘されている。

（3）　永野重史編『道徳性の発達と教育——コールバーグ理論の展開』新曜社、1985年。

【読書案内】
①日本道徳性心理学研究会編『道徳性心理学——道徳教育のための心理学』、北大路

書房、1992 年。

　ピアジェ、コールバーグ、ギリガンを含む、21 名の心理学者による道徳性の形成と発達に関する研究を取り上げ、それぞれの理論の概要や道徳教育への意義を検討した著作。心理学のさまざまな領域でなされている道徳性に関する研究を概観し、その全体像をつかむための手助けとなる。

参考文献

荒木寿友・藤澤文編『道徳教育はこうすれば〈もっと〉おもしろい――未来を拓く教育学と心理学のコラボレーション』北大路書房、2019 年。

井藤元編『ワークで学ぶ 道徳教育 増補改訂版』ナカニシヤ出版、2020 年。

開一夫・齋藤慈子『ベーシック発達心理学』東京大学出版会、2018 年。

ギリガン（岩男寿美子監訳）『もうひとつの声――男女の道徳観のちがいと女性のアイデンティティ』川島書店、1986 年。

コールバーグ（永野重史監訳）『道徳性の形成――認知発達的アプローチ』新曜社、1987 年。

永野重史編『道徳性の発達と教育――コールバーグ理論の展開』新曜社、1985 年。

日本道徳性心理学研究会編『道徳性心理学――道徳教育のための心理学』北大路書房、1992 年。

ピアジェ（大伴茂訳）『臨床児童心理学Ⅲ 児童道徳判断の発達』同文書院、1954 年。

藤村宣之編『発達心理学 第 2 版』ミネルヴァ書房、2019 年。

ライマーら（荒木紀幸監訳）『道徳性を発達させる授業のコツ――ピアジェとコールバーグの到達点』北大路書房、2004 年。

（村松 灯）

第11章
子どもにしか見えない世界ってあるの?
子どもと目に見えない世界

1．子どもにしか見えない「となりのトトロ」

　「子どものときにだけ　あなたに訪れる　不思議な出会い」——どこかで耳にしたことのある、あの歌の歌詞だと気がついた人はきっと少なくないだろう。言わずと知れた長編アニメーション映画『となりのトトロ』（1988年公開）の主題歌の一節である。母親の転地療養のため、田舎へ引っ越してきた草壁一家（両親と2人の娘の4人家族）の日常を描いたこの作品のなかで、「トトロ」は「大きな袋にどんぐりをいっぱいつめた、たぬきのようでフクロウのようで、クマのような、へんないきもの」として登場するのだが、ここで注目したいのは、このトトロなる存在が「子ども」にしか見えない存在として描かれていることである。

　物語のなかで、最初にトトロと出会うのは次女のメイ（4歳）。ひとり遊んでいて、森の小道に迷い込んだメイは、偶然にもトトロのねぐらに転がり込んでしまう。トトロのふかふかのお腹の上で、気持ちよく眠り込んでしまったメイ。その後、探しに来た姉のサツキ（小学6年生）に、道端で眠っているところを発見されたメイは、不思議な生き物、トトロとの出会いについて興奮気味に語る。この後の家族のやり取りが重要なので、登場人物の台詞を取り上げながら、もう少しあらすじを紹介したい。

　「夢みてたの？」と聞くサツキに「トトロいた

**図11-1　『となりのトトロ』の
ジャケット写真**
出所) DVD『となりのトトロ』ウォルト・ディズニー・ジャパン、2014年。

んだよ」とメイ。「トトロってちゃんと言ったもん！　毛がはえて、こーんな口してて、こんなのと、こんくらいのと、こーんなに大きいのが寝てた」。メイは、姉とほどなくして追いついた父の2人を、トトロと出会った場所まで案内しようとする。しかし、なぜかあのとき通ったはずの道が見つからない。「ほんとだもん！　本当にトトロいたんだもん！　嘘じゃないもん！」慌てて釈明するメイに、父は優しく語りかける。「うん。お父さんもサツキも、メイが嘘つきだなんて思っていないよ。メイはきっと、この森の主に会ったんだ。それはとても運がいいことなんだよ。でも、いつも会えるとは限らない」。

---**ワーク 11−1**---

あなたは子どもの頃、トトロのような不思議な存在（他の人には見えない存在）に出会ったことはありますか？　また、誰かとそのことについて話したことはありますか？　子どもの頃の記憶を近くの人とシェアしてみよう。

当然のことながら、合理性や客観性に基づく「大人」の判断からすれば、トトロの存在をそのまま信じることは難しいと感じるのが普通だろう。加えて、草壁一家は母親の転地療養のため、見知らぬ土地へ引っ越してきたばかり。しかも、母は入院中で、慣れない新居（といってもかなり年季の入った古民家だが）に父と子3人暮らしである。こうした事情をふまえれば、メイのトトロ発言を、「子ども」らしい勘違いや思い込み、もしくは、不安やストレスが原因の嘘（虚言）とみなす「大人」は少なくないだろう。

けれども、メイの父は違う。彼はトトロを「森の主」と言い換えつつも、それとの出会いを「とても運がいいこと」と価値づけながら、「子ども」が語る世界を丸ごと肯定し、受け容れる態度を示している[1]。そのような父の態度は「子ども」であるメイの存在（つまり、彼女の生きる意味の世界）を、根底

において支える力強い基盤となっているといえるだろう。

　さらに注目しておきたいことがある。それは、ここでの一連のやり取りは、「大人」が「子ども」を包み込む関係としてだけ捉えられるものではないということである。なぜなら、「子ども」をそのような仕方で受け容れることは、「大人」である父親自身にもまた、特別な恩恵をもたらしているからである。「大人」である彼にトトロは見えないが、見えないものとの世界を生きる「子ども」の世界をありのままに肯定することで、彼自身もまた、目に見えない世界とのつながりを生きることが可能になっている。この場面からは、そのような「大人」と「子ども」の特別な関係のありようが読み取れるのである。

　本章のテーマは、上記のような「大人」には見えない世界との関係を生きる「子ども」の姿から、発達や教育を考えてみることである。そのためにはまず、『となりのトトロ』のメイが象徴しているような「子ども」の姿、そこに見いだされる「子どもらしさ」の正体とは何かについて考えるための方法を検討する必要がある。次節では、そうした方法について整理してみたい。

2.「子ども」に迫る方法

　評論家の小浜逸郎は、その著『方法としての子ども』（1996年）において、私たちが「子ども」とは何かを考えようとするときにとりうる方法として、大きく分けて次の三つが考えられると述べている[2]。

　表11-1の整理に従うなら、『となりのトトロ』を手がかりに「子ども」に

表11-1　「子ども」を考えるための三つの方法

（1）科学的・実証的方法	身の周りにいる子どもを観察対象として、成年者と比較する方法
（2）歴史的・記号的方法	子どもという概念がどのような社会的文脈のなかで用いられているかを調べて、実際の子どもが現在受け取っている社会的な規定条件によって子どものイメージをつくること
（3）内観的・文学的方法	自分が子どもであった頃の心的衝撃や不安の体験といったものをできるだけ記憶のなかに呼び起こし（あるいは、子ども期を扱った文学作品などのなかに定着された記録を資料として）それらが、現在は大人として振る舞っている自分とどういう落差を開いているかを追究するところから、子どものイメージを組み立てる方法

出所）小浜逸郎『方法としての子ども』筑摩書房、1996年、113頁より作成。

迫る方法は、（3）に該当するといえるだろう。私たちはメイやサツキの姿を手がかりに、「大人」としてのみずからを反省的に捉え直し、メイやサツキと自分を分かつものは何か、何がメイやサツキを「子ども」たらしめているのかを考察することで、「子ども」という存在に迫ることができる。

　しかし、その一方で、同じようにトトロの存在に注目する場合でも、（3）とは別の、（1）のルートから「子ども」に迫ることも考えられる。たとえば、トトロのように「大人」の目には見えない存在で、名前があり、「子ども」にとってリアリティをもった存在については、心理学者らによる科学的・実証的な研究がなされている。そうした研究において、トトロのような存在は、「**想像上の友達（imaginary friends）**」、「**目に見えない友達（invisible friends）**」、「**空想の友達（imaginary companions）**」などと名づけられ、幼児期（主に2〜6歳）によくみられる現象として研究されている。

　この研究分野における第一人者の1人である、心理学者のマージョリー・テイラー（Taylor, Marjorie）によれば、子どもがこうした「友だち」をつくる理由には、大方の予想通り、恐怖への対処や心的外傷への反応をはじめとする深刻な（あるいは、病的な）理由が含まれる一方で、実際にはこの現象は、私たちが思う以上にありふれたものであることが明らかにされたという[3]。つまり、「子ども」が目に見えない「友だち」をもつことは、とくに心配な事情を抱えた「子ども」にだけみられる特殊な現象ではなくて、むしろ「子ども」という存在（その時期）に特有の、認知の特徴を表すものとみなしうることが科学的にも明らかにされつつあるというのである[4]。

　今度は（2）の方法を採用する場合について考えてみよう。その場合、私たちは「子ども」を実体として捉える見方を離れて、それを歴史的・社会的に形成・構築された概念としてみていくことになる。たとえば、歴史家フィリップ・アリエスが『子どもの誕生』（1960年）において明らかにしたように、今日の私たちにとってはごく当たり前になっている「子ども」観（つまり、「子ども」を「大人」とは異なる特別の保護や教育を必要とする存在とみなす見方）もまた、文化や社会の影響を受けながら歴史的に形成されたものだ。時代が変われば、あるいは、その見方を形成・構築した諸条件が変化すれば、「子ども」観もまた変化する。こうした見方に立てば、「子ども」は私たちが生き

ている現代という時代を構成し制約する諸条件を診断するための、典型的な手がかりの一つといえるのである。

　これら三つの方法は「子ども」に迫る方法として、いずれも妥当性を有している。しかし、一つの方法から明らかになる「子ども」のありようは限定的なものにとどまる。**実体（観察対象）としての「子ども」**だけでも、**概念・理念としての「子ども」**だけでも、また、**主観的に捉えた個別の「子ども」体験**だけでも不十分なのである。私たちはこれら三つを多層的に捉えることで、「子ども」理解に奥行きをもたせ、より豊かにしていく必要があるだろう。

　以上の整理をふまえたうえで、以下では、目に見えない世界とのつながりという観点から、「子ども」について考える。それを通じて「子ども」とは何か、翻って、「子ども」でないとは何か（つまり、「大人」とは何か）について、さらに考えてみることにしたい。

3．「子ども」と目に見えない世界

「子ども」と「溶解体験」

　教育人間学の立場から矢野智司は、深く遊びの世界に没頭する「子ども」の姿を捉えて、彼らの体験のありようを社会学者の作田啓一にならい、**溶解体験**と呼んだ[5]。それは私たちが自分の身の周りで起きていることを理解する際に、意識するとしないとにかかわらず用いている、理解のための枠組みがいったん取り払われて、丸裸になってしまうような状態を意味している。このとき溶け／解けてしまうのは、ルーティン化した私たちの常識的なものの見方・考え方（もっといえば、私たちの生きている現在（here and now）を、いつかくる未来のための準備期間として手段化してしまうような理解のあり方）である。それが溶けた／解けたとき、私たちは「生きた世界」との直接的な出会いに開かれ、世界との一体感を生きている。

┌─**ワーク11-2**─────────────
　何かに没頭しているときに起こった自分の内面での体験について振り返り、近くの人とシェアしてみよう。

そのうえで、それぞれの体験に共通する特徴がないか探してみよう。

　何かに没頭する体験は、「子ども」の頃ほどではないかもしれないが、おそらく「大人」になった私たちにとってもそれほど縁遠いものではないだろう。たとえば、矢野は溶解体験の具体例として、遊びに没頭する子どもの姿以外にも、音楽に聴き入っているときや海の波を見ているとき、夕暮れの風景を飽かず眺めている瞬間なども挙げている。

　ただし、「大人」にとって、少なくともそれは日常ではない。社会においては、それが何の役に立つのか、どんな意味があるのか、つまり、**有用性の有無**という観点から判断を迫られることが少なくない。そして、有用性なしと評価されたものに対しては、消極的（あるいは、否定的）に振る舞うことが「大人」の証とみなされることもしばしばである。だからこそ、溶解体験は、「子ども」だけに許された、とまではいえないものの、「子ども」（らしさ）を解明するための重要な手がかりなのである。

　身近に「子ども」がいるとまず驚かされるのは、彼らが頼まれなくても遊ぶということである。暇さえあればとにかく遊ぶ。そんな「子ども」の姿は、何の変哲もない日常としてそこにある。しかし、彼らの内面で何が生じているのか、その体験の内実を説明しようとするやいなや、私たちはたちまち言葉に窮してしまうだろう。それはいったいなぜなのか。

　ここで11歳の少女デビーの言葉に耳をすませてみよう。「空を見てたの。ただ見てただけ。何がどうなったのかわからないけど、急にすべてが開かれたの。どう言ったらいいかわからないわ。でも、何もかもが完璧で、つながってるって感じた。何かを考えていたとは言えないわ。だって、考える余地さえないような感じだったから。胸が張り裂けて、何百万個にもなって飛び散ってしまう

ような感じ。自分が爆発して、太陽や雲になりそうな感じがした⁽⁶⁾」。これはデビーがブランコに乗っていたときの体験を説明したものである。11歳の「子ども」ということを考慮に入れたとしても、彼女がこの体験を言葉に落とし込むのにいかに苦労しているかは一目瞭然だろう。文字通りの意味において、それは言葉を失う体験だったのである。

　遊ぶ「子ども」の姿は見えていても、彼らが本当に何を見ているかは見えていない。もしかすると、それはトトロが見えないこと以上に不思議なことなのかもしれない。溶解体験に注目することで見えてくるのは、そうした見えない世界を生きる「子ども」の姿なのである。

「子ども」とスピリチュアルな世界

　前項で考察した溶解体験は、日常の多くの時間を、有用性の世界で生きている私たち「大人」にとっては、何か特別な瞬間に生じる神秘体験のように感じられるかもしれない。スピリチュアリティの観点からこの体験を研究しているのが心理学者トビン・ハート（Hart, Tobin）である。彼はその著『*The Secret Spiritual World of Children*（子どもの秘められたスピリチュアルな世界⁽⁷⁾）』（2003年）において、「子ども」時代の「**スピリチュアルな体験（spiritual experience）**」に注目した教育論を展開した。

　ハートは、同僚とともに450人の若者に対して統計調査を行い、不思議さ（wonder）や畏怖の念（awe）を感じた瞬間や、一体感の体験、自然科学では説明のつかない何かから直観的な洞察を得た体験などについて尋ねた⁽⁸⁾。彼はこうした体験を総称してスピリチュアルな体験と呼ぶ。ただし、上記の質問項目の一例からは、彼が注目している「子ども」の体験が、一般にスピリチュアルという言葉が連想させがちな、天使や悪魔、神様などが登場するような、宗

教的な体験に限定されるものではないことが見て取れる。彼はスピリチュアルな体験の特徴について、「言葉にならない (ineffable)」、「語りえない (speechless)」、「時間を超越した (timeless)」かのような感じをともなうとともに、私と私ではないものとの間の「境界がぼやける (boundaries blur)」ことなどを挙げている(9)。これはまさに先の溶解体験の特性そのものといっても過言ではないだろう。ハートの調査の結果、回答者の大半が、こうした体験をはじめてしたのは子ども時代であったと回答したという。彼はこの点に注目し、スピリチュアルな体験を手がかりに、「子ども」のものの見方・考え方の特性、その発達を明らかにすることを試み、その結果、「子ども」がもつ「大人」顔負けの力——直観的な洞察力、他者への驚異的な共感能力、不思議さを受けとる力、哲学する力、見えないものを見る力など——を発見した。

　ただし、そこに「子ども」をむやみに神秘化したり理想化したりしようとする意図はない。むしろハートの意図は、たとえば、トトロを見たと言うメイを特別扱いしてしまうように、スピリチュアルな体験を非日常として捉えることが当たり前になっている、私たち「大人」の意識や存在のありよう、それらに基づいて設計されている教育のあり方を批判的に検討することにある。つまり、スピリチュアルな体験や、多くの人がはじめてそれを体験する「子ども」時代について考えることは、目に見えない世界の側から私たちの日常を捉え直し、「子ども」理解を深める助けとなると考えられるのである(10)。

「子ども」の注意の特性

　さて、以上のような分析に、さらに認知科学・神経科学の分野からの興味深い知見を重ねてみることにしよう。心理学者であり哲学者でもあるアリソン・ゴプニック（Alison Gopnik）は、その著『哲学する赤ちゃん（*The Philosophical Baby*）』（2009年）において、3歳未満の子どもの意識について、その注意のありように注目して次のように述べている。「赤ちゃんは世界の一部だけを拾い上げ、他の一切を遮断するようなことはせず、すべてを同時に、しかも鮮明に体験している(11)」。このことからゴプニックは、特定のものに選択的に注意を向ける「大人」の通常の意識を**スポットライト型意識**、幼児の意識を「**ランタン型意識**」とし、そのイメージを図10－1のように示した。

　ランタン型意識において子どもたちは、「すべてのものを同時に鮮明に意識」しており、そこからときに「一種の至高体験、至福の感覚が得られる」のだという[12]。また、彼女はこれを「ある種の宗教的、あるいは美的な体験をしたとき」にも現れるとし、加えて「恋愛、狩猟、何かに対する熱狂にもこの意識が伴っている」とも述べている[13]。

　ランタン型意識こそが溶解体験やスピリチュアルな体験を生み出していたのか。そう結論づけたくなるところだが、その前に、私たちにはもう少し考えてみなければならないことがある。それは、「子ども」のランタン型意識は心理学者が「フロー（flow）」と呼んでいるものとは対極にあるというゴプニックの指摘である。彼女によると、何か一つのことに極度に集中した結果得られる状態がフローであるとすれば、ランタン型意識は、むしろ集中の拡散、意識の制御や注意の抑制を欠いた状態からもたらされているのだという。もしもこの仮説が支持されるなら、溶解体験やスピリチュアルな体験のなかには、フロー状態に近い〈注意集中・没頭型〉のものと、〈注意拡散・忘我型〉の二つが含まれる可能性が浮上してくる。

　しかも、ランタン型意識が主に３歳以下の子どもにみられる特性であることを考慮に入れるなら、溶解体験やスピリチュアルな体験は、純粋なランタン型意識のみからもたらされるというよりは、スポットライト型意識を獲得していく過渡期における体験や、スポットライト型意識獲得後に、それを意図的に外

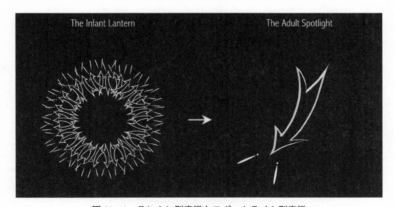

図11-1　ランタン型意識とスポットライト型意識
出所）ゴプニックのホームページ、http://alisongopnik.com/lantern_v_spotlight.htm より。

す工夫をすること（ある種の瞑想法や旅に出ることなど）で生じる体験もまた含むものと考えることができるだろう。その工夫のポイントは、通念化したものの見方・考え方、その枠組みを意図的に外すこと。つまり、「初心」に返ることである。要するに、世界を「子ども」の眼で体験することは、「大人」にとってある種の憧れであり、その意味で「子ども」は「大人」を憧れの世界へとつなぐ存在なのである。

━━ワーク11-3━━

目には見えない「子ども」の体験世界を捉えるために、①溶解体験、②スピリチュアルな体験、③ランタン型意識の三つを紹介した。どの見方が自分にとって一番理解がしやすかったか、またそれはなぜか、考えてみよう。

4．理想化された「子ども」

　目を輝かせて夢中でブランコに乗る「子ども」。時間を忘れて飽きることなく水遊びする「子ども」。そんなどこにでもいる、しかし私たち「大人」の興味を引きつけてやまない「子ども」の姿を、ここまでさまざまな角度から考察してきた。もちろん、実際に幼い「子ども」の世話を丸一日でもひとりで引き受けてみれば、たちまち彼らが愛すべき魅力的な存在であるだけではなく、多くの場合、一筋縄ではいかない厄介で理不尽な存在であり、ときに残酷なことも平気でしてしまう、不可解な存在でもあることはすぐにわかるだろう。それでもなお、溶解体験やスピリチュアルな体験を日常として生きる「子ども」の姿は、私たちに理性（悟性）を超えた生命の根源との直接的なつながりや、世界に対して防衛的な構えを解き、無限の驚きをもってそれを味わう、無垢な純

粋性を感じさせる。その姿を目にするとき、私たちは失われたときを痛切に思わずにはいられなくなるのである。

　かつて理性（悟性）に至上の価値を置く啓蒙主義に対する批判を原動力にドイツで花開いた、19世紀初頭の**ロマン主義**文学にみられる「子ども」は、まさにこうした理想化・特権化された存在として登場した。そして、その「子ども」観は、教育の領域では「自然へ帰れ」で知られるルソーらに代表される、**消極教育**へと結びつき、その後、**子ども中心主義**を標榜する新教育へと引き継がれていった。

　けれども、幸か不幸か、現代を生きる私たちは、そのように理想化された「子ども」像に基づく教育の限界をすでに知っている。そもそも「子ども」が生まれながらにして完成された存在であって、いっさいの助力が無用なら、いったい教育とは何なのだろうか。大事なのは「子ども」の自主性・主体性なのか、「大人」の指導性なのか。援助・支援か、保護・管理か。こうした二項対立的な見方もここから生まれてくることになる。

5．子どもを通じて大人を知る

　本章で紹介したように、最新の乳幼児をめぐる発達心理学や認知科学分野での研究結果からは、以前考えられていたような、「大人」と比べて、無能で受動的な存在としての乳幼児という捉え方の誤りが次々と明らかにされている。「子ども」の隠れた能力、その秘められた世界は、ロマン主義の「子ども」から数百年を経て、いまあらためて注目を集めているという言い方もできるだろう。ときに目に見えない存在にリアリティ（現前性）を感じ、ときにスピリチュアルな体験や、神秘的・宗教的な体験をする「子ども」の開かれたあり方（openness）は、その意味で、「子ども」の拙さや幼さ（未熟さ）を示すものではなくて、その有能性を証明するものとして、再評価されるに値する。

　しかし、その開かれたあり方ゆえに、「子ども」は「外部からの影響を受けやすく、傷つけられやすく弱い存在でもある」のだと矢野はいう[14]。ハートもまた、「子ども」の特性の一つに「**傷つきやすさ（Being vulnerable）**」を挙げている[15]。つまり、あらためて言葉にするまでもないほど、当たり前のこと

ではあるのだが、ここで私たちは、そうした「子ども」の開かれたあり方が、その成長し変化してゆける力（**可塑性**）の表れであると同時に、いとも簡単に傷つけられてしまう可能性（**可傷性、易傷性**）の表れでもあるということを見過ごしてはならないのである。それは「子ども」がもつ、目をみはるような有能性の基盤であると同時に、彼らを現実の生活において無力にしてしまう大きな原因でもあるという意味で、両義的な特性であるといえる。

したがって、私たちがこの開かれたあり方に「子ども」（らしさ）における最も重要な要素を見いだすとき、私たちはもはやノスタルジーに浸り、懐古趣味的に失われたときを求めることにとどまっていることはできないだろう。「自分の感情に正直になり、本当のことを話し、誰かを心底信頼し、すべての答えを知っていなければならないと思うかわりに本物の問いを投げかけるとき、つまり、子どもならいつもそうしているように振る舞うとき、私たちは自らを傷つきやすい状態にする[16]」とハートはいう。

たとえば、それは「大人」になる過程で獲得した、リスクを遠ざけるための防衛的な態度を一つひとつ手放していくこと。規則に従い、競争を勝ち抜き、ただ一つの正解を求める生き方から降りて、自分の内なる声に耳をすましてみること。教科書に書いてある説明、教師が与えてくれる正解に性急に飛びつくのではなく、結論を急がず、不確実性に耐え、ランタン型意識のごとく、あらゆる可能性、あらゆる「声」がその場に登場する余地（space）を生み出すこと。こうしたことはすべて、程度の差はあれ、私たちの慣れ親しんだ安心・安全な日常を揺るがすリスクを引き受けることを含んでいる。

もちろん、大人は（子どものように振る舞うことはできても）決して子どもにはなれないし、子どもも（大人ぶることはできても）大人にはなれない。まだ大人ではない子どもの「大人への〈未到達性〉」と、かつて子どもだった大人の「子どもへの〈不可逆性〉[17]」。そこに厳然とある時間構造の差異をふまえるとき、はたして私たち「大人」は本当の意味で「子ども」と出会うことができるのだろうか。ここで冒頭の『となりのトトロ』の話へ戻ろう。物語の最後、病床で談笑する夫婦の姿。その姿を窓の外の松の木の枝に並んで腰かけ、笑顔で見守るサツキとメイ（2人はトトロに助けられここまでたどりついたのだ）。すると、病床の母がふと窓の外を見て言う。「いま、そこの松の木で、サ

ツキとメイが笑ったように見えたの」。しかし、実際には2人の姿は見えない。父は言う。「案外そうかもしれないよ、ほら」。見ると窓辺にはメイが握りしめていたはずのトウモロコシ（「おかあさんへ」と書いてある）がそっと置かれていた。たとえトトロは見えなくても、目に見えない世界をこんなふうに鮮やかに共有することができるのだ。確実な正解の決まった世界にしがみつくのではなく、「案外そうかもしれない」世界に生きることで、私たちは見えるものも見えないものも含めた、無数のいのちの「声」が響きあう、ポリフォニック（多声的）な生の空間を取り戻すことができるのである。

注

（1）　こうした共感的受容が可能になった背景には、父親としての愛情のほかに、彼の職業（考古学者）も関わっているだろうが、ここでは紙幅の都合上、その点に踏み込んだ分析は行わない。

（2）　小浜逸郎『方法としての子ども』筑摩書房、1996年、113頁。

（3）　3、4歳児とその親を無作為に選び、空想の友達について具体的に質問したところ、約63％がそのような友達をもっていたと言う（アリソン・ゴプニック（青木玲訳）『哲学する赤ちゃん』亜紀書房、2010年、74頁）。

（4）　この点に関しては、森口佑介『おさなごころを科学する——進化する乳幼児観』新曜社、2014年における8章「仮想する乳幼児」も参照した。

（5）　矢野智司『意味が躍動する生とは何か——遊ぶ子どもの人間学』世織書房、2006年。

（6）　Tobin Hart, *The Secret Spiritual World of Children*, New World Library, 2003, p.11.

（7）　未邦訳。

（8）　Hart *op.cit.*, p.6.

（9）　*ibid.*, p.49.

（10）　紙幅の都合上、詳しく紹介することがかなわないが、子どものスピリチュアルな世界についてフィールドワーク（インタビュー調査）に基づいてまとめたものに、ロバート・コールズによる『子どもの神秘生活』（桜内篤子訳、工作舎、1997年）がある。児童精神科医として、社会的にも教育的にも逆境のなかで暮らしている子どもたちから話を聞く取り組みを続けてきた彼が、子どもの人生観とスピリチュアルな世界に焦点を当ててまとめたものである。ハートの著書と比較すると、既存の宗教について取り上げた部分が多くなっているが、子どもの生の発言が豊富に収録されているため、あわせて一読することを勧めたい。

(11)　アリソン・ゴプニック（青木玲訳）『哲学する赤ちゃん』亜紀書房、2010 年、177 頁。

(12)　同上、183 頁。

(13)　同上。

(14)　矢野、前掲書、121 頁。

(15)　ハートはこのほかに、冒険（adventure）に開かれた態度、いまここで起こるあらゆるものを生きる態度（Live everything）、からだの感覚に根ざしたあり方（Be in our bodies）を挙げている。

(16)　Hart *op.cit.,* p.260.

(17)　小浜、前掲書、125 頁。

【読書案内】

①**矢野智司『意味が躍動する生とは何か──遊ぶ子どもの人間学』世織書房、2006 年。**

　本章でも紹介した「溶解体験」のほかに、模倣や想像力なども含め、「遊ぶ子ども」の不思議さに迫った教育人間学の立場からの「子ども」論。「意味が躍動する」という表現にもみられるように「子ども」（と）の時間を生きることが、私たちの生に対してもつ、ダイナミックで深い意味に気づかされる一冊。

②**アリソン・ゴプニック（青木玲訳）『哲学する赤ちゃん』亜紀書房、2010 年。**

　心理学、および哲学を専門とする著者が、1990 年代以降に起こった認知科学分野における乳幼児期の理解の革命的な変化について触れながら、子どもの心が哲学上の難問を理解する手がかりになることを示したもの。一般向きの平易な言葉で最新の研究成果を網羅しており、近年の科学哲学の動向も押さえた優れた解説書。

参考文献
Hart, Tobin, *The Secret Spiritual World of Children*, New World Library, 2003.

Taylor, Marjorie, *Imaginary Companions and the Children Who Create Them*, Oxford University Press, 1999.

ロバート・コールズ（桜内篤子訳）『子どもの神秘生活』工作舎、1997 年。

アリソン・ゴプニック（青木玲訳）『哲学する赤ちゃん』亜紀書房、2010 年。

小浜逸郎『方法としての子ども』筑摩書房、1996 年。

森口佑介『おさなごころを科学する──進化する乳幼児観』新曜社、2014 年。

矢野智司『意味が躍動する生とは何か─遊ぶ子どもの人間学』世織書房、2006 年。

（池田華子）

第12章
いのちを教えるって、どういうこと？
いのち教育を考えるために

1．いのち教育の必要性

　いま、学校でいのち教育の必要性が叫ばれている。その背景には、まず学校現場における深刻ないじめの問題がある。**いじめ**を苦に**自死**してしまう子どもが少なからずいる。国際的にみても、日本は子どもの自殺率が高いといわれている[1]。また、少年少女による痛ましい殺傷事件などの影響もある。さらには、親たちへの投げかけもある。**虐待**による子どもの死も後を絶たない。

　いのちはかけがえなく大切である。こうした感覚を身につけることにより、他者を傷つけず、自分も傷つけないような、思いやりをもった子どもを育てていこうというのが、いのち教育の目的である[2]。

　これから学校現場に入ろうとする人たちは、さまざまな形でいのち教育にかかわらざるをえないだろう。子どもたちを取り巻く環境は、それほどまでにいのちと向き合わなければならない状況になってきている。

　とはいえ、いのちを教えるとはいったいどういうことだろうか。そもそもいのちというのは教えられるものなのか。この章では、いのち教育[3]をめぐるいくつかの問いに立ち止まることで、いのち教育とは何なのかについて考えてみたいと思う。

2．なぜいのちは大切なのか

　いのちは大切だ。そのように考える人は多いだろう。ところが、なぜいのちは大切なのか、と問われると、すぐには明確な答えが出てこないのではないだろうか[4]。

なぜいのちは大切なのだろうか。あなたの考えをまとめ、周りの人とも話し合っ
てみよう。

....

....

....

　この問いには、もちろん決まった解答があるわけではない。いのちが大切か
どうかは、それぞれの感性にゆだねられている。ただし、なぜいのちは大切な
のかを考えることで、いのちについてのおおよそのイメージや輪郭を自分なり
に捉えることができたのではないかと思う。あるいは、いのちについての問い
をさらに深めることにもなったのではないだろうか。

　まずもって、いのちは大切だという場合の、そのいのちとは誰のいのちなの
だろう。自分のいのちなのか、家族や友達のいのちなのか、人間のいのちなの
か、それとも生き物すべてのいのちなのか。いや、それ以前に、いのちとは
いったい何だろう。身体のことか、心のことか、それとも人生とか生き方のこ
となのか。あるいは、もっと生命の本質のようなものだろうか。

　いのちが大切である理由を考えようとすると、問いはこんなふうに膨らんで
いったりはしなかっただろうか。ひとまず、これらの問いの広がりをふまえた
うえで、あらためていのちはなぜ大切なのかを考えてみよう。

　典型的な答えとしては、いのちには終わりがあるから、というのがある。い
わゆる**死の問題**である。私もあなたも、この世に生まれたからには、必ず死が
おとずれる。言い換えれば、人はみな死に向かって生きているのだ。限りある
いのちであるからこそ、いのちは尊いのであり、大切である。なるほどこれは
たしかに筋が通っているようにみえる。

　また別の答えとしては、いのちはたった一つのものだから、というのがある。
一人ひとりに、いのちは一つずつある。人生は一回限りであり、それぞれが固
有の人生を生きている。あなたの人生はあなただけのものであり、誰も替わり
になることはできない。だから、あなたはあなたのままで、かけがえのない存
在なのだ。これは**個性**の問題であり、そしてまた**自己肯定感**の問題でもある。

　いのちには限りがあり、たった一つのものである。まったくその通りであり、間違ってはいない。とはいえ、だから、いのちは大切なのだ、というのは飛躍があるのではないか。ひと昔前に、「人のいのちは地球よりも重い」というフレーズが流布したことがあった[5]。この発想には、生き物のなかで唯一人間だけが特別である、というきわめて傲慢な思い込みがある。いのちには限りがあり、たった一つのものだから、いのちは大切である。しかし、それはすべての生き物のいのちを指しているわけではない。人間のいのちは大切であるが、他の生き物のいのちは大切ではない、という暗黙の了解がここにはある。牛も豚も鳥も魚も、それぞれにいのちに限りがあり、個体の一つずつにいのちはあるはずであるが、私たち人間はそうした動物たちを家畜化し養殖化するという形で、大量のいのちを奪うシステムを作り上げ、それらのいのちを食べることによって生きている。動物に限らず、植物も昆虫も微生物であっても同じことである。豊かな生活を享受するために、人間は自然環境を破壊し改変し続けながら生きている。人間は、他の生き物たちの限りあるいのち、たった一つのいのちを都合よく搾取するのみであって、彼らのいのちそのものが大切だとはとうてい考えていないのである。

　いのちは矛盾に満ちている。人間という種族の繁栄のために、地球に生きるそれ以外の大多数の生き物たちのいのちが犠牲になっている。そうした犠牲のもとで自分たちのいのちが生かされているという事実を、人間はしっかりと自覚しなければならない。そして、この自覚に立ったとき、ようやく人間は、いのちに対する畏敬の念や感謝の念が生じてくるのだと思う。いのちは誰のものでもない。いのちのはたらきによって、あなたも私も、生きとし生けるものすべてが生かされている。だから、いのちは大切なんだ。

3．死がわかるということ

　いのち教育は、誕生から死までを考える生命存在の根幹に関わる教育である。学校現場では、いのち教育の名のもとに、誕生についての授業がしばしば行われている。助産師の方が講師として招かれたり、生後数か月の赤ちゃんとふれあったりする。保健での性教育との関連もあり、また親と自分との関係を振り

返る機会にもなり、誕生の授業はわりと歓迎される。

　ところが、死についての授業はどうかというと、これがなかなか難しい状況にある。死の問題はとても扱いにくい。忌避されることもある。その理由はさまざまであるが、一つには死に対するイメージである。死について考えさせると、いたずらに恐怖や不安を煽ることになる。未来に希望を託された子どもたちにあえて暗くて悲しい現実を知らせる必要はない、という大人側の強迫めいた配慮がある。もう一つは、死は経験できないことだから、教えてもわかるはずがない、理解させるのは困難だ、というものである。大人は案外、こうした感覚を抱きやすい。死は経験できないという点に関していえば、実際は子どもも大人も同じところに立っている。したがって、大人が子どもよりも死についてよくわかっているということはないはずである。ところが大人は、子どもにはわかるはずがないからと、死の問題を子どもから遠ざけようとするのである。次の事例には、そうした死をめぐる大人と子どもとの離齬が示されている。

　　私の兄は、6歳のとき病気で亡くなりました。私は、そのとき3歳半くらいでした。兄が死んだときの記憶はありません。でも、私は兄が生きていたことをかすかに覚えていたので、「お兄ちゃん、どこにいっちゃったの？」とたびたび母に聞いていました。母は「魔法で消しちゃったんだよ」といつも答え、私が「どうして消しちゃったの？」と聞いても、答えてくれませんでした。

　　しかし、幼稚園を卒園し小学校に入学する時期に、母はとうとう私の兄が死んだことを教えてくれました。母は涙を流しながら私に話しました。私は、その涙を通して、何とも言いようのない恐ろしさを、そして、死んだら二度と戻ってこないのだ、ということを感じ取り、あまりの怖さと悲しさから泣きじゃくりました。そして、「どうして今まで教えてくれなかったの？」と尋ねたところ、「まだ早すぎてわからないと思ったからだよ」と教えてくれました。でも、私はその時、「私にもちゃんとわかるよ、もっと早く知りたかった」という思いでいっぱいだったのを覚えています。そして、「じゃあ、今はどこにいるの？」と聞いたところ、「今はいつでもそばにいて見守ってくれているんだよ」と教えてくれました。その言葉で

　私はようやく涙がおさまった気がします。つまり、この言葉が私と兄の死のクッションになったのだと思います(6)。

　これは女子学生が書いたレポートである。ここには、大人が子どもに死を伝えてよいのかどうかの戸惑いや、大人から死を伝えられたときの子どもの気持ちの動きなどが、リアルな実感をともなって描かれている。ここで母親が、兄（息子）の死について「（子どもには）まだ早すぎてわからない」と思ったのに対して、子どものほうは「私にもちゃんとわかるよ」と感じている、というコントラストが印象的である。なぜ大人は子どもには死がわからないと考えるのか、一方で、死がわかると子どもが感じているのは、どういうことなのだろう。

┌─ワーク 12-2──────────────────
│ あなたが子どもだった頃を思い出して、①死について意識したのは何歳頃だっ
│ たか、②それはどんな状況だったか、さらに③死について、どんなことを考え
│ たり感じたりしたか、についてまとめみよう。そのうえで、④この事例をもとに、
│ 周りの人と死の問題について話し合ってみよう。
│ ....
│ ....
│ ....
└──────────────────────────

　死についての認識や理解は、子どもの心のなかでどのように芽生え発達していくのだろうか。これに関しては、ハンガリーの心理学者**マリア・ナギー**による調査研究がよく知られている(7)。調査自体は 1948 年に行われたもので古典的であるが、先行研究としては重要なものである。ナギーは、ブダペストとその周辺に住む 3 歳から 13 歳までの子ども 378 名（男子 193 名・女子 185 名）を対象に、作文、描画、面接を通して、死についての認識を自由に表現させるという方法で、調査を進めた。その結果、子どもの死の認識の発達プロセスが、三つの段階をたどることを明らかにした（表 12-1）。

　この研究ではまた、死の概念に構成要素があることにも注目している。それは、「体の機能停止（死ぬと動かなくなる）」、「不可逆性（死んだら生き返らない）」、「不可避性（死は避けられない、誰もが必ず死ぬ）」の三つの構成要素で

表 12-1　死の認識の発達プロセス

第1段階 　幼児期（5歳以下）	死の不可逆性を理解できない。生と死の区別がつかず、旅に出ている、どこかで眠っている、いつか戻ってくる、などと考えている。
第2段階 　児童期前期（5〜9歳）	死の不可逆性を理解しているが、すべての人に起こるとは考えていない。また死を擬人化する傾向がある。
第3段階 　児童期後期（9歳以上）	死の不可避性を理解しており、すべての人に死は起こると考えるようになる。大人の認識と基本的には変わらなくなる。

出所）M.H. Nagy, "The Child's Theories Concerning Death", *Journal of Genetic Psychology*, 73, 1948.

表 12-2　生命概念の発達プロセス

第1段階（4〜5歳） 　前操作期	すべてのもの（無生物や玩具など）に、生命があると考える。
第2段階（6〜7歳） 　前操作期	動くもの、運動するものに、生命があると考える。
第3段階（8〜11歳） 　具体的操作期	自発的な力で運動するものに、生命があると考える。
第4段階（12歳以上） 　形式的操作期	生物にのみ生命があると考える。

出所）J. Piaget, *La représentation de monde chez l'enfant*, F. Alcan, 1926.

ある。つまり、死を認識できる、死がわかる、というのは、これらの死の概念の構成要素について理解していることを指している。

　ということは、9歳以上の子どもであれば、大人と同じように死についての認識があり、死がわかっていることになる。先に挙げた事例では、小学校に入学する時期（6〜7歳）に、母親から兄の死について告げられているが、これは第2段階にあたる（ゆえに、まだ死がわかっている年齢ではない）。この段階で特徴的なのは、「死を擬人化する傾向」である。これは、死を「人々を連れ去るためにやってくる怪物のようなもの」というイメージで捉えることで、死神や悪霊のような観念を指している。

　この死の擬人化に関連して、ジャン・ピアジェによる生命の概念についての発達プロセス[8]をみておくことにしよう（表12-2）。ここで、6〜7歳の頃に、「動くもの、運動するもの」に生命を認めるという点が注目される。この時期は、いわゆる**前操作期**と呼ばれる段階[9]であり、その特徴の一つに**アニミズム的思考**が挙げられている。子どもが、死という自然現象を擬人化し

たり、生命や意思をもった怪物と捉えたり、呪術のようなイメージをもつことは、アニミズム的思考に基づいているとひとまず考えることができる。多くの大人が想像する子どもの感性もまた、アニミズム的思考を中心に成立していると考えられている。事例のなかで、母親が兄の死を「魔法で消しちゃったんだよ」と説明したところに、このことはよく表れている。

　ピアジェの**認知発達理論**からすれば、アニミズム的思考は、原始的で未成熟な認知機能ということになるだろう。とはいえ、自然現象を抽象化し合理的に把握していくことだけが、はたして発達段階の成熟度を示すことになるのだろうか。とりわけ身近な人の死といったナイーブな情緒的問題を考える場合には、まったく別の観点から考える必要があるのではないか。

　先にみた「魔法で消しちゃったんだよ」は、子どもの発達段階にあわせた母親の配慮から出てきた言葉にはちがいない。しかし、見方を変えれば、これは母親が自分自身に言い聞かせようとした言葉でもあったのではないか。幼いわが子の死をどう受け止めたらよいのか、癒されることのない悲哀のなかを彷徨する自分がいる。「どこにいっちゃったの？」という娘の問いかけは、母親自身の内なるリフレインでもある。魔法で消すとは、裏を返せば、魔法さえ解ければわが子は再び自分のもとに戻ってくるはず、という切なる願いが込められた言葉でもあったのだろう。

　そして、もう一つ。亡くなった兄が「今はいつでもそばにいて見守ってくれ

ている」という言葉。これもまた発達論的にみれば、アニミズム的思考に含まれるものであろう。しかも、死の概念の構成要素である不可逆性からも逸脱している。けれども、こうした言葉や発想が重要なのは、事例のなかでも伝えているように、遺された者にとって死者を受け止めるためのクッションになっていることである。これは、**グリーフケア**の観点からすれ

ば、「死者の情緒的再配置」という喪の作業の最も大事な局面を指している(10)。ここには、死を自然現象として認識することだけが、必ずしも死を理解することではない、という示唆がある。事例のなかで、子どもが「私にもわかるよ」と感じていたのは、自然現象としての死ではない。それは母親の気持ちを汲み取り、死を分かちあうことができるという思いにほかならない。いのち教育において死の問題を扱うとは、死を通して表出する情緒的な感性にどこまで共感的に迫ることができるかにかかっているのである。

4．自己肯定感を高めるには

　日本の子どもたちは、諸外国と比べると、自己肯定感が低いといわれる。加えて、10代の死亡原因のトップが**自殺**であるのも、日本の特徴である。もちろん、自己肯定感の問題と自殺率とを安易に結びつけるべきではないが、こうした状況を生み出す何らかの背景があるのは確かだろう。

　一つには、日本人の文化的特性として、集団の同調圧が高いことがしばしば指摘される。周りにあわせる、空気を読むなどの集団への配慮が過剰に求められるために、そうしたことが苦手な子どもは、さまざまな批難に晒されやすくなり、その結果生きづらさや劣等感を抱きやすくなってしまう。とはいえ、このことも決定的な要因というわけではなく、個々人に焦点を当ててみていけば、さまざまな要因がもっと複雑に絡みあっていることだろう。

　発達心理学では、自己肯定感の問題が、自分自身をどう捉えるのか、という自己概念の問題と関連づけて研究されている。自己概念の一つに、自分の能力や価値を評価する感情としての self-esteem がある。この用語が、一般的に自己肯定感と訳されるものである。これはまた、**自尊感情**や自尊心、あるいは、**自己効力感**などと訳されることもある(11)。

　自己肯定感を測定するために10項目からなる「自己肯定感尺度」（表12－3）を作成した**モーリス・ローゼンバーグ**は、自己肯定感には2種類の異なった感情があることを見いだし、この区別を強調した(12)。一つは、自分のことを very good もしくは excellent と評価する感情で、自分を他者と比較した場合に、自分のほうが優秀だ、卓越している、と捉えるものである。もう一つは、

表12-3　自己肯定感尺度

① 私は、人並みに価値のある人間である
② 私は、いろいろなよい素質をもっている
③ 私は、自分に対していつも前向きである
④ 私は、人並みに物事をうまくやれる自信がある
⑤ 私は、だいたいにおいて自分に満足している
⑥ 私は、自分を失敗者だと思いがちである（R）
⑦ 私は、自慢できるところがあまりない（R）
⑧ 私は、自分のことをあまり尊敬できない（R）
⑨ 私は、自分がまったくだめな人間だと思うことがある（R）
⑩ 私は、自分が役に立たない人間だと思うことがある（R）

注）後半の⑥〜⑩は逆転項目（R）であり、これらの項目に対して "NO" の回答率が高いほど、自律的な自己肯定感が高いと判断される。

出所）M. Rosenberg, *Society and the Adolescent Self-Image*, Princeton University Press, 1965.

　自分のことを good enough と評価する感情で、他者と比較することなく、自分はこれでもう十分だ、いまの自分に満足している、と捉えるものである。とりわけ後者は、外から借りてきたものではなく自分の内なる価値基準によって自分自身を評価している点で、自律的な自己肯定感であり、自分を受け入れ（self-accept）、自分を好きになり（self-liking）、自分を尊敬する（self-respect）感情であると定義している。

　いのち教育では、子どもたちの自己肯定感を高めることが重要な課題とされている。それはもちろん、ローゼンバーグのいう good enough の自律的な自己肯定感のことである。あなたはあなたのままでいい。あなたのいのちはこの世界でたった一つ。誰にも替わることができない。だからあなたは特別であり、あなたのいのちは大切なものである。

　平成ヒットソングのなかでも幅広い世代から好まれ共感を呼んだ曲に、『世界に一つだけの花』がある[13]。この歌詞のなかの有名なフレーズ「ナンバーワンにならなくてもいい、もともと特別なオンリーワン」には、自己肯定感のもつ excellent と good enough の違いが一目瞭然に描かれている。自律的な自己肯定感を高めるためには、自身がもともとオンリーワンであることを確認していくことが大事なのだ。いのち教育とは、そうしたメッセージを届けることにほかならない。

　とはいえ、「ナンバーワンではなくオンリーワン」の考え方は、当初から批

判もあった。その一つは、最初からオンリーワンを強調してしまうと、怠惰なまま現状を変えようとせず、努力する心や向上心が育たない。まずは自分なりのナンバーワンを目指すことによって、その結果としてオンリーワンがついてくるのではないか、というもの。それから他の批判としては、そもそも現実はナンバーワンが求められ優遇される競争社会であるのに、もともと特別なオンリーワンだと言われても、競争から落ちこぼれた者からすれば現実感の薄い逃避的な慰めにしかならない。無邪気にオンリーワンを語れるのは勝ち組の思考であり、負け組にはオンリーワンという実感がなかなか湧いてこない、というものである。

　とくに後半の批判は、学校現場にいると差し迫るものがあり、見過ごせないものである。オンリーワンの自己肯定感を子どもたちに求めることには、限界があるのではないかとすら思えてくる。次に示すのは、そうしたことを強く感じさせる端的な事例である。

　　たとえば、リストカットをくり返す女子生徒がいる。
　　彼女は、周囲からの期待に、ともかく一生懸命に応えようとしてきた。大人たちは、彼女のことを「よい子」、「まじめな子」、「優しい子」と言ってほめそやす。友達の前では、いつも元気にふるまっている。だが、それは、自分を押し殺し、周りに合わせてキャラを作っているにすぎない。あるとき、そんな自分に、ふと「疲れた」と感じてしまった。
　　きっかけはほんの些細なことだった。でも、そこで、自分なんて要らないんじゃないか、居ても居なくてもどうでもいい存在なんじゃないか、そんな思いが去来して、静かに心が冷めていった。
　　彼女がリストカットを始めたのは、そんなときである。気がつくと、もう腕に傷をつけていた。薄暗い部屋の中でうずくまり、さめざめと泣きながら。痛みはほとんど感じない。リストカットすることで、かえって気持ちが落ち着いてくる。イライラした焦りのような衝動が鎮まっていって、何とも言いようのないまどろみの中に入っていく。それがとても心地いい。
　　「別に死にたいわけじゃないんです。ただ、傷口から血がゆっくりと流れるのを見ていると、自分が生きている確かな実感が湧いてくるってい

うか…。生きていてもいいんだよ、って励まされているような感じがして……。」

そんなふうに彼女は語った。

大人たちは傷痕を見つけると、とても動揺し、すぐに止めなさい、もっと自分を大事にしなさい、と説教する。けれども、彼女からすれば、自分の行為の何がいけないのかわからない。むしろ大人たちが自分の気持ちをわかってくれないことに失望し、ますますリストカットにのめり込んでいく[14]。

━ワーク 12 - 3━

子どもの自己肯定感を高めるには、どうしたらよいだろうか。この事例に登場するような自己肯定感の低い女子生徒に対しては、どのような対応が考えられるだろう。

この事例の女子生徒のように、思春期に入ると、**アイデンティティの確立**という発達課題にともない、周囲と自分とを比較し、そのバランスがうまく維持できなくなると激しい**自我の葛藤**が起こりやすくなる。自分は自分のままでいい、という児童期に見られる素朴で自己中心的な肯定感に揺らぎが生じてくる。リストカットのような自傷行為は、そうした揺らぎの反映の一つであり、象徴的な行為であるともいえるだろう。

さて、この女子生徒の語りのなかで注目したいのは、リストカットを通して「自分が生きている確かな実感が湧いてくる」という感覚である。

念のため誤解のないように断っておくが、リストカットは問題行動にはちがいないし、自死の危険性も考慮しなければならない。大人たちがこれを止めるように説得するのも当然である。リストカットを放置してもかまわない、ということでは決してない。

ただ、ここで考えたいのは、リストカットという行為の意味である。要するに、彼女にとってリストカットとは、自己を肯定し、生の息吹を回復するため

の契機になっているのである。もちろん、これは一種の恍惚感であり、麻薬にも近い依存性をともなう危険な感覚であろう。にもかかわらず、驚かされるのは、彼女が自己否定の波に飲み込まれながらも、その渦中に「生きること」をつかみ取ろうとする、いのちの放つ一滴の煌めきである。

　その後、この女子生徒は、カウンセリングを通して**心のケア**を重ねていくことで、やがてリストカットの依存から自発的に離れていき、新たな人間関係を構築していくようになっていった。結果からみれば、リストカットという行為は、彼女が成長するための必要悪のようなものだった。このことは、リストカットに限らず、悩みや苦しみ自体がもつ一つの構造でもある。

　自己肯定感を高めることに、最短の近道や特効薬があるわけではない。ただし、どんなに現状は過酷であっても、そのなかに変容していくヒントが必ず隠されているはずである。だからこそ大人は、子どもたち一人ひとりの悩みや苦しみに同じ目線に立ってしっかりと向き合い、関わり続けることが大事なのである。そうすることで、いのちのほうから自ずと再生に向けてはたらき出してくることだろう。いのち教育が本当に実現するのは、まさしくそういうときなのである。

註

（1）　傳田健三『なぜ子どもは自殺するのか』「第1章 子どもの自殺の実態」新興医学出版社、2018年。

（2）　近藤卓編『いのちの教育の理論と実践』「第1部—①いのちの教育の基本的な考え方」金子書房、2007年、8頁。

（3）　学校現場などでいのちを教えることを、一般的には「いのちの教育」と呼ぶのではないかという素朴な疑問が湧くかもしれない。しかし、本章ではあえて「いのち教育」という言葉を用いている。この用語には、いのちは本来客観的な対象として扱うべきではないという自戒の意味が込められている。いのちは取りも直さず自己の問題と緊密に結びついているのであり、第三者の問題ではない。その点で、いのちを教えるという発想自体がそもそもいのちへの冒瀆なのである。「いのち教育」という用語は、こうした矛盾にどう向き合うのかという問いを投げかけている言葉でもある。

（4）　小澤竹俊『いのちはなぜ大切なのか』筑摩書房、2007年。

（5）　このフレーズは、1977年に日本赤軍によるダッカでの日航機ハイジャック事

件で、犯行グループが高額の身代金と日本で服役中の過激派の政治犯の仲間を解放するよう要求した際に、当時の福田赳夫首相が発言した言葉として伝わっている。

（6）　西平直『教育人間学のために』「3章 子どもの中の死」東京大学出版会 2005 年、76 頁。

（7）　M.H. Nagy, "The Child's Theories Concerning Death", *Journal of Genetic Psychology*, 73, 1948, pp. 3-27.（この Nagy の論文の抜粋は、ハーマン・ファイフェル編（大原健士郎・勝俣瑛史・本間修訳）『死の意味するもの』岩崎学術出版社、1973 年（原著刊行は 1959 年）の第 2 部第 6 章「死に対する発達的考察」に掲載されている）

（8）　J. Piaget, *La représentation de monde chez l'enfant,* F. Alcan, 1926.（大伴茂訳『臨床児童心理学II 児童の世界観』同文書院、1955 年）

（9）　ピアジェの認知発達理論における子どもの知的発達の四つの段階の推移は次の通り。①感覚運動期（0〜2 歳）⇒②前操作期（2〜7 歳）⇒③具体的操作期（7〜11 歳）⇒④形式的操作期（11 歳〜）。

（10）　J.W. Worden, *Grief Counseling and Grief Therapy*, Springer, 1991.（鳴澤實監訳『グリーフカウンセリング』川島書店、1993 年）

（11）　self-esteem に類似する心理学用語として self-efficacy がある。これは社会的学習理論で有名なアルバート・バンデューラが提唱したもので、自己効力感、自己有用感と訳されることが一般的である。自己の立てた目標に対する達成能力についての認知を指している。

（12）　M. Rosenberg, *Society and the Adolescent Self-Image*, Princeton University Press, 1965. 自己肯定感尺度（Self-Esteem Scale）は、原著 pp. 305-307 に記載。表 12-3 は、星野命の日本語版（「感情の心理と教育」『児童心理』24、1970 年、1445-1447 頁）を参考に、筆者がわかりやすい表現に修正したもの。

（13）　作詞作曲：槇原敬之、アーティスト：SMAP。

（14）　坂井祐円「スクールカウンセリングの活動は教育なのだろうか」稲垣応顕・坂井篇『スクールカウンセラーのビリーフとアクティビティ』金子書房、2018 年、28-29 頁。

【読書案内】
①得丸定子編著『いのち教育をひもとく──日本と世界』現代図書、2008 年。
　いのち教育についてさまざまな角度から詳述しており、日本編と海外編から構成されている。日本編では、宗教、哲学、比較文化、調査、授業実践の領域に至るまで、

学際的にいのち教育が考察されている。海外編では、台湾・韓国のいのち教育の実状と実践、トルコ・イギリス・アメリカの調査報告を掲載している。いのち教育をより深く考えるための必読書。

参考文献

Nagy, M.H., "The Child's Theories Concerning Death", *Journal of Genetic Psychology*, 73, 1948.

Piaget J., *La représentation de monde chez l'enfant,* F. Alcan, 1926（大伴茂訳『臨床児童心理学Ⅱ 児童の世界観』同文書院、1955 年）

Rosenberg M., *Society and the adolescent Self-Image*. Princeton University Press, 1965.

Worden, J.W., *Grief Counseling and Grief Therapy*, Springer publishing Company, 1991.（鳴澤實監訳『グリーフカウンセリング』川島書店、1993 年）

小澤竹俊『いのちはなぜ大切なのか』筑摩書房、2007 年。

近藤卓編『いのちの教育の理論と実践』金子書房、2007 年。

坂井祐円「スクールカウンセリングの活動は教育なのだろうか」稲垣応顕・坂井篇『スクールカウンセラーのビリーフとアクティビティ』金子書房、2018 年。

傳田健三『なぜ子どもは自殺するのか』新興医学出版社、2018 年。

西平直『教育人間学のために』東京大学出版会、2005 年。

Herman Feife 編（大原健士郎・勝俣瑛史・本間修訳）『死の意味するもの』岩崎学術出版社・1973 年（原著刊行は 1959 年）

（坂井祐円）

第13章
ジェンダーってどんなもの？
学校におけるジェンダーの視点

1．ジェンダーとは

　ジェンダー（gender）と聞いて、あなたはどのようなものをイメージするだろうか。身体が男性あるいは女性であること？　それとも自分は男性あるいは女性という認識だろうか。「そんなこと当たり前すぎて考えたこともない」という人もいるだろう。

　ジェンダーという言葉は、これまで研究者によってさまざまに定義されて使われており、実際には明確な概念定義がなされていない。簡単にいうとジェンダーとは、「社会的・文化的に人間を女性（woman）か男性（man）か、（あるいはそのどちらでもないか）に分類する指標・特性のこと」を指すことが多い。セックス（sex）と混同されることも多いが、セックスは生物学的性を表すものであり、ジェンダーは社会的・文化的性を表すものである。

　社会的・文化的性という言葉に慣れない者もいるだろうが、性は社会や文化のなかでつくられるものなのである。たとえば男性の役割、女性の役割については、時代によってそのあり方は変化し、また国や文化によっても異なる。日本を例に挙げると、「夫は外で働き、妻は家庭を守るべきである」という考え方について、第二次世界大戦の前頃まで（いわゆる戦前）は、このような考え方をする人はごく一部に限られており、ほとんどの女性は農作業や商売、工場で働くなど労働に従事していた。戦後は専業主婦の増加とともにこの考え方に賛成する者が急増し、内閣府によると 1979 年には男女とも 7 割を超えている[1]。しかし、女性の社会進出が進むにつれ、賛成する者は徐々に減少し、2016 年の調査では、男女とも賛成より反対のほうが多い。むしろ最近の若い世代では、「夫は仕事と家事・育児、妻も仕事と家事・育児」という男女平等

志向が強くなっているのではないだろうか。ここで、皆さんが思う男女の役割について、考えてもらいたい。

---ワーク 13-1---

女性と男性には、それぞれどんな役割があると思うか。思いつくものを書いてみよう。

女性の役割	男性の役割

フランスの哲学者ボーボワール（Beauvoir, S. de. 1908-1986）は、その著書『第二の性』において「人は女に生まれない。女になるのだ」と指摘している。その文化のなかで女性として育てられ、女性として扱われるから女性になるであり、性は決して生まれながらに決まっているものではないという意味である。人は生きている文化のなかで社会化(2)されていく。ジェンダーもその時代、文化、社会などによって、さまざまに変化していくものなのである。「ワーク13-1」で皆さんが考えた役割について、周りの人と比べてみよう。きっと違いがあったのではないだろうか。また、異なる世代、異なる国の人に聞くと、もっと多様な役割が出てくるだろう。それぞれの人が考えるジェンダーは、決して固定的なものではなく、それぞれが家庭、学校、地域という社会生活を送るなかで、育まれてきた考え方なのである。

2．ジェンダー・アイデンティティ

アイデンティティの概念

ジェンダー・アイデンティティ（gender identity）とは、自分が女性あるいは男性（あるいはそのどちらでもない）ということに関する性的な自己認知のことであるが、ここでまず**アイデンティティ**（identity；自我同一性）という概念について、触れておきたい。アイデンティティとは、エリクソン（Erikson, E.

H. 1902-1994）が提唱した概念であり、簡単にいえば、自分とは何者であるか
という自己定義、あるいは自分自身はこの社会のなかでこう生きているのだと
いう存在意識のことであり、将来にわたって自己が同一であり連続であるとい
う主観的な感覚をともなうものである。とくに青年期には友人や異性の問題、
進路（将来）の問題、人生観・価値観など、自分の人生に関わる大きな問題に
遭遇する。これら一つひとつの問題に対する意思決定において、アイデンティ
ティ達成（自分を確立していく）、あるいはアイデンティティ拡散（自分がわ
からなくなる）という危機（crisis）に直面することになる。青年期は、この危
機を体験しながら、さまざまな役割実験[3]を通して、アイデンティティを達
成していく時期である（アイデンティティについては、14章、15章も参照のこと）。

ジェンダー・アイデンティティの概念

　青年期はアイデンティティ形成の重要な時期であるが、ジェンダーに関する
アイデンティティについても、その問い直しが求められる時期である。ジェン
ダー・アイデンティティとは、「一人の人間が、女性、男性、もしくは両性と
してもっている個性の統一性、一貫性、持続性」と定義され[4]、人格全体に
関わる内容を含むものである。

　ジェンダー・アイデンティティの概念には、ジェンダーに関する「**性自認**」、
「**性役割**」、「**性指向**」の三つの要素が含まれている。

　「性自認」とは、自分の性についての自己認知と基本的確信のことである。
第6節において詳しく述べるが、たとえば男性として生まれ、性自認は女性で
ある場合を性別違和（性同一性障害）という。

　「性役割」とは、その社会や文化のなかにおける性別に基づく役割のことで
あり、性役割には「性役割期待」と「性役割態度」がある。「性役割期待」は、
社会が期待していると考える性役割のことであり、女らしさ・男らしさを身に
つけることに加え、その社会で女性・男性それぞれがするべきと考えられてい
る仕事を担うことも意味する。「性役割態度」は、自分がこうしたいと考えて
いる性役割のことであり、自分自身としてどういう態度をとるかということで
ある。「ワーク13−1」で皆さんが書いた性役割は、性役割期待だったかもし
れないし、性役割態度を書いた人もいるだろう。あるいはどちらを書けばよい

か迷った人もいるかもしれない。社会が求める性役割期待と自分の性役割態度は必ずしも一致するものではないのである。

　最後に「性指向」であるが、これは性的な興味・関心・欲望の対象が、異性・同性・あるいは両性のいずれに向いているかということである。同性に向く場合を同性愛、異性に向く場合を異性愛、両性に向く場合を両性愛、どの性別にも向かない場合を無性愛という。

3．ジェンダー・アイデンティティの発達

　ここからは、ジェンダー・アイデンティティの発達について、みていきたい。まず性自認については、認知能力の発達により3歳頃までには、自分の性別を認識できるようになる。これは、乳幼児期の周囲の大人との関わりによるところが大きい。周囲の大人は、身体的な特徴に基づいて性別を判断し、異なった性の乳児に対して、異なった態度で接する。乳幼児の養育者として主に接触するのは母親が多く、女児は母親と同じ性別として、男児は母親と異なる性別として、自分の性自認を形成していくといわれている。

　次に性役割については、まずは身近な親をはじめとする周囲の人々からのはたらきかけがある。大人は女の子には女の子らしく、男の子には男の子らしくといった態度を求める。逸脱行為はたしなめられるなどするなかで、性役割を身につけていく。また仲間集団からの影響もある。幼児期には同性の仲間同士で遊ぶことが多くなるなど、社会的やり取りは同性同士のほうが多くなる。そのなかで次第に女性特有の文化、男性特有の文化が学習されていくのである。さらに、メディアからも大きな影響を受ける。たとえばテレビやゲーム、絵本、漫画、雑誌、インターネットなどから発信される情報から、男女の性役割を学習していく。学校に入学するようになると、組織的にジェンダーを学ぶ。学校では性別を意識する場面が多く、また同性の仲間関係のなかで特有の文化を築きながら、性役割について学習していくのである。

　なお異性愛、同性愛、両性愛といった性指向について、どのような発達過程を経て身につけるかについては、まだ明らかにされていない。

4．社会にあるジェンダー・ステレオタイプ

　ジェンダー・アイデンティティは、ジェンダーに関する自己認知のことを指しているが、社会のなかには多くの人が考える、いわゆる**ジェンダー・ステレオタイプ**と呼ばれるものがある。ステレオタイプは極端に一般化された考え方であり、誤っていることも多いが、ステレオタイプがあることにより、人は少ない労力で多くの情報を処理することができる。

　ジェンダー・ステレオタイプとは、男性・女性という生物学的性によって分類された性別カテゴリーに基づくステレオタイプのことである。典型的なものは、男性性・女性性だろう。たとえば男性性はたくましく、大胆で、行動力、指導力があり、頼りがいがある、女性性は献身的で愛嬌があり、繊細で、色気があるといった分類がなされる。ジェンダー・ステレオタイプは男女の行動を規制する規範となり、規範から外れると差別やバッシングの対象になることがある。しかし、このようなジェンダー・ステレオタイプと自身のジェンダー・アイデンティティが一致する者は少ないだろう。多くの人は、ステレオタイプほど自分が女性的・男性的であるとは思っていない。ジェンダー・ステレオタイプに合致していないために、悩みが深くなる者さえいる。

　では、なぜジェンダー・ステレオタイプは根強くあるのか。それは、人が多くの人を相手にする場合には、枠に当てはめて考えたほうが、情報処理がスムーズであることと関係しているのではないか。またジェンダーについて多様性を受け入れるには、それなりの柔軟性も必要となる。したがってジェンダー・ステレオタイプは、人が容易に情報処理を行うために、存在し続けているのかもしれない。

　ここで、ジェンダー・ステレオタイプにこだわりやすい時期について、考えてみたい。ジェンダー・ステレオタイプにとくにこだわりが生じるのは、幼児期から児童期といわれている。第一生命保険が小学生までの児童を対象として毎年実施している「大人になったらなりたいもの」の2018年調査結果からは、女児は「食べ物屋さん」、「保育園・幼稚園の先生」、「看護師さん」、男児は「サッカー選手」、「野球選手」、「学者・博士」が1〜3位であり、男女でなりた

いものは明確に分かれていることが特徴的である。しかし思春期（小学校高学年から中学生の頃）になると、ジェンダー・アイデンティティ形成において葛藤が生じてくる。自身のアイデンティティを問い直すなかで、周囲からの性役割期待やジェンダー・ステレオタイプが、自分には当てはまらないことに気がついてくる。とくに女性は将来、社会で活躍したいと考えた場合、社会的成功に必要な男らしさと、社会から期待される女らしさとのギャップに葛藤を覚えることが少なくない。また、高校卒業を機に進路や社会に出ることを考えたとき、進路選択にも性別の壁（ジェンダートラック[5]）があるなど、学生時代には感じることのなかった差別を経験することもある。社会においては、社会が女性に期待する性役割がまだ残っており、自分はこうありたいという性役割態度と社会が求める性役割期待とのギャップを認識しやすい。

　このように、これまでジェンダー・アイデンティティの葛藤は、女性のほうが男性よりも強いことが指摘されてきた。しかし近年、社会が求める男性役割と自身の性役割態度とのギャップに悩む男性も少なくないことが指摘されており、ジェンダー・アイデンティティの葛藤は、性別にかかわらず問題となってきている。近年の日本では、女性の社会進出が進み、晩婚化や非婚化、終身雇用制度の崩壊、非正規雇用の増加など、社会の変化がめまぐるしい。このような時代においては、女らしい女性、男らしい男性を求めるより、自分らしさや個性を発揮するほうが重要な意味をもつことになるだろう。新しいジェンダー・アイデンティティの概念が、求められているのではないだろうか。

5．学校教育とジェンダー

学校教育におけるかくれたカリキュラム

　次に、学校教育のなかにあるジェンダーについてみていきたい。学校のなかでは、その行われる活動、教師－生徒関係、教師の態度など、意識されない日常の実践によって伝達される「**かくれたカリキュラム**」がある。たとえば、学校のなかで当たり前になっている男女別（生物学的な男女別）を探してみると、「名簿」「名前の呼び方」「整列の仕方」「制服」「体育の授業」「体操服」「水着」「更衣の場所」「宿泊学習の部屋・班」など、簡単に思い浮かべるだけでも

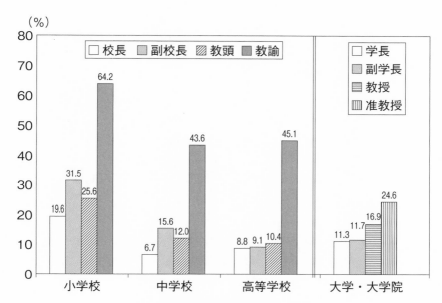

図13-1　本務教員総数に占める女性の割合
出所）文部科学省「学校基本調査（初等中等教育・高等教育）」2018年より作成。

数多くある。また、性別によって教師が態度を変えることもある。たとえば、教師が男子の意見を女子の意見よりも尊重したり、仕事を分担するときに、内容によって男女で分けたりといったものである。また、進路指導において男性には進学重視の熱心な進路指導をするが、女子にはそれほどでもないという対応もある。さらにジェンダー・ステレオタイプの例としては、女子は感情的になりやすく男子は論理的、女子は数学が苦手だが男子は得意といったものがあり、それが教育に反映することもある。このように、学習の機会や進路、将来の職業に重大な影響をもたらすようなジェンダーの社会化のプロセスが、学校におけるかくれたカリキュラムとして存在しているのである。

　また、学校で使用される教科書をみてみると、たとえば歴史の教科書における登場人物は男性が中心であり、女性の登場する割合は低い。国語の教科書に採用される文学作品も、その多くが男性によって書かれた男性中心の作品であるなど、女性が生き生きと活躍する様子を感じられるものは少ない。このように教科書をみるだけでも、男女の違いが感じられる内容が散見される。

さらに学校という大きな視点でみた場合、生物学的な男女の役割について、印象づけられることがある。たとえば小学校から大学までの女性教員の割合をみた場合、図13-1に示したように、小学校では多く、大学では少ない。また、女性の管理職の比率はとても低いものである。このようなことから、生徒は「難しい勉強を教えるのは男性の役割、管理職として部下を指導していくのも男性の役割」というメッセージを学習しやすくなるのではないか。

　ここで、学校における性別に関するかくれたカリキュラムを考えてみよう。

---**ワーク 13-2**---

学校における性別に関する「かくれたカリキュラム」について、どんなものがあるか、思いつくことを書いてみよう。

....

....

今度は反対に、性別に関係なく平等に扱われていると感じたことはありますか。具体的に書いてみよう。

....

....

....

　「ワーク13-2」で挙げられたものを、話し合ってみよう。自分では気がつかないようなものはなかっただろうか。また、異性の意見から、新たな発見があったかもしれない。学校という男女平等と思われる社会にも、目に見えない性差があるということに敏感になってほしい。

学校の文化が育むジェンダー

　学校の特徴が、生徒のジェンダー・アイデンティティの形成や将来の進路・職業選択に関係する可能性があることは、いくつかの研究によって示唆されている。たとえば、高校において女子校に通う生徒のほうが共学に通う女子生徒よりも自立的であることや、進学校に通う女子学生はキャリア志向的であること、また入学難易度がそれほど高くない共学の高校に通う生徒は、男女とも

「夫は仕事、妻は家庭」といった性別役割分担意識を肯定する割合が高いというような結果がある[6]。このように、学校に集まる生徒の特性によって、生徒は特有のジェンダー・アイデンティティを学習し、その結果を進路や職業選択に反映させやすい。しかし、進路選択は性別に関係なく個性に応じた自由な選択ができる時代である。学校において偏った

ジェンダー・アイデンティティが形成されていないかということを、教師は振り返ってみる必要があるのではないだろうか。

学校に求められる敏感さ

　これまでみてきたように、学校においてかくれたカリキュラムが存在することにより、児童生徒のジェンダー・アイデンティティは固定的なものになりやすく、さらにそれを社会化する方向にはたらきやすいという面がある。しかし、時代が急速に変化し、社会全体に新しいジェンダー・アイデンティティの概念が広がるなか、学校という人格形成におけるきわめて重大な場においては、ジェンダー・アイデンティティに敏感でなければならないだろう。なお、敏感さが求められるのは教師だけではなく、児童生徒たちにも当てはまる。多様な文化に触れ、ジェンダー・アイデンティティについてオープンに話し合い、議論を進めていくなかで、固定的な性役割期待やステレオタイプに疑問をもち、新しいジェンダー・アイデンティティを模索しながら構築していくことが重要である。ステレオタイプを捨てて新しいアイデンティティを構築していくことには、それなりに労力がかかるが、そこに積極的に取り組んでいくことが、この変化の速い社会において適応的な人材を輩出するために、必要なことではないだろうか。

6．学校における LGBT への対応

LGBT とは

　近年、学校において **LGBT** の問題が取り上げられるようになってきた。LGBT とは、レズビアン（Lesbian；女性同性愛者）、ゲイ（Gay；男性同性愛者）、バイセクシュアル（Bisexual；両性愛者）、トランスジェンダー（Transgender；性別違和）の頭文字を取った言葉である。このほかに、LGBT や異性愛者といった既存の分類カテゴリーがしっくりこない、あるいは明確な自己認知を確立していない者をあらわすクエスチョニング（Questioning）の頭文字が追加されることもある。

　LGBT がどのくらいいるのか、日本における論文などの文献は存在しないが、成人を対象とした多くのデータからは、当事者の割合は 8.9％（電通ダイバーシティラボ、2019 年[7]）や 8％（LGBT 総合研究所、2016 年[8]）であり、12 人に 1 人くらいの割合で LGBT が存在しているといわれている。しかし、児童期から青年期に至る学校生活のなかで、性自認や性指向になんとなく違和感を覚えていても、児童生徒がそれを口にすることは、ためらわれがちである。

　LGBT は、偏見や差別にさらされることが多く、いじめの被害に遭うことも少なくない。家族や友人にもなかなか言い出せず、孤立感を深めやすいことが特徴的である。また、家族が LGBT に対して差別的な考え方をもっていれば、同じような偏見が根づき、ますます自分を肯定的に捉えられなくなる。結果的に、自尊感情が低下し、否定的な自己イメージにつながりやすい。また学校では、当事者であることが露呈しないかという不安や恐怖をつねに抱いている。男性同性愛者を対象とした調査によると、「ゲイであることをなんとなく自覚した」のは平均 13.1 歳であり、「ゲイであることをはっきりと自覚した」のは平均 17.0 歳であった[9]。ちょうど中学から高校くらいの間に、起きていることである。また LGBT 当事者は、自殺念慮や自殺未遂、自傷行為といった自殺関連行動の経験率が高いことにも、注意が必要である。男性同性愛者の調査結果からは、こうした経験のピークの一つは思春期にあることが示されており、やはり中学から高校くらいの時期である。これらのことからも、児童生徒の様

子に気になることがあれば、もしかしたら性自認や性指向に悩んでいるのかもしれないと考える想像力が、教師には求められる。

学校における LGBT への配慮

性別違和（性同一性障害）とは、肉体のつくりに応じて社会から割り振られた性別と自分自身の性自認との間に不一致があるために生じる心理的な葛藤のことである。世界的に影響力のあるアメリカ精神医学会の診断マニュアル（DSM-5）では、DSM-5 版に改定される際に性同一性障害が、性別違和に置き換えられ、最近では性別違和と表現されることも多い。性別違和に気づき始める時期としては、小学校入学以前が多く、中学生の間にはほとんどの者が自覚しているといわれている。

学校現場の対応として文部科学省は、性同一性障害や性的指向・性自認に関する資料をホームページに掲載し[10]、対応について要請している。その一部が表 13-1 である。

このように、性別違和の児童生徒に対する学校における配慮は徐々に進んできているが、同性愛や両性愛の児童生徒の場合は、学校生活のなかで何か対応

表 13-1　性同一性障害に係る児童生徒に対する学校における支援の事例

項目	学校における支援の事例
服装	自認する性別の制服・衣服や、体操着の着用を認める
髪型	標準より長い髪型を一定の範囲で認める（戸籍上男性）
更衣室	保健室・多目的トイレなどの利用を認める
トイレ	職員トイレ・多目的トイレの利用を認める
呼称の工夫	校内文書（通知表を含む）を児童生徒が希望する呼称で記す自認する性別として名簿上扱う
授業	体育又は保健体育において別メニューを設定する
水泳	上半身が隠れる水着の着用を認める（戸籍上男性） 補習として別日に実施、またはレポート提出で代替する
運動部の活動	自認する性別に関わる活動への参加を認める
修学旅行など	1 人部屋の使用を認める。入浴時間をずらす

出所）文部科学省『性同一性障害や性的指向・性自認に係る、児童生徒に対するきめ細かな対応等の実施について（教職員向け）』2016 年より作成。

を求められるものではなく、また表面的にはその存在に気がつかないかもしれない。教師としてできることは、「異性愛が普通である」、「同性愛はおかしい」といった価値観を変えていくことではないだろうか。学校の活動のなかでは、無意識に異性愛が浸透しているが、恋愛対象が同性の児童生徒がいる可能性を考え、日常的によく聞かれる「そんな態度だと、女性にもてないぞ」、「将来結婚して子どもを産むんだから……」といった、異性愛が前提となるような発言には注意が必要である。もし、そう言われた生徒が性指向で悩んでいたら、「自分はおかしい」、「誰にも言えない」と思ってしまうかもしれない。このような発言に敏感であるよう、教師の意識変容が求められる。

> ──ワーク 13−3──
> 自分が担任をしているクラスの生徒から、同性愛に悩んでいると相談されたら、あなたはどんな態度をとるだろうか。そして、どんな言葉をかけるだろうか。
>
> ....
> ....
> ....

　もし相談を受けたら、まずは相談してくれたことをねぎらい、否定せずに落ち着いて聴くことが大切である。驚いたような態度や茶化すような態度は、「自分は普通じゃないんだ」、「バカにされた」と信頼感をなくしてしまう。「同じように悩んでいる人は結構いるんだよ」などと穏やかに言えるとよいだろう。また悩みが深いようなら、教師との関わりを維持しつつ、医療機関やスクールカウンセラーを活用することを検討するとよい。

　本章でみてきた通り、近年はさまざまなジェンダー・アイデンティティをもつ者が増えてきているなど、多様なジェンダーが社会から求められている。そのような時代において、教育活動に関わる者としては、自身のジェンダーに関する考えや態度について知ることがまず重要であり、またそれが周囲にどのような影響を与えているのか、振り返ってみる必要があるだろう。

注

（1）　内閣府『男女共同参画白書 令和元年版』
　　http://www.gender.go.jp/about_danjo/whitepaper/r01/zentai/index.html を参照。

（2）　人間が社会の求める役割や価値観を身につけて発達するとともに、そのように
　　して生み出された人間が社会を再生産すること。

（3）　アイデンティティを確立していくために、さまざまな試行錯誤を行うこと。

（4）　木村涼子・伊田久美子・熊安貴美江編『よくわかるジェンダー・スタディー
　　ズ』ミネルヴァ書房、2013 年、94 頁を参照。

（5）　たとえば女性は女性に向いた、男性は男性に向いた進路や職業を選択する傾向
　　にあるということ。

（6）　木村涼子・古久保さくら編『ジェンダーで考える教育の現在──フェミニズム
　　教育学をめざして』解放出版社、2008 年、62-94 頁を参照。

（7）　電通ダイバーシティラボ『LGBT 調査 2018』
　　https://www.dentsu.co.jp/news/sp/release/2019/0110-009728.html を参照。

（8）　LGBT 総合研究所研究『LGBT に関する意識調査』
　　http://www.hakuhodo.co.jp/archives/newsrelease/27983 を参照。

（9）　日高庸晴「ゲイ・バイセクシャル男性のメンタルヘルス」『こころと科学』
　　NO.189、2016 年、21-27 頁を参照。

（10）　文部科学省『性同一性障害や性的指向・性自認に係る、児童生徒に対するきめ
　　細かな対応等の実施について（教職員向け）』2016 年を参照。

【読書案内】

**①伊藤公雄・樹村みのり・國信潤子『女性学・男性学〔第 3 版〕──ジェンダー論入
門』有斐閣、2019 年。**
　全体を通してマンガによるストーリーが挿入されており、興味をもって読み進める
ことができる。著者の伊藤公男氏は男性学の専門家であるため、男性のジェンダーに
興味がある方にもお勧めする。

②加藤秀一『はじめてのジェンダー論』有斐閣、2017 年。
　タイトルの通り、初学者でも読みやすく、平易な言葉でまったく知識がなくても理
解できるように書かれている。ジェンダーについての考え方を柔軟にしてくれる一冊
である。

参考文献

鈴木淳子・柏木惠子『ジェンダーの心理学』培風館、2006 年。

葛西真記子編『LGBTQ+ の児童・生徒・学生への支援』誠信書房、2019年。
針間克己・平田俊明編『セクシュアル・マイノリティへの心理的支援――同性愛、性同一性障害を理解する』岩崎学術出版社、2014年。

（中山千秋）

第 14 章
「発達」の先には何があるか？
人生の午後と自己実現をめぐって

1．発達と社会化

　人生はしばしば旅に喩えられる。その旅路には、見通しのきく一本道もあれ
ば、岩だらけの獣道も、激しい急坂もあるだろう。前途の予測できない曲がり
道を、私たちは手探りで進んでいく。

　もちろん、人によって旅路の有りようがさまざまであるのはいうまでもない
が、2 次元象限の横軸に年齢を、縦軸に「社会」をとって捉えようとするとき、
多くの軌跡に共通の箇所が見て取れるはずである。それは、狭い意味での人間
の「発達」が「**社会化（socialization）**」を意味する限りにおいて自明のことで
あり、この世に生を受け、育ち、ある程度の年齢に到達するまでは、言語や慣
習、ものの考え方、行動様式、感情表出の仕方など、その共同体を生きるさま
ざまな技術を習得する過程で、誰しもが右肩上がりに「社会」性の度合いを高
めていくからだ。時代や文化によって、あるいは個人によって、線の傾きや達
成度、進度は異なるが（ときには何らかの外的／内的要因によって歩みを止め
たり後退したりしてしまうこともあるだろう）、大局的にみればほとんどすべ
てが、あるところまでは「上り坂」を示しているといって差し支えあるまい。
教育とは第一義的に、この「上り坂」を、子どもが足を踏み外すことなく、
しっかりとした足取りで登っていけるよう、手を貸し、励ます営みであるとい
える。

　ところで、イタリアの詩人ダンテ（Dante, A. 1265–1321）の代表作『神曲』は、
「人生の道半ばで／私は正しい道を踏み迷い、／はたと気づくと闇黒の森の中
だった」という一節から始まる。ダンテ自身、30 代半ばまで政治活動に熱中し、
教皇派の党の要職にも任命されるが、政争に敗れて 36 歳でフィレンツェから

永久追放され、北イタリアの各都市を流浪していた42歳頃から『神曲』の執筆に取り掛かったという。

「社会化」することが目標であるならば、その社会にとって必要な「社会性」に到達した（「発達」しきった）その先は、どうなっているのだろうか。道の先が行き止まりだったら？　進むべき「正しい道」がわからなく

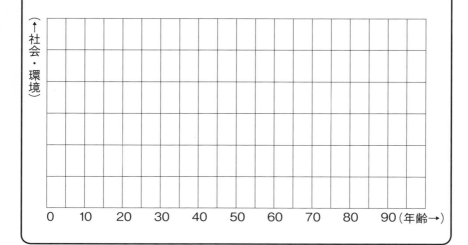

── ワーク14−1 ──

あなたが人間の「人生」と聞いてイメージする道筋を次のグラフに示し、横軸のあなたの年齢のところに丸印をつけよう。（縦軸には「社会」「環境」を、横軸には「年齢」をとる。）出来上がったら、隣の人と比べて、違いや共通点について話し合おう。具体的な個人ではなく、人間一般の人生を大局的に描くとどのようになるかについて考えてみてほしい。

（↑社会・環境）

0　　10　　20　　30　　40　　50　　60　　70　　80　　90（年齢→）

なってしまったら？ 歩みを止めることはできない以上、私たちはその先もどこかへ向かっていかねばならないはずである。

本章がテーマとするのは、この「発達」の先をどう捉えるか、それによって「発達」そのものがどのように照らし返されるかという点である。それを考えるための手がかりとして、まずは前ページのワークに取り組んでみてほしい。

どのような軌跡が描けただろうか。どこかで頂点を迎える山なりの線か、途切れることのない上り坂か、それともまったくの別ものか。無論正解はない。以下にみていくのは、その軌跡のいくつかの可能性である。それらを経てもう一度自分のグラフに立ち返ると、また違った見え方がしてくるのではないだろうか。

2．生涯発達という視点

心理学において、発達の問題を論じた先駆けは、精神分析の創始者フロイト（Freud, S. 1856–1939）による**心理性的発達理論**である。フロイトは、人間の根本には性的欲動があり、このエネルギーを口唇期（満1歳頃まで）・肛門期（2〜3歳）・男根期（5、6歳頃まで）・潜伏期（学童期）・性器期（思春期）というそれぞれの成長段階において十分に満たし、分化させないと、その後の人格形成に影響を及ぼしたり、その不満がヒステリーや神経症などの形で現れてきたりすると考えた。括弧内の年齢をみてわかるように、ここで重視されるのは、ごく幼少期から思春期までの発達であり、その後の心のあり方は、その時期にすでに決定されてしまうことになる。思春期以降の何らかの不具合は、すべて過去に遡及して捉えられるのである。発表当時、フロイトの理論は、心理学内外問わず大きなインパクトを与えたが、人間の人格形成をすべて広義の性欲に還元させる考え方には批判も多かった。

この考えをより汎用的な形で発展させたのが、アメリカの児童精神分析家にして発達心理学者のエリクソン（Erikson, E.H. 1902–1994）である。エリクソンは、フロイトが提唱した発達論を基礎に、思春期より先を大きく加えた、人生全般にわたる発達段階を考えた。ここでエリクソンが取り入れたのは、発生学におけるエピジェネシス（epigenesis）の考え方である。エピジェネシスとは、

発達は遺伝によって前もって道筋が決まっているのではなく、その遺伝子の発現は環境の影響により、あとから新しく（epi-）生成される（genesis）可塑的なものであるということを意味する。つまり、人間がたどるべき大まかな発達段階だけはあらかじめ決められているが、いつどのように次の段階に移るかは個体それぞれであって、人格の形成は人生の初期に終わらず、成長や加齢、社会的・文化的影響、周囲の人間関係に応答しながら、生きている限り続いていくと考えるのである。

　エリクソンはこれを**心理社会的発達**（psycho-social development）と呼び、それぞれに特定の課題をもった8期にわたる発達段階を設定して、図14-1に示す「エピジェネティック・チャート」を作成した。

　各発達段階には、達成すべき人生課題（life task）があり、この心理社会的危機を解決し、乗り越えることで健全な人格が形成されていく。そして各段階は、それ以前の段階に積み重ねられるものであり、もし未解決の問題があれば、そ

		1	2	3	4	5	6	7	8
老年期	VIII								統合 対 絶望、嫌悪 英知
成人期	VII							生殖性 対 停滞 世話	
前成人期	VI						親密 対 孤立 愛		
青年期	V					同一性 対 同一性混乱 忠誠			
学童期	IV				勤勉性 対 劣等感 適格				
遊戯期	III			自主性 対 罪悪感 目的					
幼児期初期	II		自律性 対 恥、疑惑 意志						
乳児期	I	基本的信頼 対 基本的不信 希望							

図14-1　エピジェネティック・チャート

出所）E. H. エリクソン／J. M. エリクソン（村瀬孝雄・近藤邦夫訳）『ライフサイクル、その完結〔増補版〕』みすず書房、2001年、73頁。

の後も引き継がれていくことになる。

　例として、フロイトの枠組みに新たに付け足された第6の段階「前成人期」をみてみよう。ここでの危機は「親密 対 孤立」である。ここでは、第5段階における「同一性（identity）」の問題をクリアしているか否かが鍵となる。なぜなら、「同一性」の確立は、人間関係において相手と自分自身の差異を認めることができるかどうかの根幹に関わるからだ。もし「同一性」が確立されていたなら、互いの差異を認めあい、妥協したり譲りあったりしながら価値観を共有していける親密な関係性を築く可能性が開かれる。他方、「同一性」が十分に確立されていない場合は、自らと異なる存在を認めることは難しく、孤立に至る可能性がある。たとえば、夫や妻として他者と一つの家庭を作り上げていくこと、仕事において、他者と共同でプロジェクトを進めていくこと。そこで豊かな関係を築けるか孤立するかという具体的な危機を通して、この時期の心理的課題である「愛」に挑むことになるのである。逆に、そこにおける葛藤を通して、積み残していた以前の問いを深めることも可能になる。

　こうした人生課題について、エリクソンは、精神分析家としての臨床実践、文化人類学的研究、著名人の伝記研究を通して、乳児期から老年期に至るまで細かく検討したのである。

　エリクソンをはじめ、発達初期のみならず、中年期や老年期の特有の意味を見いだした代表的な研究者には、ビューラー（Bühler, C. 1893-1974）、ハヴィガースト（Havighurst, R. J. 1900-1991）、レビンソン（Levinson, D. J. 1920-1994）らがいるが、彼らはいずれも、狭い意味での「発達」のその先を見据え、加齢にともなってなおも展開し続ける人生の過程を射程に入れているといえる。また、これらに相通ずるものとして、バルテス（Baltes, P. B. 1939-2006）は1970年代後半に、高齢者の知能に関する研究を積極的に行うなかで、「生涯発達（life-span development）」という概念を提唱した。個人の発達は、時間軸に沿って、年齢的要因・歴史的要因（どの時代にどのような環境のもとで過ごしたか）・非標準的要因（転職、病気、身近な人の死などその個人特有の出来事）の3要因が作用しながら進むというモデルを示し、その後の発達心理学の発展に大きな影響を及ぼした。

　「生涯発達」という見方で考えるとき、人生の軌跡は、経験の積み重ねとい

う意味において、発達初期の「上り坂」の先も、成熟や熟達という形で、死に至るまで絶ゆまぬ上昇の曲線を描いていくものになるのではないだろうか。それぞれの置かれた環境と経験との相互作用を通して、あとから新しく（epi-）どのようにも生成していく（genesis）可能性をもつものとして。

　さて、こうした中年期・老年期に目を向ける視線に少なからぬ影響を与えたのは、深層心理学者のユング（Jung, C. G. 1875-1961）だった。彼もまた、フロイトの心理性的発達理論に異を唱え、独自の心理学理論によって乗り越え、生涯にわたる人間形成の過程を考えた人物である。彼の図式も先に挙げたものと同じく、生涯全体を包摂するものであるが、人生グラフの線はやや異なる軌跡を描くものであった。次節にみていこう。

3．人生の午後

　ユングは、人間の一生を太陽の比喩になぞらえて論じている[1]。誕生において無明の夜の大海から上がった太陽は、少年期から青年期に至る人生の前半、天高く昇っていって、広い世界を彩り豊かに照らし出す。それは、拡大の過程であり、身体的な成長、社会的な役割の獲得や生殖というはっきりとした自然の目的をもっている。ところが、正午12時になると、太陽は予測していなかった南中点を迎える。人間の年齢でいえば、およそ35歳から40歳。上昇を続けるはずだった太陽の行路が、もう一度もとの海に向けて下降を始めるのだ。人生の午後には、老いや死を見据えながら、それまで外の世界を照らしていた光を自らに向けて引き戻し、自分自身を見つめるという新たな内的目標に向かう必要があるというのである。

　ユングの人生グラフは、人間の一生を射程に収めたものでありながらも、前節の上昇曲線とは異なり、放物線を描くものである。はたしてこの比喩にスムーズに納得がいくだろうか。次のワークで連想を広げてみてほしい。

　ユングの観点からみると、「社会化」という観点での狭義の発達は、人生の午前中の課題であるといえる。そこでは、社会に求められる価値と自分の目標を一致させることによって能力を伸ばし、人間関係を構築していくことが第一優先となる。いわば社会における物質的な生活の拡大と安定が理想なのであり、

─ **ワーク 14−2** ─

人生の午前／午後にそれぞれ特有の困難、また目標となりうるものについて、思い浮かぶものを箇条書きにしてみよう。

午前		午後	
困難	目標となりうるもの	困難	目標となりうるもの
・	・	・	・
・	・	・	・
・	・	・	・
・	・	・	・
・	・	・	・

そのためには業績主義や功利性といった達成可能なものに自らを制限するほうが能力を磨きやすい。たとえば、学校の成績、学歴、職業上のキャリア、パートナーシップの獲得、人脈などである（SNS における他者からの承認数もこれに当たるだろう）。こうした社会からの可視的な評価に向かって邁進することこそが、人生前半、とくに青年期の心理的課題であるのだ。

　ところが、人生の午後には、同じ原理が通用しなくなる。午前の価値と理想の転倒が起きるのである。ここで、人生前半に得た法則をそのまま持ち込もうとすると、さまざまな問題が生じることになる。なぜなら、青年期までには、物質的な目標の達成のために、あえて（しかし意識せずに）自らの生を一部に制限していたわけであり、そのことでスポットを当てられずにきた他の生が自分の内に置き去りにされていて、表に出るのを待っているからである。

　たとえば仕事に突き進んでいた人が、家庭やパートナーシップの、あるいは社会的地位の変化による人間関係のトラブルに不意に見舞われることがあるかもしれない。誰かの期待に沿って生き続けてきた人が、それが本当に自分のしたいことだった

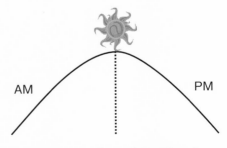

図 14−2　ユングによる太陽の運行モデル

のだろうかと、はたと立ち止まることがあるかもしれない。ずっと追ってきた目標を達成した先に、虚しさに襲われるかもしれない。健康そのものだった体に何らかの不具合が出たり、身近な人の病気や死と遭遇したりすることがあるかもしれない。それは、その人がいままで一度も対処したことのなかった問題である。一見したところ、偶然にはじめて生じたかにみえるが、それらはいずれも、本来向き合わなければならなかったのに、上昇の目標達成のために意識の外に置かれていただけで、ずっと心のどこかに存在していたものともいえる。ここで、人生の前半に自らの個人的な立場や社会的地位を固めることに成功している人ほど、それまでに得てきた理想や原則からなかなか離れがたい。新しく生じた問題に対して、以前と変わらぬやり方で立ち向かおうとすれば、必ずや跳ね返されて大きな傷を負うことになる。だからこそ、人生の後半には、"自分は本当は何者であるのか"を問うという新しい姿勢が求められるというのである。

　ユングはこうした人生の歩みの全体を、「**自己実現**（Selbst-realization）」あるいは「**個性化**（Individuation）」の過程と呼んだ。やや抽象的なこの概念についてもう少し掘り下げて考えるために、次節では補助線として、あるメタファーを導入することにする。

４．木のモチーフと人格の成長

　まずは、次のワークに挑戦してほしい。

――ワーク14-3――

A4の紙と鉛筆（あるいは太めのペン、サインペン）を用意する。心を整えたら、"あなたの心に浮かぶ「木」の絵"を描いてみよう。全員が描き終わったら、隣の人とペアを組んで、互いの木についてインタビューしあおう（大きさ・形・質感・葉の有無などはどうか、どんな場所にあるのか、季節はいつ頃か、どんな香りがするか、周りには何かあるか、など）。

インタビュー内容
・
・

　それぞれ、多様な木が出来上がったのではないだろうか。このワークは、スイスの心理学者コッホ（Koch, K. 1906–1958）により開発されたバウムテスト（Baumtest）をもとにしている。コッホは、ユングの思想的影響も受けながら、みずからのキャリアカウンセリングの実践のなかで、「1本の実のなる木」を描いてもらうという、このシンプルな方法を編み出した。コッホ以降の多くの研究による検証の末、現在では代表的な投影法の一つとなり、病院や鑑別で用いられるだけでなく、心理療法のなかでも、初回面接や経過中にしばしば施行されている。ここでは、レントゲン写真のように、そのときに描かれた樹木の全体の形態やバランス、木の大きさ（葉の茂りの豊かさ）、枝の方向性や根の形状、筆圧の強さ、絵の勢いなどから、総合的に被検者の心の状態を捉えていく。すなわち、木を被検者自身の人格になぞらえて解釈するわけである。「テスト」とはいっても、セラピストがクライエントの理解を深めるのに役に立ったり、被検者自身が思わぬ自己像を発見したりと、絵を描く行為そのものが心の癒しに結びつくことも多い。

　以下に挙げる二つの作品は、臨床心理士として心理療法に携わる筆者が初回面接時にクライエントに描いてもらったものである（許可を得て掲載する）。

　木①は解離性障害(2)の診断を受けた30代女性の作品である。木はしっかりと迷いなく描かれ、画面の中央にまとまりよく収まって、バランスもとれて見える。しかし気をつけて見ると、樹冠（葉の茂っている部分）には左側のふわふわした箇所と右側のギザギザした箇所とが同居しており、対人関係において普段は柔和で温かい人柄であるにもかかわらず、ときに驚くほどの攻撃性を示す彼女の二面的な特徴をよく示しているようである。また、根は銛のような形をし、まるで地面に突き刺さっているかの印象を与える。根が養分を吸収する

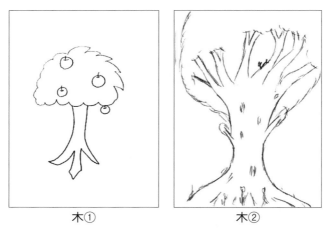

木①　　　　　　　　　　　木②

図14-3　自己像としての木

器官であり、roots（ルーツ）を示すものであることを考えれば、彼女の幼少期からの家族との関係が、安心感をもって根付くというよりは、つねに鋭い刃を突きつけられているような不穏なものであったことも想像される。

　木②はキャリア上の焦燥感を訴える30代男性によるものである。ものの1分ほどで描き上げられたものだが、筆致は力強く、木の生え方にも凄まじい勢いや躍動するエネルギーを感じさせる。見上げるほどの大木とのことで、上部は画面をはみ出して先が見えない。ここからは、彼がやや不釣り合いな高い理想と現状との落差に苦しんでいる可能性が推測される。上方中央の枝にいるのはリスだという。リスはすばしこくクルクルと走る小動物であり、また世界との接面としての輪郭線もガサガサと荒れて、どこか忙しなく落ち着きがない。そして、幹に洞（うろ）が複数箇所存在するところには、この木が大きく成長するまでに、少なからぬ葛藤や苦労があったこともうかがえる。

　心理療法において、セラピストは、絵が示唆するこのような特徴を一つの手がかりとして、クライアントの状態像を見極め、問題の所在にあたりをつける。その人の人格の成長にとって障害になっているであろうものに留意しながら、面接過程のなかで、さまざまな症状や不具合の形で顕在化しているクライアント自身の心理的課題にともに取り組んでいくのである。

　木が葉を繁らせ、大きく枝を広げていくためには、ただ天に向かって上へ上

へと伸びてゆけばよいのではなく、大地にしっかりと根をおろし、下へ横へと
その根を広げてゆかねばならない。上へ伸びること、枝を広げることばかりを
意識して、根を深く下ろすことを忘れてしまえば、木はいつか倒れてしまう。
これを人間の成長になぞらえるならば、人格が豊かに育っていくためには、高
い目標に向けて突き進み、可能性を拡大していくという人生前半の課題のみを
すべてとするのではなく、その木を支える心の深みの探求が必ず求められるの
ではないだろうか。ここで、再度ユングの議論に戻ろう。

5．自我実現と自己実現

　ユングは、ちょうど同じ比喩を用いて「木は、成長する過程としての自己を
表現している[3]」と述べている。前節同様、人間の成長を木のメタファーで
言い表したものだが、ここで注目したいのが「自己」という言葉である。彼の
いう「自己実現」は、一般に想像されるものとは趣が異なっているからだ。
　ユングは、通常「私」として自らを認識しているような意識的な**「自我
(Ich)」**に対して、「自我」にとっては見渡すことのできない無意識的な部分を
も含めた心の全体を**「自己 (Selbst)」**と呼んだ。つまり、ユングの意図する
「自己実現」は、単なる「私」の成長の物語というよりも、「私」が成長の過程
で「私」でないものと出会い、ときには「私」がいったん壊されることを通し
て、「自己」という人生の意味を深めていく物語であるといえる。
　前節までの太陽と木の比喩で述べるならば、人生の午前中は、主に「自我」
という地上の幹を天に向かって大きく育てていくことが求められている。社会
に求められる役割、「仮面（ペルソナ）」を獲得し、その仮面と齟齬なくぴたり
と重なって上手に演じ、振る舞うことこそ肝要である。「自我」の実現が目指
されているともいえるだろう。ところが、ユングの「自己実現」論において、
人生の真の目標はこの先にある。今度は育った幹を地下深く根差していく午後
の時間が、「自我」の追求のために後回しにしてきたものと向き合い、仮面の
下にある本当の「私」の意味を問うていく作業が求められるのだ。それは、高
さのかわりに死や終わりを目標に据えた、新たな道の始まりである。
　「自己」を実現するとは、エゴイストになることではない。むしろ、それは

「私」が否定されるような体験であり、拡大し続けようとする「私」に楔を打ち込むものである。当然、大きな傷つきをともなうことも多い。だからこそユングは、方向の反転する太陽の南中点、中年期のはじまりに、とくに重大な心理的危機が訪れると考えた。厄介なのは、南中点がどこで訪れるのか、自分にもわからないことだろう。以前の方法ではうまくいかないという違和感や、近しい人との激しい感情的対立といった形で、外から内へ、仮面から本当の自分へ、「自我」から「自己」へという方針の転換が迫られるのである。

じつは、ユング自身、中年期に深刻な精神的危機を体験している。きっかけは、第2節で取り上げたフロイトとの訣別にあった。2人は人間の無意識に関する学説をめぐって意気投合し、20歳近く年上のフロイトをユングは敬愛していたが、その後理論的な方針の違いが決定的となり、袂を分かつことになったのである。ユング39歳のときの出来事であった。当時、精神科医として十分な社会的地位や名声を手にしていながら、それからの彼は表舞台から完全に退き、日がな一日、夢やヴィジョンなどの自分の心の内面と向き合う毎日を送ることになる。8年にも及ぶ長い格闘の年月の末、ユングは心理学者として再出発し、現在彼の業績として知られているものはほとんどすべて、それから85歳で亡くなるまでの後半生で成し遂げられたものであった。

第1節で触れた『神曲』のダンテや、『戦争と平和』で知られるトルストイなど、何かの出来事をきっかけに中年期に大きな危機に見舞われ、それまでに獲得した地位や名誉、幸福の意味がいったんすべて崩壊し、長い放浪の時期を経験したといわれる人物は枚挙にいとまがない。この時期に大きな宗教的転向を遂げる人も少なくない。しかし、その危機のなかで自分自身と真摯に向き合い、人生に新たな価値を見いだして乗り越えた先には、人生前半までに育てた木をさらに豊かに繁らせることのできる創造的な深みが生まれうる。

そして、忘れてはならないのが、ユングの考えた無意識の世界、根を伸ばすべき地下の領域は、決してひとりきりのものではなく、周囲の他者との関わりが不可欠であるということだ。「個性化は常に関係を意味する」とユングは述べる(4)。自分自身と向き合うとはいえ、それは必ずしも自分の内面に閉じこもることを意味するのではない。目の前にいる他者とのきわめて実際的な相互作用を通してのみ、「自己実現」の過程を駆動することができるのである。

6．人生全体の物語

　本章の結びとして、2010年に日本で公開された映画『シングルマン』（2009年／アメリカ／監督：トム・フォード）を紹介したい。

　大学教授のジョージは、8か月前に16年連れ添った年下の恋人ジムを突然の交通事故で喪う。電話で訃報を受けただけで、死に目には会えず、同性愛への偏見ゆえに、葬式に出ることすら許されなかった。はたからみれば、経済的にも豊かで何一つ不自由ない完璧な人間にみえるジョージだが、それからというもの、毎朝1日が始まるのが苦痛で、靄のなかにいるかのようだった。この映画は、そんな彼がついに孤独な生をあきらめ、自殺を決行する覚悟を決めた1日を追う物語である。ピストルに込める弾丸や遺書を用意し、身の回りを整理して、着々とこの世を去る準備を進めていくジョージ。しかし、これで最後だと思って眺める世界は、このうえなく美しい。いつもと変わらぬ隣人、同僚、友人たちの些細な振る舞いが、何とも別れがたいものとして、ほとんど色彩のない彼の世界に、鮮やかな色彩をもって現れてくる（実際に画面がつかの間彩度を増す）。物語のラスト、彼はほんの一瞬だがたしかに明晰な、世界が清新に浮かび上がるような瞬間に出会う。それは「現在」への覚醒であった。物語自体は意外な結末を迎えるが、人生の午後の危機にある人間が見いだす新たな希望を印象的に描いた作品であるといえる。

　狭い意味での「発達」の先を射程に入れるとき、右肩上がりの上昇の物語は相対化され、死までを含めた人生全体の探求の物語が浮かび上がる。自分や周りの他者が人生グラフのどの位置にあり、その人の人生の木のどの部分を成長させる段階にあるのかを意識したとき、日々の悩みや他者との関係性のあり方が少しずつ変容を遂げていくのではないだろうか。

図14-4　『シングルマン』
出所）DVD『シングルマン』ギャガ、2018年。

注

（1）　C. G. ユング（鎌田輝男訳）「人生の転換期」『現代思想 総特集＝ユング』青土
　　　社、1979 年。

（2）　本来一つにまとまっているべき記憶や意識、知覚や同一性の感覚が分断して感
　　　じられる障害のこと。ある出来事の記憶が抜け落ちたり、気づかぬうちに別の人
　　　格に取って代わったりといった症状が出ることがある。

（3）　C. G. ユング（老松克博監訳・工藤昌孝訳）『哲学の木』創元社、2009 年、56
　　　頁。独語版ユング全集第 13 巻 §304 より一部改訳。

（4）　C. G. ユング（氏原寛・老松克博監訳）『ヴィジョン・セミナー』創元社、2011
　　　年、1449 頁、一部改訳。

【読書案内】

①鈴木忠・西平直『生涯発達とライフサイクル』東京大学出版会、2014 年。
　認知心理学と教育哲学という異なる研究分野にある 2 人の著者が、「生涯発達」を
一つの思想として取り上げた本。現代心理学の歴史やエリクソンの思想がそれぞれの
立場から章ごとに交互に論じられており、読むほどに深い理解を得られるとともに、
章同士を橋渡しする著者相互のコメントも魅力的。

②河合隼雄（河合俊雄編）『昔話と日本人の心』岩波現代文庫、2017 年。
　日本にユング心理学を広く紹介した著者が、「浦島太郎」や「鶴女房」といった日
本の昔話を通して、自我と無意識の関係や人間の心の成長、日本人の心の特性につい
て論じた本。心理療法の専門家である著者ならではのオリジナリティ溢れる切り口で、
よく知る物語と新たに出会い直すことができるはず。

参考文献

E. H. エリクソン／J. M. エリクソン（村瀬孝雄・近藤邦雄訳）『ライフサイクル、そ
　　の完結』みすず書房、2001 年。

C. コッホ（岸本宏史ほか訳）『バウムテスト第 3 版』誠信書房、2010 年。

鈴木忠・西平直『生涯発達とライフサイクル』東京大学出版会、2014 年。

西川隆蔵・大石史博編『人格発達心理学』ナカニシヤ出版、2004 年。

C. G. ユング（老松克博監訳・工藤昌孝訳）『哲学の木』創元社、2009 年。

C. G. ユング（氏原寛・老松克博監訳）『ヴィジョン・セミナー』創元社、2011 年。

（小木曽由佳）

第15章
子どもっぽい大人は未熟か？
生涯発達における直線的発達と円環的発達について

1．人間の発達はまっすぐ進むか？

はじめに――ある事例から

　心理療法を専門とする筆者が臨床現場で出会った、1人のクライエントの話から始めたい。彼は重度の自閉症スペクトラム障害の成人男性で、言語によるコミュニケーションはほとんどとれず、社会適応も困難であった。筆者は個別面接のかたちで、このクライエントと10年間お会いし続けた。

　一般に、いわゆる**発達障害**を抱えた方々に対しては、それぞれの特性に応じた発達支援や療育などを行い、社会適応の向上を目指すことが多い。そうした援助はもちろん有益なのだけれども、支援の根拠となる発達検査が前提としているのは、定型的な発達段階である。そして、いわゆる定型発達者に対して、彼／彼女らは到達すべき段階に進むことが「遅れている」、あるいはそれ以前の段階に「とどまっている」、あるいは各発達特性に「偏りがある」者とみなされることになる。

　ところで、筆者のクライエントは、ときとして純朴な子どものようであり、老成した賢者のようであり、そして気難しい中年のようでもあった。不安で緊迫したときは、野性的な動物の気配さえ感じさせられた。そこには多様な生命感とその振幅があった。そして彼と過ごす心理療法の時間は、つねに同じことの繰り返しであったが、同時にいつも新しい瞬間のようでもあった。

　本章では、この事例を起点として、直線的な発達観を補完し、人間の発達について示唆するところが多いと思われる「円環的発達[1]」という観点について、さまざまな例を挙げつつ考えていきたい。

方向と順序をもった発達段階

　発達心理学は、未来へ向かって進歩していく近代的なものの見方の産物である[2]。私たちは皆、赤ん坊として生まれ、平等に年老いて、いずれ必ず死んでいく。それゆえ、人間の生涯にわたる発達は、時間軸に沿って過去から未来へと進んでいく方向性をもった直線的なプロセスとして捉えられることが多い。さらにそのプロセスは、連続的な順序性をもつため、いくつかの段階に分けて考えることができる。

　自我心理学者・精神分析学者の**エリクソン**（Erikson, E.H. 1902–1994）は、**ライフサイクル**（life cycle）という観点から、人間の生涯発達を乳児期から老年期まで八つの発達段階に分けて包括的に捉えた。さらに各発達段階は、それぞれ特徴的な心理−社会的危機によって描き出されている。たとえば、青年期の発達課題はアイデンティティ（自我同一性）の確立であり、それに続く前成人期の発達課題は親密性の獲得とされる（14 章参照）。つまり、自分自身を確立したのちにパートナーとの親密な関係を築いていくという順序が大事になる。もし自分自身のことがよくわかっていないうちにパートナーをもつと、その相手からの影響によって自分が大きく変化させられ、本来の自分のあり方が何なのか、ますますわからなくなってしまう、というわけである。

　また、エリクソンは心身が適切な速度と順序で経時的に成長・変化する様子を、漸成（epigenesis）という概念によって表現した[3]。乳児は首が据わり、肩を回して寝返りが打てるようになり、腰がしっかりしてお座りができるようになり、やがて足の力が付いて立ち上がり、歩き出す。このように人間の発達は、前の要素に後の要素が徐々に加わり、方向性をもった段階を踏んで成長することによって、次第に全体として統合されていくと考えられる。

　子鴨が親のあとをついて行く刷り込み（imprinting）や、脳神経器官の発達、あるいは母国語の習得などでは、臨界期（critical period）と呼ばれる特定の時期の存在が指摘されている。その決定的な時期に正常な発達ができないと、当該の器官や機能のみならず、その他の発達にも多大な影響を及ぼす。このように過去が原因となり、現在の結果が生じ、未来へつながっていくという直線的な発達モデルによって人間を捉える代表的な例としては、ほかにもピアジェ（Piaget, J. 1886–1980）の認知発達論や、ボウルビィ（Bowlby, J. 1907–1990）の愛

着理論などが挙げられるだろう。

　直線的な発達観、すなわち発達とは方向性と順序性をもっており、経時的な原因と結果の積み重ねによって成り立つという見方は、成長と変化のプロセスを捉える際に非常にわかりやすい。そもそも発達という概念が、人間の変化を時間という尺度によって捉えるという前提条件をもっている。生後8か月頃の乳児には人見知りがあり、2歳頃には第1次反抗期を迎え、6歳で小学校に入る。そのような見方からすれば、人は子どもから大人へと移り変わっていくわけであり、元服した武士が幼名に逆戻りしたり、二つの存在様式を同時に生きたりすることはありえないように思われる。

直線的ではない発達と時間

　現代の日本では、赤ちゃんが健やかに大人に育つことは珍しいことではなくなっている。これは大変望ましい状況である一方で、時間が経てば次々と発達段階を経ていくことが当然となってしまうと、私たちはつい次のこと、先のことに目が行きがちで、いまこの瞬間にその人が生きて存在していることの意味を見失いかねない、とは言い過ぎだろうか[4]。厚生労働省の人口動態統計をみてみると、1918年の時点で、生後1年未満の乳児死亡率は1000人当たり188.6であり、5人に1人の子どもが乳児のうちに亡くなっていた計算になる。しかし100年後、2017年の統計では過去最低の1.9、じつに100分の1の水準にまで向上している。つまり、一定の時間を経て次の発達段階へ進むということは、かつて当たり前のことではなかったのである。

　同じ「60分間」でも退屈なときと、楽しくてあっという間に過ぎるときがあるように、時計によって測られる時間と主体的に体験される時間とはまったく異なる。芸術家の多くは人生の終盤に差し掛かって、すなわち死を目前にし

たとき、創造性が再度高まることが知られている。青年期なのに中年期のような悩みを抱えている人もいれば、一見、後退しているようにしか思えない前進もある。学校教育や心理臨床の現場における多くの事例が物語るように、人は周囲との関係のなかで行きつ戻りつしながら育っていく。人生の時間は決して均質で一定の流れではない。

　宗教学者のエリアーデ（Eliade, M. 1907–1986）や人類学者のレヴィ＝ストロース（Lévi-Strauss, C. 1908–2009）は、異なった学問的文脈から、人間の**時間意識**について、一方向に流れていく通時的な時間と周期を繰り返す共時的な時間とが平行する構造にあることを明らかにした。それゆえ"原始人も近代人も、ともにこの現実の世界が、くりかえすものと一回的なもの、可逆的なものと不可逆的なもの、恒常的なものとうつりゆくものとの両方から成ることを知っている(5)"。時間は、連続的な流れとしても体験されるし、循環するもの、つねに変わらないものとしても体験されるといえる。

　さらに哲学者の大森荘蔵（1921–1997）は、過去・現在・未来を一つの時間軸上の運動や流れとしてみることには無理があり、過去と未来の時間順序はあくまで現在の思考経験のなかで思われているのであって、運動や流れは現在経験のみに帰属すると明言している(6)。つまり、過去や未来は、現在という経験のなかでその都度、思考され、意識されるということだ。もし発達や時間というものが不可逆かつ一方向的な流れでしかないのであれば、不幸な幼少期を体験した人は、その過去によって生涯苦しむしかない。けれども、「鬼のような親をもった」と感じて悩み続けていた人が、カウンセリングの過程を通じて、「親は心を鬼にして、苦労しながら私を育ててくれた」という心境の変化を経験する例も珍しくない。過去は遠い不変のものではなく、いまを生きる私たちの只中にあり、そこで変化していくといえよう。

　もちろん、先述した臨界期のように、発達には不可逆的な側面・要素もある。しかし現代では、男女問わず、さまざまなキャリアやライフコースが用意されている。多くの人が長い老年期を生きることになり、さらに人生のモデルや価値観は多様で複雑になった。どのように生き、どのように死んでいくのか、その未来には、よくいえば大きな可能性が広がり、悪くいえば不透明さと不安感が横たわっている。そんな現代の社会において、定型的で進歩的で直線的な発

達観をもつだけでは、なかなか先に進めない苦しみを受容したり、いまここの存在そのものに価値を見いだしたり、老いや病、ひいては死という一見ネガティブにみえるものを自らの人生のなかに受け入れていくことはきわめて困難になるのではないだろうか。

——ワーク15−1——

物心ついたときの自分と現在の自分を比べて、成長・変化したところと、いつまでも変わらないところを挙げてみよう。そして、将来どんな自分（大人、中年、高齢者）になりたいか、考えてみよう。

....

....

....

....

....

....

2．あなたは大人なのか？　子どもなのか？

発達加速現象と青年期の延長

　発達段階のうち、思春期と青年期はともに子どもから大人への移行期を表している。とくに思春期は身体的な成熟のときを、青年期は心理・社会的に「大人になる」ときを指すことが多い。生物学的に考えれば、幼体が成体になっていくというのは時間経過による必然の成熟過程であろうが、心理学的に考えると、話はそう簡単ではない。

　現代では身体的な成熟、すなわち思春期の訪れは徐々に早くなっていることが知られている。この100年間で女子の初潮年齢は3歳ほども早くなり、12歳男子の身長は約20センチも高くなっている。これを**発達加速現象**と呼ぶ。現代ではTVや雑誌とともに、インターネットやSNSの普及により、性的な情報においても大変な早熟化をしている。

　一方、心理−社会的な成熟、つまり青年期の終わりは延長され、30代半ば

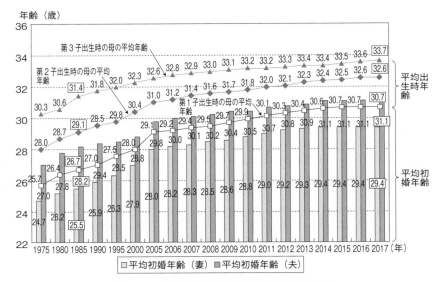

年齢（歳）

図 15-1 平均初婚年齢と母親の平均年齢年次推移
出所）厚労省人口動態統計、令和元年度少子化社会対策白書（内閣府 HP より）。

までを含むようになってきた。目安として、1975 年の初婚年齢の平均は男性
27.0 歳、女性 24.7 歳であったが、2017 年では男性 31.1 歳、女性 29.4 歳とな
り、約 40 年でそれぞれ 4.1 歳、4.7 歳上昇している（図 15-1）。また『子ど
も・若者白書』（内閣府）では、従来 34 歳までだった「若年無業者」の定義が、
2018 年以降、現状を鑑みて 39 歳までに変更された。子どもから大人への移行
が現代では長期化しており、身体・性的には早々に成熟するけれども、心理・
社会的には大人ではないというアンバランスな時期が長く続く。このことは必
然的に「大人とは何か？」という意識に影響を与える。

「大人とは何か？」という問い

　私たちはいかにして心理－社会的に〈大人〉になるのだろうか？　古来、伝
統的社会において共有されてきた成人儀礼・通過儀礼のことを、**イニシエー
ション**と呼ぶ。たとえば、大人になるべき年齢に達した者が、聖なる場所へ隔
離され、命がけの試練を受ける。そのようにして、〈子ども〉としての自分が

死に、〈大人〉として新たに生まれる。ある人がまったくの「別人」になるような「実存条件の根本的変革[7]」を生じさせるために、イニシエーションのなかでは「死と再生」のイメージとシンボルが欠かせない。バンジージャンプなどがその好例だろう。

　現代の日本の成人式はどうだろうか？　幼い頃の仲間たちと騒いだり、思い出話に興じたり、「死と再生」の儀式というより「子ども返り」の場にすぎないことが多いのではなかろうか。もちろん、それはそれで悪くない人生の1ページであろう。だが古来、さまざまな文化や共同体のなかで共有されていた制度としてのイニシエーションが、明らかに現代の日本では失われている。

　「年寄」とは本来、歳月を重ね、深い知恵を身につけた指導者のことであったが、いまや高齢者を蔑む言葉として使用は控えられる。老いても長く現役を続けることは「老害」と呼ばれて敬遠されるし、いつまでも若く美しくいる女性は「美魔女」と呼ばれて褒め称えられる。〈大人〉とは何か、老いることの意味は何か、その価値観はかつてないほどに揺らいでいる。

　言い換えれば、〈子ども〉と〈大人〉の境界線が曖昧になり、〈大人〉の定義が多様になった時代を私たちは生きている。そうした状況における「大人とは何か？」という問いは、共有されるものが見つけにくいために、必然的に個々人による「自分探し」の旅に近似してくる。

　周知の通りエリクソンは、多様な「私」イメージを、単一の、連続性とまとまりをもった自我同一性＝アイデンティティとして集約させることを青年期の発達課題とした。しかし、アイデンティティの確立こそ大人になるためのステップであるならば、同一性の拡散、つまり自分というものが単一のイメージに集約されていないことはそのつまずきであり、大人になりきれていない証となるだろう。だが、はたして「私」とは、それほど単一なものだろうか？

大人のなかにある〈子ども〉、子どものなかにいる〈大人〉

　自分が〈大人〉であるかどうか、しばし自問自答してほしい。もしかすると、あなたはいつも落ち着いていて冷静で、合理的で客観的な人かもしれない。つねに節度を保ち、対人関係は安定していて、社会的にも精神的にも自立しているかもしれない。しかし、成熟した人間であるばかりではなく、〈大人〉であ

ると同時に〈子ども〉のようなところはないだろうか？

　精神分析の創始者**フロイト**（Freud, S. 1856–1939）は、レオナルド・ダ・ヴィンチの心理を分析して、以下のように述べている。

　　偉大なレオナルドは、総じてその全生涯にわたって、多くの点で子供のようなところがあった。偉大な人間はみな、何がしか幼児的なものを持ち続けなくてはならないと言われる。彼は大人になっても引き続きよく遊んだ[8]。

　一般に〈子ども〉っぽい大人はしばしば幼稚で未熟な人とみなされ、〈大人〉のような児童・生徒はよくできた子と受け取られる。換言すれば、直線的な発達観には時間経過にともなう人格的成熟という価値観が暗に含まれている。しかし、ここでは〈幼児的なもの〉が創造性の源として、まったく異なる角度から捉えられている。

　フロイトは、成人の神経症患者に対する精神分析を行うなかで、たとえば子どもの頃に十分に甘えることができなかった人が、さまざまな神経症の症状を出すことで、象徴的な形式をとって大人でも無意識的に甘えられることに気づいた。そして、そのことを意識化することこそが、神経症の治療となった。やがてフロイトは、神経症のみならず、一般に成人のパーソナリティの奥底には子ども時代の特徴が生きているという理解に至った。

　フロイトによれば、眠りや夢も退行（regression）、すなわち子ども返りの一種である。眠ることによって私たちは現実社会から一時的に退くわけだが、そこで〈子ども〉と〈大人〉を循環的かつ重層的に繰り返し、「前進するための退行」をしているのではないだろうか。摂食障害にみられるような成熟拒否など、恒常的で過度な退行は病的であるけれども、一時的な退行は健康なことであり、ときとしてきわめて建設的な、創造的退行さえありうる。

┌─**ワーク 15-2**─
あなたにとって「大人」とはどんな人だろうか？　就職や結婚など社会的な側面、アイデンティティの確立や情緒の安定など心理的な側面、思いやりや適度な依

存など関係性の側面、それぞれの側面からいくつかの条件を挙げて、自分なりの「大人」の定義を考えてみよう。

3．子ども時代をもう一度やり直すことはできるのか？

「永遠の少年」と「アダルト・チルドレン」

　逆説的であるが、〈大人〉として生きるためには、しっかりと〈子ども〉らしく生きていることが重要なようである。子ども時代に大人びて、〈子ども〉らしく生きにくかった人は、どうも子ども時代を引きずりやすい。子ども時代そのものに戻ることはできないが、大人になってから〈子ども〉を生き直すことができる場合もあるし、そこをうまく抜け出せない人もある。

　いつまでも成熟しきれず、社会適応に困難をきたすような人を「**永遠の少年**」と呼ぶことがある。分析心理学者・精神科医のユング（Jung, C. G. 1875–1961）が提唱した元型的イメージの一つである。それに囚われると、少年のような瑞々しい感性と未来への希望をもつ一方で、いつまでも自分が特別な存在であり、いつか何か重要なことを成し遂げられると考えながら、「本当の自分」を探し続ける。進路変更や転職を繰り返したり、特定のパートナーとの安定的な関係がもてなかったりする。人生上の重要な課題に直面することを避け、現実逃避的で母なるものへの依存傾向をもつ。臨床心理学者の河合隼雄（1928–2007）は、イニシエーションを欠いた現代の日本は「永遠の少年」型社会であると指摘している[9]。

　身体的には成熟した大人でありながら、内面的に子ども時代を引きずっているもう一つの例として、**アダルト・チルドレン**が挙げられるだろう。この言葉

は現代人の生きづらさをよく表す概念として、1980年代から90年代にかけて大きな話題となった。狭義にはアルコール依存症の親のもとで育ち、適切な養育が得られなかったため、子どもにもかかわらず親をサポートする役割を果たすなど、心理的に早熟せざるをえなかった人たちのことを指す。しかし現在ではより広い意味で、機能不全の家庭で育ったために、子ども時代をやり残したまま大人になった人たちという意味で用いられることが多い。

　アダルト・チルドレンと呼ばれる人たちは、表面的な対人場面ではしっかりした大人のように振る舞えるが、一歩深い人間関係に入ると対人関係や自己イメージに不安定さを示す。基本的信頼感、対象恒常性、感情の適切な表出や衝動のコントロールなどに困難を抱えていることも多い。つまり、アダルト・チルドレンや「永遠の少年」を生きる人たちにとっては、いままさに成人している自分の内に、生きにくさを抱えた〈子ども〉の自分が生きているといえる。それゆえ、成人してから自分自身の「内なる親」との関係を清算したり、「内なる子ども」を癒したりすることが求められる。これも一見、発達段階の後戻り、退行現象にみえるけれども、いまここの自分のなかにさまざまな発達段階の自分が同時に生きているという点にこそ注目したい。

虐待と解離

　別の例からみてみよう。児童虐待を受けた被虐待児は、みずからが親になったとき、自分自身の子どもに虐待をしやすい。これは「虐待の世代間連鎖」として知られている現象だが、その背景には「攻撃者との同一化」という仕組みがはたらいているとされる。つまり、被虐待児は虐待者であった親と無意識に同一化し、自分が親として同じ行動をとってしまうのである。もちろん、虐待を受けた人であっても、自分の子どもをうまく愛せないことに葛藤しながら、子育てを通して自らの子ども時代の体験を乗り越えていく方もいる。

　また、被虐待児は成人してから解離性同一性障害、いわゆる多重人格になることがある[10]。たとえば、つらい子ども時代を過ごして、〈子ども〉の交代人格を抱えることになった人がいる。その交代人格とは、適切に生きられなかった子ども時代のその人自身であるが、それは単なる過去の体験のコピーではない。交代人格はしばしば成長し、加齢する現象すらみられる[11]。つまり、過

去の自分は現在の自分によって再編・再創造されうるといえる。つらい過去そのものは消せないが、現在の自分のあり方によって、過去の影響（認知、イメージ）は大きく変化しうるのである。

　児童虐待ほどシビアな例でなくとも、子育てに困難を抱える親のなかには、自分自身の子ども時代や親子関係との折り合いがついていない人が少なくない。しばしば「育児は育自」といわれるが、それは子育てというものが自分の過去や「内なる親」、あるいは「内なる子ども」としての自分自身と向き合う作業でもあるからであろう。私たちの内には、多様な時間と存在が生きている。生の重層性が、私たちに過去を乗り越えさせてくれるとともに、私たち一人ひとりの固有でかけがえのないライフサイクルを形づくる。

ライフサイクル、「私の人生」の一回性

　ここまでみてきた通り、人間の成長・変化は、直線的な発達モデルだけでは捉えきれない。そこで有効になるのが、循環するものとして発達を捉えるらせん的発達モデルや、発達の重層性・唯一性を重視する円環的発達モデルである（図15-2参照）。紙幅の関係で詳しく触れる余地はないが、らせん的発達モデルはフロイトに始まる精神分析的な発達理論や**レヴィンソン**（Levinson, D. J. 1920–1994）の生涯発達論、円環的発達モデルは**ユング**の個性化理論がその好例なのではないかと思われる。そして、本章で紹介してきたエリクソンのライフサイクル理論とは、一見、単純な直線的発達モデルのように理解されがちであるが、じつのところらせん的でもあり、さらには円環的な発達観も含意され

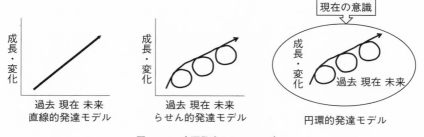

図15-2　生涯発達の三つのモデル

ていると考えられるのである。

　サイクルという言葉には、二つの意味が含まれている。一つは、ぐるぐると回る、循環するということ。ライフサイクルは「人生周期」と訳されることもあるように、直線的に一方向へ進むだけでなく、以前の段階の発達課題を周期的に繰り返したり、後戻りしたりしながら進んでいく。たとえば、みずからの人生を生まれたての赤ん坊のように全面的に受け入れることが老年期において重要な課題になったり、思春期・中年期になって幼児期のような自立と依存の葛藤を抱えたり、あるいは小さな子どもの内面に将来のアイデンティティ形成の基礎があったりする。ライフサイクル理論に内包された、このような循環による発達という側面を強調しているのが、らせん的発達モデルである。

　もう一つの意味として、輪には始まりも終わりもないということが挙げられよう。すなわち輪や円環は、包括的な全体性と唯一性を象徴する。これまでみてきたように、〈子ども〉から〈大人〉まで、人生のはじめから終わりまで、「私」の現在の意識のなかには重層的な生と存在の様式が息づいている。なおかつ、無限にも思われる時間のなかで、「私」の人生は限られていて、ほかならぬ「私」固有のものである。「私」のライフサイクルは、一回きりで唯一無二、重層的でありながら他の誰とも異なったものである。

　繰り返しになるが、直線的な発達観は無意味ではない。段階ごとにどのような課題があるのか知ることで、私たちはよりよく生きるヒントを得ることができるし、遅れや偏りを把握し、支援に役立てることもできる。しかし同時に、直線的な発達観およびそこに含まれる経時的な時間概念を補完する視点として、主体によって生きられている時間のもつ循環性や重層性、あるいは全体性や唯一性に思いを致すことは、発達・教育の現場に関わるときに不可欠な視点であるように思われる。本章では、そうした発達のモデルを、直線的発達に対する円環的発達という観点によって示した。

　最後に、冒頭に挙げたクライエントについて再度触れたい。ご家庭の事情により、彼は施設入所が決まり、筆者との10年におよぶ心理療法のプロセスを終えることとなった。そして最終回となった面接の途中、彼は筆者の前で、安心した様子で赤ん坊のようにスヤスヤと眠り始めた。別れを目前にした穏やかなその眠りは、私たちの人生の始まりと終わりを体現しているようであり、ま

た、永遠にも思われる大切な時間であった。

┌─── ワーク 15‒3 ───
│ 幼馴染、中学・高校・大学時代、バイト先など、別の時期に別の場面で出会っ
│ た友人たちと会話する場面を想像してみよう。幼馴染と大学の友達、同時に 2
│ 人と会うと、気まずい感じがするかもしれない。あなたのいまここのなかには、
│ さまざまな発達段階の自分が生きていないだろうか？
│ ---
│ ---
│ ---
│ ---
│ ---
│ ---
└

注

（1）　本章で示した円環的発達は、らせん的発達モデルと近似している。しかし、後者が循環しつつ進行していくことを強調するのに対して、後述の通り、前者は循環することよりも包括的な全体性と一回性を重視する。いずれにせよ、直線的・らせん的・円環的発達モデルは、それぞれの長所があり、補い合いつつ、人間の発達を捉えていくことができるだろう。

（2）　やまだようこ「生涯発達をとらえるモデル」無藤隆・やまだようこ編『講座生涯発達心理学　第 1 巻』金子書房、1995 年、76 頁。本章は筆者の心理臨床経験から成り立つものであるが、それに加えてこのやまだの論に依るところも大きい。ただし、やまだの挙げる円環モデルは回帰し循環するとされており、本章でいうらせん的発達モデルに近く、円環的発達モデルとは異なる点も多いように思われる。

（3）　エリクソン（村瀬孝雄・近藤邦夫訳）『ライフサイクル、その完結』みずず書房、1989 年。

（4）　これは平均寿命の延伸にともない、「長老」が貴重でなくなり、老年期の尊厳が失われつつあることとパラレルな現象であるといえる。

（5）　真木悠介『時間の比較社会学』岩波現代文庫、2003 年、62 頁。

（6）　大森荘蔵『時は流れず』青土社、1996 年、90‒101 頁。

（7）　エリアーデ（堀一郎訳）『生と再生』東京大学出版会、1917 年、4 頁。

（8）　フロイト（高田珠樹責任編集）『フロイト全集11』岩波書店、2009年、84頁。

（9）　河合隼雄『母性社会日本の病理』講談社＋α文庫、1997年、40頁。

（10）　ここでいう「解離」とは記憶や感情の一部を人格から切り離す無意識的な心の
　　　はたらきであり、虐待のほか、戦争の帰還兵や悲惨な事件・事故の被害者にもみ
　　　られる。耐え難い体験から身を守るための防衛機制の一つであるがゆえに、病的
　　　な解離から適応的な解離までありうる。

（11）　岡野憲一郎『解離性障害』岩崎学術出版社、2007年、47頁。

【読書案内】

①河合隼雄『こころと人生』創元こころ文庫、2015年。

　　日本の臨床心理学の第一人者によるライフサイクルに関する講演録。子ども・青年
期・中年期・老年期のテーマに沿って、とても平易な言葉で臨床の深い知恵が語られ
ている。笑い溢れるライブ感も伝わってくる。

②齋藤環『思春期ポストモダン』幻冬舎新書、2007年。

　　現代日本の文化的状況に造詣の深い精神科医による若者・社会・成熟のあり方につ
いての鋭い考察。日本と西洋の自立イメージの違いと文化的不適応との関係について
の指摘など、読んでいて目から鱗が落ちる。

参考文献

エリアーデ（堀一郎訳）『生と再生』東京大学出版会、1971年。

エリクソン（村瀬孝雄・近藤邦夫訳）『ライフサイクル、その完結』みずず書房、
　　1989年。

フロイト（高田珠樹責任編集）『フロイト全集11』岩波書店、2009年。

河合隼雄『母性社会日本の病理』講談社＋α文庫、1997年。

河合隼雄『生と死の接点』岩波現代文庫、2009年。

真木悠介『時間の比較社会学』岩波現代文庫、2003年。

信田さよ子『アダルト・チルドレンという物語』文春文庫、2001年。

岡野憲一郎『解離性障害』岩崎学術出版社、2007年。

大森荘蔵『時は流れず』青土社、1996年。

やまだようこ「生涯発達をとらえるモデル」無藤隆・やまだようこ編『講座生涯発達
　　心理学 第1巻』金子書房、1995年。

（井上嘉孝）

第16章
発達障害はなおさなきゃダメ？
発達凸凹から発達障害支援を考える

1.「発達障害」の子どもはどのくらいいるの？

　発達障害についてどのようなイメージをもっているだろうか。近年、著名人が発達障害であることを公表することも多く、発達障害についてよく知られるようになってきた。「アスペルガー」や「ADHD」という言葉を耳にしたり、口にしたりしたことがある人も多いだろう。しかし、実際に発達障害の定義について詳しく説明できる人は少ない。

　そもそも、発達障害の子どもは、どれくらいいるのだろうか。文部科学省が平成24年に実施した「通常の学級に在籍する特別な教育的支援を必要とする児童生徒に関する全国実態調査」では、高機能自閉症、学習障害、注意欠陥多動性障害のチェックリストに当てはまる児童生徒の割合は6.5%であった[1]。30人から40人の学級であれば1クラスに2人か3人、教師からみて、発達障害の可能性がある児童生徒がいることになる。また、近年の研究では、発達障害を有する人々は、軽度（グレー）も含めると10%程度ということもいわれており[2]、それほど珍しい存在ではないといえる。

　発達障害は珍しいものではなく、最近ではよく知られるようになってきているが、「発達障害」という言葉が独り歩きして、その子どもの全体像がみえなくなっていることも多いように思われる。本章を通して、発達障害をどのように理解したらよいか、あらためて考えてみよう。

2. 発達障害の子どもとは？

二つの診断基準

　発達障害の診断基準は大きく分けて二つある。一つはアメリカ精神医学会が作成している「精神疾患の診断・統計マニュアル（DSM）」で、2013年に改訂された第5版が最新である。もう一つが「国際疾病分類（ICD）」で、世界保健機関（WHO）が作成している。DSMは主に医療領域で用いられる、精神疾患に限定したマニュアルであるのに対して、ICDは行政や司法の領域で主に用いられ、対象疾患も疾患全般にわたる。後述する発達障害者支援法における発達障害の定義も、ICD10に基づいている[3]。

　いずれの診断基準においても、発達障害は、生まれつきの何らかの脳機能障害によって生じると考えられており、育て方が原因で起こるものではないとされている[4]。このほか、幼少期からその特徴がみられること、発達障害の行動的特徴を有するだけでなく、その特徴によって社会生活のなかで「困っている」ことが診断基準に含まれている。

　診断名や診断基準は、時代ごとの「発達障害」の捉え方を反映するものである。そのため、この二つの診断基準を理解しておくことで、診断名を独り歩きさせることなく、その子どもの実際の姿に沿った理解が可能になる。

近年の発達障害の見方——スペクトラムと発達凸凹

　DSM5、ICD11でも採用された「自閉スペクトラム症（Autism Spectrum Disorder：以下、ASD）」という診断名にも表れているように、近年、発達障害を有する子どもを、定型発達との連続線上で捉える考え方が一般的になっている（図16-1）。

　これまでの自閉症をめぐる考え方では、自閉症の特徴があり、かつ知的な遅れがみられる場合に「自閉性障害」、知的な遅れがみられない場合には「アスペルガー障害」というように、カテゴリ分けがされていた。しかし、ASDという概念では、「その特徴をわずかにもつ者から多くを複合してもつ者まで、うまく社会に適応できる者からなかなか難しい者まで、知的に一般人より高い

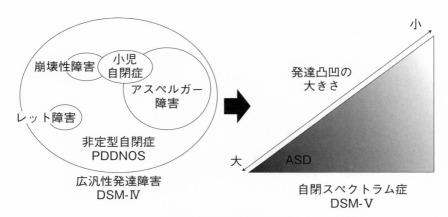

図 16−1　スペクトラムによる理解

出所）杉山登志夫「発達障害から発達凸凹へ」『小児耳鼻咽喉科』35 巻 3 号、2004 年、182 頁を筆者が一部改変して作成。

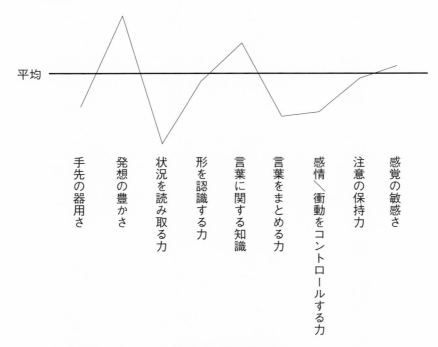

図 16−2　発達凸凹の例

出所）星野仁彦「発達障害に気づかない大人たち——思春期までの気づきと職業選択が重要」第 19 回日本言語聴覚学会、2018 年を参考に、筆者作成。

者から低い者までの多様なパターンを、連続的に含んだ複合体である⁽⁵⁾」と
捉えるようになっている。

　前項で述べたように、発達障害の要因としては脳の機能障害が想定されてい
るが、杉山登志夫は、この発達障害の素因（なりやすさ）である脳の機能障害
を、「発達凸凹（でこぼこ）」と表現している⁽⁶⁾。発達凸凹がある人は、苦手
なことはもちろんあるが、得意なことは周囲と同じぐらい、あるいはそれ以上
に得意なのである（図16-2）。

　難しい言葉を使う、知識が豊富な子どもが、授業には興味を示さず机に突っ
伏している状況を考えてみよう。周囲はこうした姿を見て、「怠けている」「反
抗的だ」と思うかもしれない。しかし、実際には興味がある分野の記憶力には
長けているものの知識にムラがあったり、一斉授業の形では説明が頭に入って
こなかったりといったことが行動の理由になっていることがある。

　誰もが得意なこと、不得意なこと（発達凸凹）をもっているのだが、この発
達凸凹が大きい場合には、集団生活の中で困ることは当然多くなるし、周りの
子どもたちと同じようにできない自分に自信を失ってしまうこともある。たと
えば、図16-2の子どもの場合、豊かな発想力をもっているけれども、手先が
不器用で形にするのが難しく、納得がいかない経験が多くなるかもしれない。
こうした、発達凸凹によって家庭や、学校、会社などでの集団生活、社会生活
で困った状況になることを、「発達障害」と捉えるとよいだろう。

┌─**ワーク16-1**──────────────────────────
│ 自分の得意なこと（凸）、不得意なこと（凹）について考えてみよう。
│ ....
│ ....
│ ....
│ ....
│ ....
└────────────────────────────────────

3．発達障害を有する子どもの実際の姿

　第2節で述べたように、発達障害の子どもたちの認知運動機能は、同年代の子どもに比べて凸凹が大きく、そうした凸凹から、得意な行動、苦手な行動が現れる。それぞれの発達障害の診断基準についてはDSMやICOで明確に定められているが、学校生活のなかで、具体的にどのような行動で現れるかを知っておくと、支援が必要な子ども、困っている子どもを見つける助けになる。以下は、主な発達障害である、ASD、注意欠如多動性障害（Attention-Deficit Hyperactivity Disorder；以下、ADHD）、学習障害（Learning Disorder；以下、LD）の傾向のある子どもが、学校場面で困る行動の例である。なお、これらの項目は、筆者が児童精神科クリニックにおいて、臨床心理士、公認心理師として勤務した経験に基づいて作成したものである。

ASD の特徴
・クラスメートとの距離間がつかみにくい（例、初対面の相手にプライベートな話をしたり聞いたりしてしまう）
・自分の興味関心のある話題を一方的に話してしまう
・冗談、比喩が通じにくい
・身振り、手振りが過小／過剰
・独自のルールややり方があり、柔軟に対応することが難しい
・音やにおい、触り心地に敏感（クラスメートの話し声や電車内の香水への苦痛が周りよりも大きい）

ADHD の特徴
・言葉より先に手が出てしまう
・そわそわと落ち着かない、絶えず何かをいじっている
・授業中や宿題の途中でぼーっとしていて、別のことを考えているように見える
・荷物の整理ができず、机の中やロッカーが片づかない

・忘れ物、失くし物が多い

・目の前のことに気を取られて、長期的な計画を立てられない

LD の特徴

・話し言葉には問題ないが、スムーズに文章を読むことができない

・読みながら内容を理解することが難しい

・鏡文字になる

・一つの漢字をひとまとまりで認識できない

・b と d、p と q などの区別がつかない

・数の大小がわからない

・繰り上がり、繰り下がりの計算ができない

　これらの特徴のうちの一つでも当てはまると発達障害であるというわけではない。反対に、すべて当てはまらないと発達障害といえないというわけでもない。同じ ASD をもつ子どもであっても、それぞれ行動の現れ方は異なるので、これらの特徴がいくつかみられた場合には、発達凸凹がある可能性を考えたうえで支援を検討するとよいだろう。

── ワーク 16 − 2 ──

小学校、中学校、高校を思い浮かべてみよう。ASD、ADHD、LD の行動特徴はそれぞれの年代で「困る」だろうか？　困る場合、「誰が」困るのだろうか？

４．発達障害を有する子どもへの支援

制度の歴史の概観

　発達障害者への公的な支援の歴史は 2005 年の「発達障害者支援法」の制定に遡る。翌 2006 年には学校基本法が改訂され、2007 年 4 月より、特別支援教育が開始された。発達障害を有する子どもに、特別な教育的配慮を行うべきであるという指針ができてからまだ 10 年あまりしか経っていないのである。

　特別支援教育の発展についてみてみよう。文部科学省では、公立の小中学校を対象に、特別支援教育に関する調査を毎年実施している。ここでは、通級による指導を受けている児童生徒の総数の推移を取り上げる（図 16-3）。平成 29 年度のデータをみると、「自閉症（本章でいう ASD）」の児童生徒が 1 万 9567 人、「注意欠陥多動性障害（本章でいう ADHD）」の児童生徒が 1 万 8135

＊各年度 5 月 1 日現在。

＊「難聴その他」は難聴、弱視、肢体不自由および病弱・身体虚弱の合計である。

＊「注意欠陥多動性障害」および「学習障害」は、平成 18 年度から通級指導の対象として学校教育法施行規則に規定（あわせて「自閉症」も平成 18 年度から対象として明示：平成 17 年度以前は主に「情緒障害」の通級指導の対象として対応）。

図 16-3　通級による指導を受けている児童生徒数の推移

出所）文部科学省初等中等教育局特別支援教育課「平成 29 年度通級による指導実施状況調査結果について」、2018 年。

人、「学習障害（本章でいう LD)」の児童生徒 1 万 6545 人、合計すると、5 万 4247 人が通級による指導を受けている。

　学校教育法で通級指導の対象として「自閉症」、「注意欠陥多動性障害」、「学習障害（LD)」が規定されることになった 2006 年度（平成 18 年度）から現在までの推移をみてみよう。これらの発達障害を有する児童生徒の通級利用がここ 10 年あまりで急増していることがわかる。発達障害を有する児童生徒が増えているという考えもあるが、それ以上に、怠けや本人の性格的な問題と捉えられることが減り、その児童生徒にあった教育環境を提供することが有効であるという考え方が、教員の間でも、保護者の間でも、徐々に浸透していっているようである。

　このように、子どもたちが長い時間を過ごす学校においても、発達障害を有する児童生徒が支援を受けられる制度が整ってきた。発達障害を有する児童生徒には、どのような支援が有効であろうか。

いまできていることを見つけてほめる

　発達障害を有する子どもをサポートするときの基本として、できているところに注目して「ほめる」ことが挙げられる。ここでいう「ほめる」とは、「よくできたね」、「すごいね」といった言葉かけだけではない。漢字ドリルをしている最中、気が散ってしまった子どもに対して、「もう 3 行目まで終わったんだね！　あと 2 行だね！」のように、それまでの頑張りを認めて、ちゃんと見ているというメッセージを送ることも含まれる。漢字ドリルが最後まで終わったらそこでもう一度、「できたね！」とほめるのもよいだろう。

　発達障害を有する子どもに関わるとき、どうしてもできていないところに注目してしまう傾向がある。多くの場合、「将来社会に出ていくうえで困らないでほしい」という思いがあってのことだが、怒られたり、注意されたりする機会が増えて、「みんなのようにうまくできない」という自己意識ができてしまう。しかし、繰り返しになるが、発達障害を有する子どもには、発達凸凹がある。他の子どもに比べて苦手なこともあるが、周囲の子と同じように、あるいはそれ以上にできる部分もあるのである。

　特別なことではなくても、朝ひとりで起きて支度をして学校に行く、頼めば

きっかけ	行動	結果／対応
難易度の高い課題に ひとりで取り組む	ふらふらと立ち歩く	やり方を教えて もらえる

きっかけ	行動	結果／対応
何をしたらよいか 分からない	その場に立ち尽くす	「ちゃんとやって」 と怒られる

図16-4　応用行動分析の例

お手伝いをしてくれる、元気に挨拶ができるなど、一見当たり前と思われることでもよい。いま当たり前にできていることを理解し、それでよいと認めてくれる存在が発達障害の子どもの成長にとっては不可欠である。そういった大人のアドバイスであれば、子どもも少し聞いてみようかな、やってみようかなと思えるからである。

行動のレパートリーを増やす

　「問題行動」はつねに起きているわけではない。その行動が現れ、続いているのには何らかの「意味」がある。こうした考えに基づいて行われるのが応用行動分析（Applied Behavior Analysis：ABA）である[7]。応用行動分析は、ある行動を、「直前のできごと」と、そのあとに続く「結果」から理解しようとする手法である。直前のできごと、行動、結果に分けることで、変えられる選択肢が広がる。

　たとえば、授業中、難しい問題が出されたとき、体育祭や文化祭でクラスメートが練習をしているときなどに、その場にあった対応がわからずに、ふらふらとどこかへ行ってしまったり、大きな声を

出したりする子どもがいるとする。

　いずれの状況でも、周りの友達に聞いたり、先生に質問をしたり、いろいろな行動の選択肢が考えられるが、この行動のレパートリーが狭いのが発達障害の特徴である。思いつかないこともあるし、新しいことを試みて失敗するのが怖いということもあるのだろう。「わからないとき・困ったときには先生に質問をする／合図を決める」など行動のレパートリーを拡げていくことが助けになる。

環境に対するはたらきかけ

　ここで考えるのは、図16-4のきっかけへの対応である。たとえば、難易度の高い課題にひとりで取り組んでいるときに問題行動が多いのであれば、課題の難易度を下げたり、全体に指示を出したあとに個別に指示を出してあげる。また、体育祭や文化祭の片付けなど、いつもとは違う活動で、周りを見て何をしたらよいか柔軟に決めなければいけない状況で問題行動が起きるのであれば、事前にその日の流れを説明して、それぞれの場面での役割を具体的に指示するといった対応が考えられる。

　ほかにも、書くことが苦手で読書感想文に取り組めない子どもについて考えてみよう。「どんな話だった？」、「どう思った」と聞くと豊かな答えが返ってくるとしたら、タブレットなどを使って読書感想文を書くのもよいだろう。読みに困難を抱える子どもであれば、読み聞かせのソフトを使うという方法もある。可能な範囲で環境やきっかけを柔軟に変えることで、「読書感想文を書く」という目的の行動が引き出せる可能性があるのである。

ワーク 16-3

A君への対応について、行動のレパートリーを増やす、環境へのはたらきかけの二つの視点をもとに、思いつくだけ考えてみよう。

小学6年生のA君は、最近授業中に手遊びしていることが目立ちます。ノートはまったくとっていないわけではなく、ところどころキーワードのようなものが書かれていますが、つながりがなく、あとで見返してもよくわからないようです。先生からは、「A君、ちゃんと聞いている？」とみんなの前で注意される

ことが多く、クラスメートも先生の真似をして、「A君、ちゃんと聞いた？」と言うようになっています。最近、A君は、「どうせ僕なんか何をやってもダメなんだ」と投げやりな態度が目立ち、担任の先生がスクールカウンセラーにA君への対応について相談に来ました。

（思いつく対応）

　A君への対応として、どのようなものが思いついただろうか。プリント学習を取り入れて、今日何を学んだかわかりやすくする。あとで宿題の一覧を渡す。板書のタイミングで個別に指示が出せるように、座席を前のほうにする。みんなの前で注意せず、A君にだけわかる合図を決める。どの対応が正解ということはない。実現可能性はひとまず置いておいて、可能な限りたくさんの対応方法を挙げて、そのなかから、いまの環境で、A君にできる最善の方法を選んで試してみるとよい。

発達障害別の対応方法例

　発達障害を有する子どもは、一人ひとり生活している環境が異なり、どの特徴が強いかも異なる。結果的に、同じ診断の子どもでも、異なる行動がみられることから、ABA を用いた、個別の、オーダーメードの対応が有効なのである。とはいえ、障害別にある程度の傾向やパターンがある。図 16-5 に、発達障害別の対応方法例を紹介する。

5．発達凹凸と「付き合う」

　特別支援教育の整備が進み、発達障害についても社会的によく知られるようになってきた。発達凸凹による「できない」は、ほんの少しの工夫で「できる」に変わる可能性がある。発達凸凹は、「なおす」、「なくす」ものではなく、

ASD への対応例 ・具体的に指示をする 　例：「早くして」ではなく「7時10分までに着替えて」 ・感覚過敏がある場合には環境調整を 　例：耳栓の利用、粘土やのりを使う課題への配慮（セロハンテープなど代用の可能性を考える） ・こだわり、マイルールは可能な範囲で認めてあげる 　集団行動で認めることが難しい場合には、ルールの簡略化を検討する ・初対面の時の対応、人に聞いてはいけないこと、言ってはいけないことはパターン化して教える
ADHD への対応例 ・「やめなさい」ではなく、「いましてほしい行動」を具体的に伝える ・短く、順を追って説明する（一度に全部伝えようとしない） ・情報管理の工夫を一緒に考える 　例：学校で配られたプリントはすべて一つのファイルに入れる 　　　宿題は全部バインダーに挟んで、そのまま提出する
LD への対応例 読み・書き・計算いずれの困難であっても、たくさんやれば覚えられる、できるようになるというわけではないことに注意。スモールステップで進める。 1）読むことが苦手な子どもへの対応例 ・短い文章から徐々に文章の長さを長くしていく ・読む際の区切りになるところにあらかじめ「／」を入れてまとまりを意識できるようにする 2）書くことが苦手な子どもへの対応例 ・なぞり書きから始める（「訓練」ではなく「遊び」に取り入れるとよい） ・漢字の成り立ちや意味から理解する方法、偏とつくりなど構造に分けて理解する方法などを試す

図16-5　各発達障害への対応例

生涯を通して、「上手に付き合っていく」ものである。発達凸凹によるつまずきから、発達障害へ、そして、不登校や引きこもりなどの二次障害に移行しないように、関わる大人たちが、柔軟で多様な発想でよりよい付き合い方を見つけていってあげてほしい。

注
（1）　文部科学省「通常の学級に在籍する発達障害の可能性のある特別な教育的支援を必要とする児童生徒に関する調査結果について」http://www.mext.go.jp/a_menu/shotou/tokubetu/material/1328729.htm
（2）　杉山登志郎「発達障害から発達凸凹へ」『小児耳鼻咽喉科』35巻3号、2004年、179-184頁。「軽度」というのは、困らないということではなく、周囲からその困難が見えにくいということである。
（3）　2019年にICD-11が発表されたが、日本での適用には時間を要する見込みで

ある。それまでの間は公的な書類では ICD–10 に基づく診断名が記述されることになる。特に自閉スペクトラム症に関しては、日常的に用いられる言葉と、診断名が異なるため、注意が必要である。

（4）　発達障害が育て方によって生じるわけでないということは近年の一般的な理解である。ただし、後述しているように、子どもが発達障害の素因（本章でいう発達凸凹）をもっている場合、育てにくさから、子どもに適切に関われなくなり、子どもの問題行動が悪化する場合がある。素因と環境の相互作用から、発達障害を理解することが重要である。

（5）　東京都福祉保健局「発達障害者支援ハンドブック 2015　第 1 章発達障害を理解しよう」11 頁。

（6）　杉山登志郎『発達障害のいま』講談社現代新書、2011 年。

（7）　応用行動分析について詳しく知りたい場合には井上正彦編『自閉症の子どものための ABA プログラム　家庭で無理なく楽しくできる生活・学習課題 46』学研教育出版、2008 年、8–46 頁を参照。

【読書案内】

①杉山登志夫『発達障害のいま』講談社現代新書、2011 年。

　「発達障害の子どもたち」の続編。発達障害に関する知見、今後の課題について、筆者の臨床医としての経験から、わかりやすくまとめられている。前書とあわせて、発達障害の入門書に適した一冊である。

②井上正彦編『自閉症の子どものための ABA（応用行動分析）基本プログラム　家庭で無理なく楽しくできる生活・学習課題 46』学研教育出版、2008 年。

　応用行動分析に関する概要、自閉症の子どもたちが幼少期からつまずきやすい困難、それに対する具体的な対応例が、イラスト付きで丁寧に紹介されている。同シリーズはこれまでに 4 巻出版されており、年齢や課題に応じて使い分けるとよい。

参考文献

井上正彦編『自閉症の子どものための ABA（応用行動分析）基本プログラム　家庭で無理なく楽しくできる生活・学習課題 46』学研教育出版、2008 年。

杉山登志郎「発達障害から発達凸凹へ」『小児耳鼻咽喉科』35 巻 3 号、2004。

杉山登志夫『発達障害のいま』講談社現代新書、2011 年。

（藤尾未由希）

第17章
文化と障がいという差にどう向き合うか？
教育というコミュニケーション

１．教育とは異質な者の出会いの場である

　教えるとはどういうはたらきだろうか？　知識や技能、能力のある人が、それをもたない人にもてるものを伝えるはたらき？　たしかにそうもみえるが、その発想で十分だろうか。

　伝える、というのはコミュニケーション行為そのものなので、この問いは「コミュニケーションはいかに成り立つか」という問いの一部としてみることができる。この「伝わるとはなにか」という問いについて「知識をもった人間が、言語などの記号を使って意味（情報）をその知識をもたない相手の頭に注ぎ込む」というモデルで考えることは困難だ。このモデルでは教育者は知識をもった能動的な主体で、子どもはそれをもたず、単に受動的にそれを受け入れるだけの対象になってしまう。

　新しい知識を暗記させるだけといった教育なら、その発想もある程度は可能だ。暗記ならそれほど複雑な理解は必要ないからだ。けれども子どもが教えられたことを「理解する」必要があるとき、そのプロセスはそういうものではない。

　意味を理解するには、先生の説明などをヒントにしながら、自分の頭でいろいろ試行錯誤して、その扱い方を自分で会得するしかない。つまりそこでは先生の言うことをそのまま覚え込むのではなく、先生の言葉をヒントにしながらみずからその意味を発見していく能動的なはたらきが不可欠だ。教育は教える主体と学ぶ主体がお互いに伝えあい、探りあい、模索する能動的な創造過程だ。

───**ワーク 17−1**───

　子どもの発達過程では、新しい理解を獲得しようとするときに面白い誤り方をするという現象がよくみられる。たとえば1歳代で華々しく物の取り合いをする子どもたちに「貸してって言いなさい」と教えると、「貸して！」と怒鳴りながら奪う子が出てくる。そういうステップを経て、やがて3歳頃までにはいきなり奪わずに相手と交渉するやり方が身についていく。

　これは教えられた言葉を自分に理解できる範囲で使ってみて、新しいやり方を身につけていく過程に起こる「創造的な誤り」の一つで、理解というものが単なる知識の受容ではなく、能動的な模索過程であることの証拠である。それゆえこの種の「誤り」はとても大事になる。

　みんなでそのような「創造的な誤り」と思えるものを出しあい、どうしてそれが創造的なのか議論してみよう。

────────────────────────────
────────────────────────────
────────────────────────────
────────────────────────────
────────────────────────────
────────────────────────────

　子どもはその子なりに自分がもっている理解の仕方で問題を解決しようとする能動的な主体で、教育は教師が教えようとする、そして子どもが理解しようとする「お互いの主体的な模索」のコミュニケーションである。したがって教育がうまくいかないのは、教師と子どものコミュニケーションの失敗と考えることができる。それがうまくいかないのはお互いに相手をよく理解できないときで、「できないのは子どものせい」と簡単に片付けられない。

　教師の側が子どもをうまく理解できないのは、まだ教える力が弱い教師に限られるものではない。バフチンは2人が向き合ってお互いを見ているとき、お互いに相手の顔は見えるが、自分の顔は見えず。自分が見ている相手の背後を相手は見ることができないような状態を例に、コミュニケーションはつねに場を共有しながら体験を完全に共有できないことを前提に成り立つと考えた（視覚の余剰(1)）。そのように違う身体と違う体験の積み重ねをもって生きている他者との間で完全に理解が共有されることはないからだ。

そのため子どもは教師の言うことがまだ理解できず、教師もなぜ子どもが理解できないかがわからない。「お互いに理解しあえない者同士」が接触し、そのような異質な他者同士がお互いの理解を共有するように、揺れ動きながら模索しあう過程こそが教育のありのままの姿だと考えてみる必要がある。

　教育の成功とは、お互いに異なる理解をもつもの同士の間である程度通じあえるコミュニケーションが成り立ったことであり、そういうコミュニケーションが可能になるような、新しいものの理解、考え方を、模索のなかで子ども自身が創造したことを意味している。

　本章では、お互いに相手をよく理解できていない状態を、お互いの理解の仕方に差があるとか、ズレている、と表現し、通常知識の伝達と語られる教育を異質なもの同士の**ズレ**の**調整**過程として考える。

２．見える差と見えない差

　人は一人ひとりがユニークな存在なので、お互いにたくさんの差を抱えている。気づきやすい差は、そのズレを調整してうまくコミュニケーションを成り立たせようと、何らかの対処をしやすくなる。逆に見えにくい差があると、コミュニケーション（教育）がうまくいかないときに、何が問題なのかも見えないので、対処が難しくなる。そのときそれを「子どものせいだ」と感じがちだが、それでは問題は解決しない。それはお互いの問題だからだ。

　そこでここでは教育現場で問題になりやすい、見えやすい差と見えにくい差について、少し考えてみよう。

見えやすい差

　一番気づきやすい差は身体の差である。たとえば車イスの子に跳び箱を教えようとする人はいない。目の見えない子に図で説明しようとする人もいない。差は「目に見える」ので、その差を前提にした教え方が工夫される。

　心理的な障がいでも知的な遅れをもつ子の場合は少しその様子を見ていたり、問題を解いてみてもらったりしてみれば「違い」に気づくのはさほど難しくない。この場合も平均的な教え方ではその子を伸ばすのは難しく、目標の設定も

その子にあわせる必要があると考え、教え方を模索・調整しやすい。

　また外国人労働者雇用のために入国管理法が改訂され、学校現場にも異文化背景をもつ多くの子どもたちがこれまで以上に入ってくるが、言葉の違いなどはすぐにわかる。教師の説明を子どもがうまく理解できないときは、とりあえずは「言葉がまだよくわからないのかな」と考えるだろう。顔形や髪の色などが異なる場合にはますますその違いに気づきやすくなる。

見えにくい差

　では逆に気づきにくい差にはどんなものがあるだろうか？

　まず文化差を例に考えてみよう。群馬県の大泉町で多文化保育の状況を調査させていただいていたときのことだ。1990 年に慢性的労働者不足を補うために入国管理法が改訂され、その結果大工場のある大泉のようなところに多くの日系人が出稼ぎにこられた（調査時点で人口の 14％強）。町の保育園もはじめての経験に緊張して、ポルトガル語の簡単な会話を勉強したりしていた。日系といっても 3 世以降が中心なので日本語ができる人はとても少なく、両親のどちらかが日系でない場合もよくある。ところが実際は保護者のほうこそ言葉が通じない苦労もあったが、心配されていた子どものほうは 1 年もすればあまり不自由もなく友達とやり取りしたり、気にならなくなった。

　異文化の人との付き合いで一番大きな問題は言葉が通じあわないこと、という理解は、日本のように日常生活のレベルでの異文化接触が少なかったところでは普通だろう。実際小学校以降も、外国籍児童に対する支援は日常会話ができるレベルになればいちおうよしとみられる傾向があるようだ。

　逆にいうと、異文化間の違いは言葉やせいぜいが食習慣などの慣れといった習慣レベルの違いで、そこさえ理解できればあとは同じ

人間だからそんなに変わらないはず、という思い込みが普通に成り立っている
わけだ。心理学的にいえば学習に必要な「抽象的な思考」を可能にする、学習
言語の習得が日常会話を可能にする生活言語とは別の習得過程を必要とするこ
とが気づかれていないこと、文化差が社会性や人格形成に不可逆的といえるほ
ど深い影響をもち、お互いの感性や**規範意識**に大きなズレを生むこと[2]の理
解不足などが背景にある。これが「違いに気づいていない」ことの典型的な例
になる。

━━ワーク17-2━━

ピアスの是非

　日系の子どもたちを受け入れるようになった小中学校で、いろいろなトラブ
ルが生じたなかで、しばしば問題となったことの一つに、南米の女の子がピア
スを学校につけてくるので先生に叱られたことがあった。子どもはそれに反発し、
場合によって保護者と学校の対立にもなるような問題だった。

　ではなぜ学校の先生はピアスをしてくることをダメだといって子どもを叱っ
たのだろうか？　そう言われた子どもはどう感じただろうか？　それぞれの立
場から想像して議論してみよう。

　やはり気づかれにくい差の典型例として、発達障がいの問題がある。

　以前は障がいというと、身体障がいや知的障がいのように、比較的気づきや
すい差のものだった。ところが、知的な発達には問題がなく、場合によっては
とても賢かったり、会話も基本的に何の問題もないように感じられる子どもた
ちのなかに、「何でこんなことがうまくできないのか？」と、不思議になるよ
うな出来事が繰り返され、本人も周りも困ってしまう、というような例に注目
が集まるようになった。それが発達障がいと呼ばれるものである。

　発達障がい児・者はその「障がい」が一見するとわかりにくいものである。

それは「素人」だけではない。自閉症スペクトラム症（ASD）または広汎性発達障がい（PDD）、注意欠陥多動性障がい（ADHD）、学習障がい（LDまたはSLD）といった主な診断名についても、それぞれの特徴が重なって現れたり、時期によって主として現れる特徴が変化したして、医師や診断時期によって診断名が変わることも珍しくない。さらにはスペクトラムという表現にも現れるように、その特徴の強さは定型発達者と程度の差で連続すると考えられていて明確な線引きが難しく、「専門家」もときにはっきり判断しにくい。

そのため、本人も家族も、教師、友達や同僚、上司などの周囲の人たちも困難の原因がわからないことが多くなる。結局みんなその差に気づかず、定型発達の基準で判断するため、本人が特性によって失敗したときも不真面目、努力不足、性格の悪さ、親の育て方の失敗などとみなされて責められることが多くなり、無意味に追い詰められたりしやすい。それがひどくなると、結果として子どもが自信を失い、不登校や鬱になったり、あまりに否定されるので反発して激しく攻撃的になったり、自分に嫌気が差して自傷的な行動（自分への攻撃）に走ったりと、いわゆる二次障がいに陥るケースも多くある。

これらの問題も、お互いの差に気がつかず自分と同じと思い込んで、不適切に相手を否定して追い詰めることで起こることといえる。

3．差が出会ったときに起こること

ディスコミュニケーションの発生

お互いに差の意味が理解できず、何が問題なのかわからないままにおかしなコミュニケーションが続き、トラブルが生まれることがある。そのような場合をここでは**ディスコミュニケーション状態**と呼ぼう[3]。ちょっとした言葉の解釈の違いや習慣・常識のズレによるディスコミュニケーションは身近に頻繁に起こっているが、ときにそれは深刻な結果を生むこともある。

たとえば私たちが「甲山事件」という有名な冤罪事件に関わって行ったシミュレーション実験[4]では、こんなディスコミュニケーションが生まれている。実験では、子どもたちが経験した出来事を、その詳細を知らない学生たちに繰り返し尋ねてもらった。すると子どもたちが実際にはそのときいなかった人が

そこにいたと口を揃えて言い出し、学生たちはそれを事実と信じて報告した。

これは「過去の共有の仕方」について幼児と大人の理解がまったく異なることに大人がまったく気づかなかったために、お互いに奇妙な誤解が積み重なって生じたことだった。つまりお互いに違いに気づかず進むディスコミュニケーションが生じていた。冤罪甲山事件でも同質の事態が起こり、無実の女性が四半世紀も殺人事件の容疑者とされてしまったと考えられる。

こういうディスコミュニケーションの解決のためには、まずお互いの間にあるズレに気づくことが第一歩である。けれども上の例でいえば「子どもは過去の経験を語るのが下手だ」という表面的な差はすぐに気づけても、その裏にある理解の仕方の深刻な差には理解が届かないことが多い。自分の見方、理解の仕方は自分には当たり前で、他人も同じだと思い込んでいて、そこからなかなか抜け出せないからだ。教育の現場でも、勉強に集中できない子を教師が単に不真面目だからとだけ考えてしまうなど、そういうことはつねに起こる。

では、何らかの形で差に気づいたとして、それを意識して関係を調整しようとするとき、どんなパターンがあるかを考えてみよう。

ディスコミュニケーションの調整

感覚や考え方、振る舞い方、得意なことや不得意なこと、もっている資源などが違うもの同士では、お互い相手のことが理解できずにコミュニケーション不全の状態になりやすくなる。私たちがそれでも全体としては何とかやり取りしながら生きていけるのは、つねに発生するお互いの間のズレをその都度調整して、完全な破綻状態を回避しているからだ。そこでまず最初に、他の動物種とは大きくことなるヒトという種のコミュニケーションについて、その基本的な構造を図式化して、ズレの調整の意味を整理してみよう。

他の動物種と人のコミュニケーションの一番大きな違いは、人間が言葉や物を使ってお互いの考えていることや意図を伝えあい、価値を交換し、理解や行動をすりあわせて共同作業を行っていく点である。たとえば贈り物のやり取りは、価値あるものを相手に送ることで絆を強めるはたらきをする。会議では考えを言葉で伝えあって合意をつくり、一緒に何かを行う準備をする。

このとき、言葉や物が相手に何かの意図、意味を伝える「記号」のはたらき

をするが、それが何を意味するのかは必ずしも一つに決まらず、多義的で曖昧さを含むのが普通である。たとえば相手に親愛の情（意味A）として「バッカだね！」（記号 a ）と言ったら、相手が本当に侮辱された（意味B）と誤解した、贈り物（記号 γ ）を貰ってすぐに返礼（意味C）したら好意の拒絶（意味D）と誤解されたなどは、記号の意味が多義的でありうるためにお互いの関係が崩れる例である。

　それを防ぐには意味の解釈や適切な行為を決めるルールあるいは規範がお互いに共有されることが必要で、それは人がやり取りのなかで状況に応じて作り上げ、さらに調節されながら維持継承されてやり取りを円滑にする。

　けれどもそれは恒常的にやり取りする集団の内部では比較的安定して共有されるものの、その外部との間には必ずしも共有されず、異なる集団間では異なる規範、異なる常識が形成されることになる。言語もそのような規範によって成り立ち、それゆえ言語が異なるとコミュニケーションが困難になる。異なる社会集団で常識や道徳、法などの行為規範が異なるのも同様である。これが文化差の形成ということで、その結果異なる文化間のコミュニケーションには同じ文化内の個人間のそれを越えた難しさが発生する。お互いの常識（規範）が想像を超えてずれやすいからだ。

　このように、記号的な相互作用が規範的に媒介される形態がヒトという動物種に独特と考えられ、そのような社会的相互作用の単位的構造をモデル化したのが図17−1に示すEMS（Expanded Mediational Structure：拡張された媒介構造）だ。人と人が記号となる対象（物でもことばでもよい）を介してやり取りし、図はその相互作用が規範による制約のもとに調整されるという形態を表している。発達心理学的には3歳までにその基本構造が子どもに形成されることが見いだされている。

　このモデルを使った場合、コミュニケーション不全の状態は図17−2のように示される。すなわちそれぞれの人が相手とのやり取りを成り立たせるために使う規範にズレがあるためディスコミュニケーション状態になる。

　そしてお互いの間のコミュニケーション不全状態が自覚されたとき、その規範のズレをどう調整するのかが問題になり両者が規範を共有する状態が目指される。その形態についてここでは次の三つのパターンを説明してみよう。

図 17-1　拡張された媒介構造：EMS

出所）T. Yamamoto & N. Takahashi, "Money as a Cultural Tool Mediating Personal Relationships: Child Development of Exchange and Possession.", in J. Valsiner & A. Rosa（eds.）, *The Cambridge Handbook of Sociocultural Psychology*, Cambridge University Press, 2007.

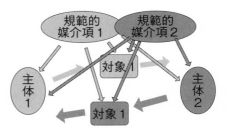

図 17-2　ディスコミュニケーション状態の EMS

　なお、このほかにも調整をあきらめ、関係を解消するという「解決法」も（たとえば生徒を退学にするなど）現実には存在するが、ここでは関係の維持に重きをおいて考えるため、割愛する。

上下関係による調整

　調整の仕方には、その方向性としていまある規範を固定化する方向と変化させる方向がある。固定化させる調整方法の一つは、葛藤する一方の規範に他方を従属させ、あるいは吸収する形である。これは両者に何らかの優劣関係があるか、あるいはそれがつくられていく場合に生み出される形態になる。

　教育場面でいうと、伝達すべき「正解」があらかじめ決定されていて、そこに子どもたちを導いていく場合に当たる。教師が有している規範（正解）は基本的に揺るがず、子どもは自分がもつ規範を変容させ、教師のそれを吸収する、あるいはそれに従属することが期待されている。これまでの教育には多い形といえ、知識の伝達に限らず、文化による規範の違いについても「郷に入れば郷に従え」という発想で異文化の子どもに対応する場合もその例である。

対等な関係による調整

　お互いの違いについて、上下関係をつくることで調整するのではなく、対等

な立場で調整を図る場合、お互いの違いを超えて共通する新しい規範をつくっていく、という方法がある。その場合、それぞれの規範とはまったく違う新しい規範をルールとしてつくる、折衷的な調整を図る、あるいは両者に共通する一般的な原理を見いだして、そこを共有する、といった方向性が考えられる。

役割的な関係形成による調整

　お互いの違いを否定することなく関係調整をする方法の一つは、それぞれのもっている特性を、ある集団のなかでのその人が果たしうる立場や**役割**と捉え、お互いの役割を組み合わせて、それぞれがうまくはたらくように工夫していく方法である。

　教師と子どもの関係も、知識や経験の違いをベースに、子どもが社会で生きていける大人に成長する支援を行う、という目的に向かってつくられる役割関係の一つとなる。この役割の中身は固定的ではなく、社会の動きにともなって変化し、たとえば教師の場合、これからは「正解を教える」役割より、子ども自身が「正解を生み出す」援助の役割が強まっていくだろう。

　「ワーク17-2」で取り上げたピアスをめぐる子どもと学校の対立は、長年の模索を経ていまはある程度落ち着いてきているようだ。それは教師の側が自分の常識からピアスを一方的に「悪いもの」と否定せず、南米の文化ではそれがポジティブに捉えられるものであることを理解したうえで、校内限定の約束ごととして着けないよう理解を求めたからといわれる。これもお互いの感じ方や考え方の違いを異なる文化集団に属する者の文化的常識の違いと理解し、それを認めたうえで学校のなかでの振る舞い方（役割）を調整した例になる。

　発達障がいの概念は比較的新しいが、以前はその特性を生かして個性的で一風変わった職人として活躍するなど、とくに障がいとされることなく社会のなかで大事な役割をもって活躍していた。現在も適切な役割が設定されることで多くの発達障がいの人がそれぞれの活躍をしている。性格や個性の違いをうまく生かしてお互いの役割を決めると、その集団は活気づき、大きな成果を生むものだ。これらは斉一化された集団ではなく、多様性を前提にしたダイナミズムを志向する調整の方向として今後ますます重要性を増すだろう。

───ワーク17−3───

子ども同士のおごりのトラブル

　日本に来て2年になる外国籍の小学4年生のあるA君は、日本語でのやり取りはもうあまり問題なく、友達ともそれなりによく遊んでいる。国語や社会は苦手なところがあるが、算数は結構得意で、勉強も大きな問題はなさそうだ。一人っ子で両親は経済的には余裕があり、親子関係もよいようだ。

　けれども先日、自分の誕生日と言って友達を数人誘ってファーストフードに行き、ハンバーガーや飲み物等をおごってあげることがあり、誘われた子の1人の親が心配して学校に電話をしてきた。A君に聞いてみると、今回だけでなく、仲のいい友達には時々お菓子や飲み物などをおごっているようだった。理由を聞くと「友達だから」と言う。

　このような場合、教師としてどう対応するのがよいだろうか？　それはなぜだろうか？　話し合ってみよう。

4．差の調整に必要な要素

「差」を認める努力

　これまで説明したように、伝えたいことがうまく伝わらず、相手の言うことが理解できにくいなどの状況でコミュニケーションがうまくいかないときは、お互いに適切な理解や行動をガイドする規範・常識が異なっている場合が多く、しかもその違いに気づかないために調整が困難な状態にある。人は最初のうちは我慢してコミュニケーションを続けようとするが、やがて我慢に限界が来るときがある。そのときはお互いに相手に対する否定的な感情、怒りが蓄積していることが多く、お互いに激しい攻撃が始まったり、関係の断絶に向かう展開

になりやすくなる。

　このような状態ではお互いに「正しいのは自分で、相手が誤っている」と信じて疑わなくなりやすいが、じつは「何を正しいこと（規範）」と感じるかがずれている。すると自分の感覚では自分は絶対に正しく、相手は絶対に悪いとみえるので、その固い信念がお互いに強められて対立は悪循環に入る。

　逆にいえばそうなりそうなときは一歩立ち止まって、対立の背景にあるズレを見つめる努力が必要になる。とくに異文化の人や、発達障がいの人と定型発達者の間では、簡単には理解しがたい深いレベルのズレが隠れていることが多く、その努力がより切実に求められる。

「差」から自己を知る力

　ズレを知るには、お互いに相手にも当然共有されていると無意識に決めつけていた自分の感じ方や基準が、必ずしも相手には常識とはいえないこと、相手は自分と異なる常識をもっているかもしれないことを認める必要がある。

┌─**ワーク 17 – 4**─────────────────────
それまで自分が常識と思ってまったく疑わなかったことについて、それが必ずしも誰にもは当てはまらず、別の人たちは別の常識をもっていたことに気づいて驚いたことにはどんなことがあるだろうか？　また、そのような常識のズレはどうして生まれたのだろうか？　みんなで体験を交流し、話し合ってみよう。

　　────────────────────────────────────

　　────────────────────────────────────

　　────────────────────────────────────

　　────────────────────────────────────

　　────────────────────────────────────

　　────────────────────────────────────
└────────────────────────────────────

　自分の常識は周囲と共有されていてあまりに当たり前に思えるので、それ以外の常識があることは最初なかなか認めがたい。自分たちの常識とは異なる相手の感じ方や考え方、振る舞いも一つの常識として認めてしまうと、日ごろの自分が否定されるように感じられることも、異なる常識を想像することへのブ

レーキになる。けれどもいったんその可能性に気づき始めると、逆にそれまでの自分の常識とはどういうものなのかをあらためて考える必要が出てくる。それは「差」を通してあらためて自分自身を知ることでもある。逆にいえば差に気づかない状態は、相手が理解できないだけでなく、自分自身についてもよくわかっていない状態だといえる。

　そのような意味で差を認める力は自分自身を知る力でもある。そのことを実感できるようになると、差に気づくことが自己の成長にもつながることを感じられる。自分自身がわからなくなっているときは違うものに触れ、それをいわば「鏡」として、自分自身を見つめることが有効なことが多くある。

「差」に触発される力

　自分とは異なる常識に出会い、お互いのズレを意識し始めると、やがて「なぜそれほどに違うのか、その違いを生んでいるものは何か」に興味が生まれ、さらにその違いの背後に共通して存在する、より一般的な常識とは何かが気になるだろう。これは人間が新しい現象に出会い、それまでの自分の常識がそれほど普遍的ではないことに気づいたときに普通に起こることで、それがより大きな普遍性の発見につながるきっかけになる。

　たとえば日本では子ども同士おごりあうことには否定的な大人が多数でそれを当然と感じて疑わない人が多いが、異なる文化ではむしろそれをよいこととして積極的に推奨するのが常識である場合もある。その事実を知ると、お互いに相手の常識に否定的になることが多いが、なぜその常識を大事にしているかを話し合うと、どちらもその目的は「よい友達関係をつくるため」であることがわかってくる。そこでお互いの常識は深いところで一致し、ただその実現の仕方が違うだけだと思えると、お互いの関係に変化が起こる[5]。

理解を「あきらめる」力——異己の承認

　お互いを認めあい、理解しあうことが大切と口でいうのは簡単だが、現実にそれを実現することは決して簡単ではなく、一時的にお互いに完全に理解しあえたと思えたとしても、その状態がいつまでも続くこともない。

　理解しあうことに限界があるのだとすれば、可能な範囲で努力を続けたうえ

で、それ以上の理解をどこかの地点まででいったん「あきらめ」て、他者と折り合う道を探る必要がある。もちろんあとでより理解が深まる可能性はつねにあるが、ある段階では必ずその時々の限界があるからだ。その都度の限界を超えて無理に理解しようとし続けるならば、結局お互いに無理がたたってより状態が悪くなるものだ。そこでいったんあきらめる力もまたコミュニケーションには重要な要素になる。

　異文化間相互理解のための教育実践のなかで、北京師範大学の姜英敏は何とも受け入れがたいが共に生きていくしかない他者を、**異己**という概念で表現する[6]。そうだとすれば多様性を失わない共生を目指すには、どこまでもわかりあえる他者（それはすでに他者ではない）ではなく、異己と何とか折り合いをつけて共に生きる力こそが大事であるということになる。教育現場で異文化の子どもとの間にトラブルが発生したり、発達障がいの特性をもつことで定型発達の子どもや、しばしば教師とも関係調整が難しくなるときは、むしろそのような共生の力をお互いに育てるうえでとても重要な機会と考えることができる。

自分を保つ力

　異己との関係調整をするには、相手を自分の常識では判断してしまわず、その常識をいったん「かっこに入れて」相手の異なる常識を想像する力が必要となる。けれどもその作業には二つの困難がともなう。一つは「お互いに」という原則を見失って一方のみがその努力を行うと、そこに上下関係がある場合には弱い立場の者だけが相手を理解することを一方的に求められ、それに飲み込まれる可能性があることだ。それは従属であって、真の共生ではない。

　もう一つは自分の常識を「かっこに入れる」ことが「常識を失う」ことにつながる危険性である。それまでの自分の常識的感覚をいったん「かっこに入れ」て、異なる常識を受け止めることは必要だが、それは自分が普段周囲の人々と共有している常識を否定してしまうことではない。そこを見失うと、「何でもあり」の単なる非常識になり、逆にお互いの関係がとれなくなる。

　どちらも「自分を保つ力」が要求されることだが、異己との関係調整はこの力と「自分の常識をいったんかっこに入れて考える力」の両方を必要とする点

がその難しさだ。とはいえ、一見矛盾した要素を調整する力はさまざまな問題解決につねに求められる力でもあり、その力を鍛えていくことが、子どもにとっても教師にとっても成長への原動力でとなる。

　生活のあらゆる場面でますます多様化、個性化、多文化化が進む状況のなかで、そこで発生するさまざまな困難に出会いながら生きていくことになる子どもたちに、それに対処する力を育むのはこれからの教師の重要な役割となる。同時に教師自身も自らを成長させつつそれらの課題に取り組む力を養い、その姿を子どもにモデルとして示すことが重要となるだろう。

注
（１）　ミハイル・バフチン（伊藤一郎・佐々木寛訳）『ミハイル・バフチン全著作集
　　　　第１巻　行為の哲学によせて　美的活動における作者と主人公　他』水声社、
　　　　1999 年。
（２）　山本登志哉『文化とは何か、どこにあるのか──対立と共生をめぐる心理学』
　　　　新曜社、2015 年。
（３）　山本登志哉・髙木光太郎編『ディスコミュニケーションの心理学──ズレを生
　　　　きる私たち』東京大学出版会、2011 年。
（４）　山本登志哉編『生み出された物語──目撃証言・記憶の変容・冤罪に心理学は
　　　　どこまで迫れるか』北大路書房、2000 年。

【読書案内】
① J. ピアジェ、B. インヘルダー（滝沢武久・銀林浩訳）『量の発達心理学』国土社、
1992 年。
　5 歳児に二つの同じコップに同じだけ入れたジュースの量を聞くと「同じ」と言えるが、目の前で一方を細長いコップに移し替えると「違う」と言うようになる。これは 5 歳児が「間違っている」のではなく「違う考え方で量を判断している」からである。子どもに独自の論理を見いだし、大人の考えで判断しないピアジェの古典的な名著の一つ。
②浜田寿美男『身体から表象へ』ミネルヴァ書房、2002 年。
　ピアジェの主著『知能の誕生』を訳すなかで、その重大な欠陥に気づいた著者が、他者とのコミュニケーションのなかで成立する子どもの発達の姿を現象学的視点を含む原理的な問題から再検討する本。人はどのように他者と生きる物語を共有するようになるか。

③**山本登志哉『文化とは何か、どこにあるのか——対立と共生の心理学』**新曜社、
2015 年。

　自著で恐縮だが、人がコミュニケーションのなかで「文化」を見いだし、それを
「固定的な実体」のように思ってしまう心理的仕組みを EMS の視点から具体例で論じ、
さらに理論化したもの。異己についての簡単な説明も。

（山本登志哉）

第18章

「日本的な何か」とは何か?

「文化的存在としての私たち」を理解するための心理学

1．新しい教育方法と「日本的な何か」とのはざま

　最近、学校教育の場において、とみに耳にする言葉がアクティブ・ラーニングである[1]。「課題の発見・解決に向けた主体的・協働的な学び」という、いわば、個の学びを重視する教育方法の潮流が日本の教育の場に流れ込んでいる。

　筆者も、授業で、アクティブ・ラーニングを実践している。学生たちは思い思いの心理学的テーマについて、同じ関心をもつ学生同士でグループをつくり、協働して研究する。学生たちは実に自由な発想で、心理学のみならず、歴史、社会学、医学など、さまざまな研究領域の知見を援用し、ときに、個人史も振り返り、アンケートやインタビューなどの心理学調査を用いて、課題の解明に迫る。その解明の過程には、仮説や研究方法の構築、グループ内の協議、調査対象者とのやり取りなどにおけるさまざまな葛藤や疑問を経験する。それを乗り越えて、自分たちなりの発見と理解を実現していく学びに、筆者は、たしかな手ごたえを感じている。

　しかし、この全国的なアクティブ・ラーニングの導入の動きのなかで筆者がふと考えることがある。それは「日本的な何か」である。ここでは、多くの日本人論や比較文化心理学において繰り返し語られてきた、日本の伝統的な習慣やそれに裏づけられた人々の価値観や振る舞いを、「日本的な何か」と呼ぶことにする。アクティブ・ラーニングが目指す「課題の発見・解決に向けた主体的・協働的な学び」という、いわば、個の学びを重視する教育方法と、その「日本的な何か」との隔たり。この隔たりを、教師をはじめとする大人はどのように捉えていくのか。また、その隔たりは児童生徒にどのような作用をもたらすのか。

かつて、アメリカで実践されていたオープンスクールが、日本でも流行したことがある。1970年代のことだ。しかし、現実には、オープンスクールに間仕切りをして普通教室にするなど、なかなか定着しなかった[2]。さらに遡ると、アメリカで広く行われていたプログラム学習が、1961年頃から、日本でもブームになった。しかし、それもまた、数年でほとんどあとかたもなくなったという[3]。本章で紹介する「日米母子研究」を率いた東洋（あずまひろし）(1926-2016) は、アメリカ文化のなかで広がった教育方法が、日本の教育文化になじまなかった事例としてこれらを紹介している。また、河合隼雄の『母性社会日本の病理[4]』における論考をふまえれば、いまの児童生徒たちが、新しい教育方法と日本固有の文化の矛盾や葛藤を抱えていくということも考えられよう。

では、アクティブ・ラーニングはどうだろうか。日本の文化も教育も時代とともに大きく変化したのだから、過去の事例とは切り離して考えてもいいだろうし、きっとうまくいくだろう。そう考えてもよさそうである。たしかに、日本の社会も文化も大きく変動した[5]。しかし、後述するが、PTAはどうだろうか。部活はどうだろうか。メディアを中心とする昨今のPTAの議論では、強制的・自動的な入会、役員選出、活動内容の背景には、日本文化特有の同調性があると指摘されている。尾身康博は「日本の部活」を「勝利至上主義」「気持ち主義」「一途主義」「減点主義」と特徴づけ、そこに日本特有の部活の体質を見いだしている[6]。このように、児童・生徒の育ちの場、学校教育の周辺には、まだまだ「日本的」と特徴づけたくなる現象が多く存在する。それがアクティブ・ラーニングの導入といかなる相互作用をし、児童・生徒の発達に影響を与えるのだろうか。

結論からいえば、いまのところ、筆者はこの問いに対する明確な答えを持ち合わせてはいない。まずは、その答えを見つけるための大前提として、この「日本的な何か」について考えてみよう。主に比較文化心理学における代表的な研究成果を紹介しながら、「日本的な何か」と、それを理解する方法について考えていきたい。

あなたの周辺にあるさまざまな価値観や習慣のなかに「日本的な何か」はある
だろうか？　あなたはそれについてどのように感じたり、対処したりしている
だろうか？　周りの人と話し合ってみよう。

....

....

....

....

....

2. 「日本的な何か」を本格的に扱った心理学研究のはじまり

　「日本的な何か」とは何か？　この問いに正面から取り組んだ、日本を代表
する比較文化心理学研究が、1972 年から東洋とロバート・ヘスにより進めら
れた「日米母子研究」である[7]。その研究成果の一端を紹介しよう。

日米母子研究から見えてきた学習意欲の構造的違い[8]
　「日米母子研究」の一部として熟慮性[9]を測定する二つのテスト、「同じ絵
さがし」（MFF）と「手探りゲーム」（TVM）が、日米の 5 歳の子どもに実施
された。その結果、いずれのテストでも、日本の子どものほうが、解答時間が
長く、しかも、誤答が少なかった。つまり、認知スタイルでは、日本の子ども
のほうが、熟慮性が高いということが示された。
　ついで、この熟慮性を測定する二つのテスト結果と、その子たちが 5、6 年
生になったときの算数、国語の成績との相関を検討した。その結果は図 18-1
の通りである。日本では、MFF での熟慮性と成績との相関が高く、アメリカ
では TVM での熟慮性と成績との相関が高かった。同じ熟慮性を測定するテス
トにもかかわらず、なぜ、このような対照的な結果が出たのだろう。東は次の
ように考察している。
　まず、同じ熟慮性を測定する二つのテストでも、そこには質的な違いがある

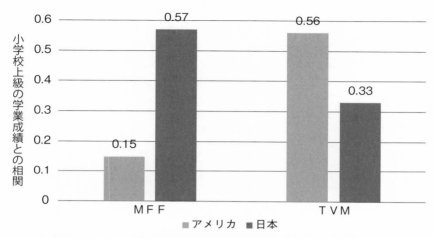

図18-1 ５歳のときの MFF と TVM の正答率と小学校上級での学業成績の相関
出所）東洋『日本人のしつけと教育——発達の日米比較にもとづいて』東京大学出版会、1994年、29頁。

という。子どもにとっての面白さが違うのだ。マローニが提唱する内発的動機に訴える課題の性質としての①挑戦感、②想像に訴える、③好奇心に訴える[10]が、TVM は当てはまるが、MFF はあまり当てはまらない。現に、実験のあとで、TVM を「もっとやりたい」という子どもがいたが、MFF ではそういうことはなかった。つまり、TVM は、おもしろい課題で発揮される熟慮性を捉えている。MFF は、おもしろくなくても役割として与えられた課題で発揮される熟慮性を捉えている。

　東は、これらの結果と当時の日本とアメリカの教育の事例を紹介しながら、日米それぞれの学校教育のあり方について次のように述べている。日本の教育は、「子どもは与えられた課題を、好き嫌いを言わずに受け止め、言われた通りにやるように努力すべきだ」という「**受容的勤勉性**」が前提となっている。一方、アメリカの教育は、「子どもが自分の興味や関心に従って自主的に何をしたいかを決める力をもっている」という「**自主的選好性**」が前提となっている。このようなそれぞれの国の教育が前提とする熟慮性を、MFF と TVM の各テストは捉え、それが図の結果として現れているのだろう。

あなたが受けてきた学校教育では、「受容的勤勉性」と「自主的選好性」のどちらがよりも求められていただろう。また、これからの学校教育においては、どちらが求められるだろう。これらについて考えたうえで、さらに「受容的勤勉性」と「自主的選好性」のそれぞれを育成することの意味について考えてみよう。

心理学における近代西欧中心主義からの脱却

　「日米母子研究」によって、これまで紹介してきた認知スタイルや意欲の日米差をはじめ、母親の子どもへの関わり方やその背景となる価値観、子どもの知的発達における日本の特殊性が鮮明に明らかにされていった。これらの研究成果に、ともすると、「伝統的な日本人らしさ」として、反発を抱く人もいるかもしれない。東もまた、教育の将来を見据え、「子どもが「自分」を育てるという点ではマイナスでは」と語っている[11]。

　しかし、このプロジェクトが始まった当時の心理学を思い起こしたい。東は1971 年のアメリカのスタンフォード大学での研究集会での出来事を回想している[12]。詳細は原著に譲るが、これを読むと、心理学が欧米文化圏の価値観や人間観の上に構築された、当時の心理学理論では、日本の文化や人々の姿は理解しがたいものだったことがうかがわれる。しかし、その研究集会での日米研究者の対話が「日米母子研究」のきっかけとなり、その後、日米研究者の共同開発による実証的研究方法[13]といくどにもわたる討論、10 年におよぶ追跡調査によって、従来の心理学の枠組みには含みえない「日本人らしさ」が鮮明に語られ、広く世に知られたのである。心理学における近代西欧中心主義からの脱却のはじまりである。

　それは、日米の研究者による相手の文化への真摯な関心と双方の対話により

ひらかれた長い道のりでもあった。その対話について、東は、次のように回想している[14]。「ヘスが後に「よい研究者は簡単には妥協しないものだから」と回想したように、太平洋を超える何通もの航空便の応酬でも決着がつかず、結局国際電話で長い討論をしてこちらの言い分を通した」と。そして、「こういういろいろな、ひとつひとつは小さいけれども積もると厄介なことになる食い違いを克服し、むしろ相互理解の糧にすることができたのは、真剣に討論したり情報を与えあったりすること、個人的な問題まで話し合うことから、ゆっくり飲み交わしたピアノバーやディスコで一緒に騒いだりすることまで含め、いろいろな機会で両グループのメンバーの間に個人的な信頼、尊敬と親近感とが育ったからだと思う」と。

3．ステレオタイプ的な文化理解の登場と批判

　その後、日米比較研究をはじめとする数多の比較文化心理学研究の成果が蓄積されていくなか、これらの研究成果を包括的に説明しうる概念として、二つの文化的自己観——相互協調的自己観と相互独立的自己観——が一躍注目された[15]。

　もともと、東洋－西洋という**二項対立的な文化理解**の軸として有名な概念に、集団主義－個人主義がある[16]。相互協調的自己観－相互独立的自己観は、この集団主義－個人主義を代表する二項対立的文化観の流れを汲み、さらに、「自己」という個人レベルでの心のプロセスを扱いうる概念であった。ゆえにそれは、「自己」が規定する、さまざまな心の諸相、意欲や認知や感情などの文化差をも、直接的に説明しうる概念として位置づけられた。このような位置づけにより、比較文化心理学において山積する文化差に関する研究成果を包括的に説明する概念として、脚光を浴びたのである。

　しかし、これらの二項目対立的文化理解の提唱により、比較文化心理学の領域において強固なステレオタイプ的文化理解が定着することとなった。その流れに一石を投じたのが高野陽太郎である[17]。高野は、「集団主義＝日本」という通説に反する史実や事例、実証研究例を通して、通説の信頼性を徹底的に批判するとともに、「対応バイアス」「確証バイアス」など、人に備わる、ステレ

オタイプ的な文化理解に陥らせる思考のバイアスの存在を指摘している。さらに、このようなステレオタイプ的な文化理解による「違い」の強調が、多くの悲劇を生みだした史実に言及し警告を発したのである。

4．ステレオタイプ的文化理解からの脱却──東アジアで展開された動的文化理解

次に筆者がそのメンバーとして参加していた、2002年からスタートした研究プロジェクト、「子どもとお金研究」を紹介しよう[18]。日本、中国、韓国、ベトナムを研究のフィールドとし、さらには、日本、中国、韓国、ベトナムの研究者が合同で行うという壮大な「東アジア内の比較文化心理学」である。しかし、この研究プロジェクトでは、自分たちの研究をそうは呼ばない。「差の文化心理学」と呼ぶ。「比較文化心理学」は「差」を明らかにする学であるが、この研究プロジェクトが提案する「差の文化心理学」は、「差はどのように語られるのか」を明らかにする学である[19]。このアプローチにより、「子どもとお金研究」は、「東アジアは集団主義」という従来のステレオタイプ的理解を克服し、東アジアにおける実に豊かな多様性を語っていく。その研究の一端を紹介しよう（「差の文化心理学」の理論モデルは第17章のEMS (Expanded Mediational Structure: 拡張された媒介構造）を参照）。

「子どもとお金研究」が扱う「お金」とは、市場経済原理に流通するグローバルな道具としての「お金」ではない。親子関係や友だち関係といった、子ど

図18-2　放課後、ハノイの店先で
出所）高橋登「なぜ文化を比較するのか──子どもにとってのお金の意味」高橋登・山本登志哉『子どもとお金──おこづかいの文化発達心理学』東京大学出版会、2016年、4頁。

もにとってきわめて具体的で日常的な人間関係をつなぐローカルな道具としての「お金」である。

　読者の皆さんは、人間関係における「おごりあい」についてどう思っているだろうか？　「大人同士はいいけれど、子ども同士はダメ」という考えの人が多いのではないだろうか。「子どもとお金研究」でもそれを示すインタビューの語りが見られた[20]。

　しかし、「子どもとお金研究」のフィールド調査では、それとは異なる風景があった[21]。たとえば、ベトナム・ハノイでは、店先で子どもたちがサンドイッチとドリンクを囲んで歓談をしていた。手前で帽子をかぶっているのが筆者であるが、子どもたちにインタビューをしてみると、朝、朝食代としてもらったお金のおつりを出しあって、みんなで食べるサンドイッチとドリンクを買ったそうだ。朝食代として5000ドンとか6000ドン（当時、日本円で30円～40円）をもらった、と答える子はいるのだが、「（みんなで食べるサンドイッチとドリンクは）誰がいくら払ったの？」と筆者が聞いても、誰も、あまりはっきり覚えていないようだ。払った金額はバラバラ。多く払った子も、いくらも払っていない子も、そのことを気にしてはいない様子。「あなたはいくら払ったの？」「前回は誰が払ったの？」と質問する筆者だけが気にしている格好だ。

　韓国のフィールド調査でも、おごりは「普通のこと」として子どもたちの友だち関係に定着しているようである。しかし、そこにはちょっとした取り決めがあり、友だちグループのなかでは、「この前はあなたが払ったから、今回は私」などと順繰りでのおごりあいになっていた[22]。研究メンバーで、韓国出身の呉宣児は、ベトナムのおごりを「相互扶助」、韓国のおごりを「相互交換」と特徴づけている。

　このようなフィールド調査での発見と研究者間のやり取りから生まれた「友だち関係尺度[23]」の中身はじつにユニークである。下位尺度とそれを構成する項目（括弧内）は「自己限定」（「私は友だちからおごってもらうと負担に思う」「友だちの間でおごったりおごられたりするのはよくない」など）と「相互交換」（「友だちがお金で困っているなら、私は迷わず貸してあげることができる」「友だちにお菓子などを買ってあげるのは、ひとりで食べるより楽しい」）である。各尺度の得点を4か国で比較すると、「自己限定」は日本が最も高く、「相互交換」は

日本が最も低い[24]。この結果に、ともすると、日本って個人主義的？と言ってしまいたくなる。しかし、それは早計である（第17章の「ワーク17-3」は、「子どもとお金研究」プロジェクトを率いた山本登志哉によるおごりあいをテーマとしたワークである）。

対話から見いだされる「自分の分は自分で」の意味

　呉は、おごりに積極的な韓国の親子、消極的な日本の親子という違いに気づいたときの日本人研究者と韓国人研究者の間の議論での双方の意見をまとめている[25]（表18-1、表18-2）。これをみると、日本人は割り勘について、「自立」と評するのと同時に、「相手への配慮の結果」「平等を保つ」「トラブルがなく人間関係がスムーズ」と人間関係を配慮する行為として「割り勘」を捉えている。同時に、おごりに対して、「上下関係をつくる」「不平等が生じる」「相手に負担感を与える」、さらには、「相手への無配慮」と、おごりに対しても、人間関係への配慮から消極的であることが読み取れる。日本人の「自分のこと

表18-1　おごりに関する日韓の捉え方

日本人の視点	韓国人の視点
・上下関係をつくる	・おごられると嬉しい
・かつ上げなどの危険性	・親しみの行為、必要な行為
・不平等が生じる	・一緒に食べる平等
・依存（自立してない）	・助け合う、融通し合う
・負担感与える	・負担感与えない・感じない
・相手への無配慮	・相手への配慮の結果
・おごり抑制しつけ	・おごり共食誘導しつけ

出所）呉宣児「文化差が立ち現れる時・それを乗り越える時」高橋登・山本登志哉『子どもとお金——おこづかいの文化発達心理学』東京大学出版会、2016年、233頁。

表18-2　割り勘に関する日韓の捉え方

日本人の視点	韓国人の視点
・自立（自己責任）である	・利己的である
・相手への配慮の結果（負担与えない）	・相手へ配慮がない（相手も食べたくなる）
・平等を保つため	・自分だけ食べて不平等
・トラブルがなく人間関係がスムーズ	・情・人間関係が浅い
・割り勘を促進するしつけ	・割り勘を抑制するしつけ

出所）表18-1に同じ。

は自分で」という態度は、「自"分"の分は自分で」という他者に迷惑をかけないという他者への配慮の表れとして捉えられうる。

　このように、「子どもとお金研究」では、フィールドでの対話と研究者同士の対話から、子どもたちの友だち関係や親子関係、大人になることの意味[26]や市場経済への参画[27]など、お金から捉えられる子どもの社会性の発達における文化差が析出されていった。しかし、その文化差は、連続する対話のある時点での到達点であり、それは再び、多様な文化の人びととの対話のなかで吟味され、再構築されることだろう。その可能性とともに「文化差」をみたとき、それはつねに、「乗り越えられる差」であることを、この研究は私たちに示してくれる。

5．国内で語られる文化差——「日本の PTA」

　筆者の最近の研究テーマは PTA である[28]。それは、筆者自身が、小学生の保護者として、PTA カルチャーショックを受けたことに起因する。くじ引きで不本意ながら広報委員長に選出されてしまった筆者だが、広報委員長になってからも、PTA カルチャーショックの連続は止まらなかった。しかし、この PTA カルチャーショックは筆者だけのものでなかった。メディアやネットに目を転じれば、新聞記事から個人のブログまで。とくにこの 10 年間で、とみにさかんになっている PTA 議論は、当事者によるものがほとんどである。

　民主的な団体であるはずなのに、その加入も、活動も、役員選出も、当事者の自由意思はほとんど考慮されない。そのような PTA に対して、筆者もまた、当事者の 1 人として、つい、「やはり、集団主義的」とステレオタイプ的な文化理解をやってしまいそうになっていた。岩竹美加子[29]は、学術的な立場から、PTA を「コミュニタリアンのシチズンシップ」に類するとする。「リベラルのシチズンシップ」は個人主義的であるのに対し、「コミュニタリアンのシチズンシップ」は相互依存的であると特徴づけるなど、「個人主義 VS 集団主義」の対比軸に含みうる対比をしている。

　しかし、「差の文化心理学」の立場に立てば、筆者の個人的な反応も、岩竹の学術的論考も、ある特定の文化的背景を背負った人々の反応のレパートリーとして捉えることができる。同様に、この 10 年間のメディアやネットを中心

とする、PTAの議論の盛り上がりも、「差の文化心理学」からの捉え直しができる。

　この10年のPTA議論の盛り上がりについて考えてみよう。この盛り上がりの背景には何があるのだろうか。一つ考えられることは、主にPTAの実労働を担う母親たちの価値観やライフスタイルの変化である。とくに社会進出をする女性にとって、日中のベルマーク集計、過剰なほどにレイアウトにこだわる広報誌と「善意」によるポスティング、議題と終了時間があいまいな昼間のミーティング等々、不可解とも感じられる現象がPTAに蔓延してみえるのかもしれない。しかし、「男女雇用機会均等法」が施行されたのは1986年である。つまり、女性の社会進出は、PTA議論が盛り上がったこの10年よりも大分前から、十分ではないにせよ、一定の現象として存在している。よって、別の要因も考える必要があるだろう。筆者は、この10年間の変化には、ソーシャルメディアの爆発的な普及があるのではないだろうかと考えている。ソーシャルメディアというツールによって、個人が自身の声を発し、それがまた、別の個人の声を刺激するというダイナミックな現象が引き起こされている。

　個人の声、女性の声、また、欧米の価値観をさまざまな形で体験した人の声。これらの声が新たなコミュニケーションのツールによって発信されるようになった。それと、PTAを従来の価値観で保持しようとする人たちの声が、必然的に、対立的な構造をなす。この対立構造、つまり、PTA内の文化差は、相手への忌避感や両者の分断を生み出すのだろうか。あるいは、それを乗り越え、新しい価値観と子どもたちの育ちの場を創造するのだろうか。

6．再びこの問いに戻ろう

　冒頭の問いに戻ろう。アクティブ・ラーニングという新しい教育方法と「日本的な何か」との隔たりを私たちはいかにして乗り越えるのか。筆者自身、この問いへのたしかな答えを、いまだ、見いだしてはいない。しかし、学校、家庭、地域、それぞれの人間関係にすでに根付いている文化について考えたとき、この問いが、いずれ、現実的に、私たちの眼前に立ちはだかると予想している。

　PTAは、教師と保護者をつなぐ場として、家庭や学校を介して、児童生徒

の育ちに暗黙裡に大きな影響を与えるだろう。また、尾見康博は自身のアメリカでの生活をふまえ、「日本の部活」を「勝利至上主義」「気持ち主義」「一途主義」「減点主義」と特徴づけ、そのあり方を問うている[30]。部活は、一般の少年スポーツ団体とならび、その議論が、やはりソーシャルメディアを通して、一般にも広がりつつある。部活もまた、児童生徒の社会性や人間関係のつくり方に大きな影響を与えていることは想像に難くない。もしこれらの文化が変わらなければ、つまり、従来通りの与えられた課題や役割を受動的に前例通りにこなすという方法にのみとどまるのであれば、たとえ、アクティブ・ラーニングなどの主体的で対話的な課題探求型の学習方法の導入をしたとしても、はたして子どもたちに主体的で対話的な学びが育つのだろうか。付け焼刃的なものとして終わるのではないだろうか。一方、学校周辺の文化に生じつつある議論と、子どもたちが体験するアクティブ・ラーニングという体験が何らかの相乗効果を起こし、双方に大きな変化をもたらすことも大いに期待できる。そんな過渡期に私たちは立っている。

ワーク18-3

アクティブ・ラーニングという新しい教育方法の導入は、既存の文化を生きてきた私たちにいかなる変化をもたらすのか？　周囲の人と話し合ってみよう。

注

（１）　文科省が推し進める「アクティブ・ラーニング」は「課題の発見・解決に向けた主体的・協働的な学び」（平成 27 年、中央教育審議会「教育課程企画特別部会論点整理」）と定義され、2020 年から 2030 年にかけて施行予定の「新学習指導要領」においても重視されている。

（２）　東洋『日本人のしつけと教育——発達の日米比較にもとづいて』東京大学出版会、1994 年。

（３）　東洋（柏木惠子編）『教育の心理学——学習・発達・動機の視点』有斐閣、1989 年。

（４）　河合隼雄『母性社会日本の病理』中央公論社、1976 年。

（５）　東洋・柏木惠子編『流動する社会と家族 I　社会と家族の心理学』ミネルヴァ書房、1999 年。

（６）　尾見康博『日本の部活——文化と心理・行動を読み解く』ちとせプレス、2019 年。

（７）　東洋・柏木惠子・R. D. ヘス『母親の態度・行動と子どもの知的発達——日米比較研究』東京大学出版会、1981 年。

（８）　東、前掲『日本人のしつけと教育』。

（９）　アメリカの発達心理学者ケーガンが提唱した認知スタイルである。衝動型（反応は早いが、誤りが多いタイプ）と熟慮型（反応は遅いが、誤りが少ないタイプ）がある。

（10）　T. W. Marlone, "Toward a Theory of Intrinsically Motivating Instruction," *Cognitive Sci*, 4, 1981, 333–369.

（11）　東、前掲『教育の心理学』。

（12）　東、前掲『日本人のしつけと教育』。

（13）　15 種におよぶテストや観察の方法、母親面接調査の多数の項目など、そのほとんどが日米研究者が共同して新たに開発したものだった。

（14）　東、前掲『日本人のしつけと教育』。

（15）　H. R. Markus & S. Kitayama "Culture and the Self: Implications for Cognition, Emotion, and Motivation", *Psychological Review*, 98, 1991, pp.224–253.

（16）　Harry C. Triandis *Individualism and Collectivism*（*New Directions in Social Psychology*）, Westview Press, 1995.（神山貴弥・藤原武弘編訳『個人主義と集団主義——2 つのレンズを通して読み解く文化』北大路書房、2002 年）

（17）　高野陽太郎『「集団主義」という錯覚——日本人論の思い違いとその由来』新曜社、2008 年。

(18)　高橋登・山本登志哉編『子どもとお金——おこづかいの文化発達心理学』東京
　　　大学出版会、2016 年。

(19)　おこづかい研究全体の総括と理論的整理、とりわけ、「差の文化心理学」の定
　　　式化は、次の文献で本格的になされている。山本登志哉「おこづかい研究と差の
　　　文化心理学」高橋・山本編前掲書、243-289 頁。

(20)　呉宣児「お金を媒介する友だち関係の構造」高橋・山本編前掲書、73-95 頁。

(21)　高橋登「なぜ文化を比較するのか——子どもにとってのお金の意味」高橋・山
　　　本編前掲書、1-22 頁。

(22)　呉、前掲論文。

(23)　渡辺忠温「付録　質問紙調査結果　(5) 親子関係尺度」高橋・山本編前掲書、
　　　318 頁。

(24)　呉、前掲論文。

(25)　呉宣児「文化差が立ち現れる時・それを乗り越える時」高橋・山本編前掲書、
　　　213-240 頁。

(26)　竹尾和子「大人になることの意味と親子関係の構造」高橋・山本編前掲書、
　　　49-71 頁。

(27)　片成男「消費社会を生きる子どもたち」高橋・山本編前掲書、25-48 頁。

(28)　竹尾和子「PTA とは何か？——家庭と学校をつなぐ巨大組織 PTA を可視化す
　　　る」竹尾和子・井藤元編『ワークで学ぶ学校カウンセリング』ナカニシヤ出版、
　　　2019 年、190-204 頁。

(29)　岩竹美加子『PTA という国家装置』青弓社、2017 年。

(30)　尾見、前掲書。

【読書案内】

①東洋『日本人のしつけと教育——発達の日米比較にもとづいて』東京大学出版会、
1994 年。

　日米母子研究は、日本ではじめての本格的な日米比較研究であり、日本人とは何か
を明らかにし、世界に知らしめた研究である。その手堅い実証研究と深い考察は、私
たちの人間理解のあり方に大きな示唆を与えるものである。

②高橋登・山本登志哉編『子どもとお金——おこづかいの文化発達心理学』東京大学
出版会、2016 年。

　比較文化心理学における従来のパラダイムに大展開をもたらした、独創的な研究成
果が記されている。その研究成果が、アジアの研究者同士の絶え間ない対話によるこ
とを、これからの日本、アジア、世界を生き抜く人々に知ってほしい。

引用文献

Markus, H. R. & S. Kitayama "Culture and the Self: Implications for Cognition, Emotion, and Motivation", *Psychological Review*, 98, 1991, pp.224–253.

東洋『日本人のしつけと教育——発達の日米比較にもとづいて』東京大学出版会、1994 年。

東洋（柏木惠子編）『教育の心理学——学習・発達・動機の視点』有斐閣、1989 年。

東洋・柏木惠子・R. D. ヘス『母親の態度・行動と子どもの知的発達——日米比較研究』東京大学出版会、1981 年。

高野陽太郎『「集団主義」という錯覚——日本人論の思い違いとその由来』新曜社、2008 年。

高橋登・山本登志哉編『子どもとお金——おこづかいの文化発達心理学』東京大学出版会、2016 年。

竹尾和子「PTA とは何か？——家庭と学校をつなぐ巨大組織 PTA を可視化する」竹尾和子・井藤元編『ワークで学ぶ学校カウンセリング』ナカニシヤ出版、2019 年、190–204 頁。

（竹尾和子）

人名索引

事項索引

・執筆者一覧（＊は編者、執筆順）

サトウタツヤ　第1章
東京都立大学人文科学研究科退学。博士（文学）。現在、立命館大学総合心理学部教授。
Collected Papers on Trajectory Equifinality Approach（Chitose Press、2017年）、『心理学の
名著30』（筑摩書房、2015年）、『日本における心理学の受容と展開』（北大路書房、2004
年）、『心理学・入門〔改訂版〕』（共著、有斐閣、2019年）、他。

岸本智典（きしもと・とものり）　第2章
慶應義塾大学大学院社会学研究科博士課程単位取得退学。現在、鶴見大学文学部准教授。
『道徳教育の地図を描く――理論・制度・歴史から方法・実践まで』（編著、教育評論社、
2022年）、眞壁宏幹編著『西洋教育思想史［第2版］』（分担執筆、慶應義塾大学出版会、
2020年）、ブルース・ククリック『アメリカ哲学史――一七二〇年から二〇〇〇年まで』
（共訳、勁草書房、2020年）、『ウィリアム・ジェイムズのことば』（編著、教育評論社、
2018年）、他。

飯高晶子（いいたか・しょうこ）　第3章
慶應義塾大学大学院社会学研究科博士課程単位取得退学。修士（教育学）。現在、東京理
科大学理工学部非常勤講師。『人間関係がよくわかる心理学』（分担執筆、福村出版、2008
年）、『キーワード動機づけ心理学』（分担執筆、金子書房、2012年）、『教育・学校心理
学』（分担執筆、建帛社、2019年）、他。

市川寛子（いちかわ・ひろこ）　第4章
筑波大学大学院人間総合科学研究科博士一貫課程修了。博士（行動科学）。現在、東京理
科大学理工学部准教授。『ゼロからはじめる心理学・入門』（編著、有斐閣、2015年）、『改
訂版 乳幼児心理学』（分担執筆、放送大学教育振興会、2016年）、『人間関係ハンドブッ
ク』（分担執筆、福村出版、2017年）、『教育・学校心理学』（分担執筆、建帛社、2019年）、
『ワークで学ぶ学校カウンセリング』（分担執筆、ナカニシヤ出版、2019年）他。

渡辺忠温（わたなべ・ただはる）　第5章
北京師範大学心理学院発展心理研究所博士課程修了。博士（教育学）。現在、東京理科大
学非常勤講師、一般財団法人発達支援研究所主席研究員。デイヴィッド・シルヴァーマン
『良質な質的研究のための、かなり挑発的でとても実践的な本』（翻訳、新曜社、2020年）、
『ワークで学ぶ学校カウンセリング』（分担執筆、ナカニシヤ出版、2019年）、『子どもと
お金――おこづかいの文化発達心理学』（分担執筆、東京大学出版会、2016年）、他。

羽野ゆつ子（はの・ゆつこ）　第6章
京都大学大学院教育学研究科博士課程修了。博士（教育学）。現在、大阪成蹊大学教育学
部教授。『あなたと創る教育心理学――新しい教育課題にどう応えるか』（共編著、ナカニ
シヤ出版、2017年）、「創造的熟達に向けた教員養成――TALIS2018からの考察」（『同志

社大学教職課程年報』第 9 号、2020 年)、他。

＊井藤 元（いとう・げん）　第 7 章
京都大学大学院教育学研究科博士課程修了。博士（教育学）。現在、東京理科大学教育支援機構教職教育センター教授。『シュタイナー「自由」への遍歴——ゲーテ・シラー・ニーチェとの邂逅』（京都大学学術出版会、2012 年）、『マンガでやさしくわかるシュタイナー教育』（日本能率協会マネジメントセンター、2019 年）、『笑育——「笑い」で育む 21 世紀型能力』（監修、毎日新聞出版、2018 年）、ネル・ノディングズ『人生の意味を問う教室——知性的な信仰あるいは不信仰のための教育』（共訳、春風社、2020 年）、他。

高橋 登（たかはし・のぼる）　第 8 章
京都大学大学院教育学研究科修士課程修了。博士（教育学）。現在、大阪教育大学教授。*Children and Money: Cultural Developmental Psychology of Pocket Money*（共編著、Information Age、2020 年）、『児童・生徒の語彙力、読解力と読書』（分担執筆、ひつじ書房、2019 年）、『言語発達とその支援（講座・臨床発達心理学）」（共編著、ミネルヴァ書房、2017 年）、『子どもとお金——おこづかいの文化発達心理学』（共編著、東大出版会、2016 年）、他。

松阪崇久（まつさか・たかひさ）　第 9 章
京都大学大学院理学研究科修了。博士（理学）。現在、大阪成蹊大学教育学部准教授。専門は霊長類学・発達心理学・保育学（ヒトとチンパンジーの乳幼児の遊び・笑いの比較研究）。IPA（子どもの遊ぶ権利のための国際協会）日本支部・副代表。『ユーモア心理学ハンドブック』（共訳、北大路書房、2011 年）、*Mahale Chimpanzees: 50 Years of Research*（共著、Cambridge University Press、2015 年）、『あなたと生きる発達心理学』（共著、ナカニシヤ出版、2019 年）、他。

村松 灯（むらまつ・とも）　第 10 章
東京大学大学院教育学研究科博士課程単位取得退学。博士（教育学）。現在、立教大学経営学部教育研究コーディネーター。『「未来を語る高校」が生き残る——アクティブラーニング・ブームのその先へ』（学事出版、2019 年）、「非政治的思考の政治教育論的意義含意——H. アレントの後期思考論に着目して」（『教育哲学研究』第 107 号、2013 年）、他。

池田華子（いけだ・はなこ）　第 11 章
京都大学大学院教育学研究科博士課程修了。博士（教育学）。現在、大阪府立大学高等教育推進機構准教授。『災害と厄災の記憶を伝える——教育学は何ができるのか』（共著、勁草書房、2017 年）、『臨床教育学』（共著、協同出版、2017 年）、『ワークで学ぶ学校カウンセリング』（分担執筆、ナカニシヤ出版、2019 年）、『ワークで学ぶ教育の方法と技術』（分担執筆、ナカニシヤ出版、2019 年）、『ワークで学ぶ道徳教育 増補改訂版』（分担執筆、ナカニシヤ出版、2020 年）、他。

坂井祐円（さかい・ゆうえん）　第12章
京都大学大学院教育学研究科博士課程修了。博士（教育学）。臨床心理士、公認心理師。現在、仁愛大学人間学部心理学科准教授。『仏教からケアを考える』（法蔵館、2015年）、『お坊さんでスクールカウンセラー』（法蔵館、2018年）、『スクールカウンセラーのビリーフとアクティビティ』（共編著、金子書房、2018年）、『無心のケア』（共編著、晃洋書房、2020年）、他。

中山千秋（なかやま・ちあき）　第13章
白百合女子大学大学院文学研究科発達心理学専攻博士課程単位取得退学。博士（心理学）。公認心理師、臨床心理士。現在、国立研究開発法人国立精神・神経医療研究センター認知行動療法センター研究補助員、東京理科大学・白百合女子大学非常勤講師。『教育心理学エチュード』（共著、川島書店、2012年）、『よくわかる家族心理学』（共著、ミネルヴァ書房、2010年）、他。

小木曽由佳（おぎそ・ゆか）　第14章
京都大学大学院教育学研究科博士課程修了。博士（教育学）。臨床心理士、公認心理師。現在、同志社大学ウェルビーイング研究センター研究員。『ユングとジェイムズ──個と普遍をめぐる探求』（創元社、2014年）、パティス・ゾーヤ『危機介入の箱庭療法──極限状況の子どもたちへのアウトリーチ』（翻訳、創元社、2018年）、C・G・ユング『分析心理学セミナー1925──ユング心理学のはじまり』（共訳、創元社、2019年）、ネル・ノディングズ『人生の意味を問う教室──知性的な信仰あるいは不信仰のための教育』（共訳、春風社、2020年）、他。

井上嘉孝（いのうえ・よしたか）　第15章
京都大学大学院教育学研究科博士課程修了。博士（教育学）。臨床心理士、公認心理師。現在、京都文教大学臨床心理学部准教授。『吸血鬼イメージの深層心理学──ひとつの夢の分析』（創元社、2013年）、『臨床の知──臨床心理学と教育人間学からの問い』（共著、創元社、2010年）、『ワークで学ぶ学校カウンセリング』（分担執筆、ナカニシヤ出版、2019年）、『カウンセリング心理学』（共著、新曜社、2019年）、「怪物イメージの深層心理学試論」（『ユング心理学研究』2020年）他。

藤尾未由希（ふじお・みゆき）　第16章
東京大学大学院教育学研究科博士課程修了。博士（教育学）。現在、帝京大学文学部心理学科、帝京大学大学院文学研究科臨床心理学専攻助教。『自閉スペクトラム症の子どものための認知行動療法ワークブック』（共訳、金剛出版、2017年）、「チックの早期アセスメントと支援」（『発達障害医学の進歩』第30巻、2018年）、他。

山本登志哉（やまもと・としや）　第17章
京都大学大学院文学研究科博士課程中退・北京師範大学研究成院博士課程修了。博士（教育学）。現在一般財団法人発達支援研究所所長。*Children and Money: Cultural Developmental Psychology of Pocket Money*（共編著、Information Age、2020年）『文化とは何か、どこにあるのか──対立と共生をめぐる心理学』（新曜社、2020年）『ディスコミュニケーションの心理学──ズレを生きる私たち』（共編著、東京大学出版会、2013年）『生み出された物語──撃証言・記憶の変容・冤罪に心理学はどこまで迫れるか』（編著、北大路書房、2003年）、他。

＊**竹尾和子**（たけお・かずこ）　第18章
白百合女子大学大学院文学研究科博士課程修了。博士（心理学）。現在、東京理科大学教養教育研究院教授。*Chirdren and Money: Cultual Developmental Psychology of Pocket Money*（分担執筆、Information Age、2020年）、『ワークで学ぶ学校カウンセリング』（共編者、ナカニシヤ出版、2019年）、「PTAの学際的可視化の試み──歴史・文化・当事者の資格から」（『教育と医学』766号、2017年）、『子どもとお金──おこづかいの文化発達心理学』（分担執筆、東京大学出版会、2016年）、他。

ワークで学ぶ発達と教育の心理学

| 2020 年 8 月 20 日 | 初版第 1 刷発行 | （定価はカヴァーに |
| 2024 年 4 月 10 日 | 初版第 2 刷発行 | 表示してあります） |

編　者　竹尾和子・井藤　元

発行者　中西　良

発行所　株式会社ナカニシヤ出版

〒606-8161　京都市左京区一乗寺木ノ本町 15 番地
TEL075-723-0111　FAX075-723-0095
http://www.nakanishiya.co.jp/

装幀＝宗利淳一デザイン
イラスト＝月代あつと
印刷・製本＝亜細亜印刷
©K. Takeo, G. ITo *et al.* 2020　　Printed in Japan.
日本音楽著作権協会（出）許諾第 200625029-01 号
＊落丁・乱丁本はお取替え致します。
ISBN978-4-7795-1491-3　C1037

本書のコピー、スキャン、デジタル化等の無断複製は著作権法上での例外を除き禁
じられています。本書を代行業者等の第三者に依頼してスキャンやデジタル化する
ことはたとえ個人や家庭内での利用であっても著作権法上認められておりません。

「ワークで学ぶ」シリーズ　全7巻

ワーク課題で教育学の基本を学ぶ

ワークで学ぶ教育学〔増補改訂版〕

井藤　元〔編〕　何が正しい教育なのか、良い先生とはどんな先生なのか。ワーク課題を通じて創造的思考を養っていこう。　　　　　　　　　　2600円＋税

ワークで学ぶ道徳教育〔増補改訂版〕

井藤　元〔編〕　学校で道徳を教えることはできるのか、そもそも道徳とは何か。ワーク課題を通じて道徳をめぐる問いと向き合っていこう。　　　　　2600円＋税

ワークで学ぶ教職概論

井藤　元〔編〕　教師になるとはどのようなことか。理想の教師像なんてあるのか。ワーク課題を通じて「教育観」を磨いていこう。　　　　　　　2500円＋税

ワークで学ぶ教育課程論

尾崎博美・井藤　元〔編〕ワーク課題と授業案を通じて、「授業を受ける立場」から「授業をつくる立場」へと視点を転換していこう。　　　　　　　2600円＋税

ワークで学ぶ学校カウンセリング

竹尾和子・井藤 元〔編〕　児童・生徒や家庭への支援はどうすればいいのか。ワーク課題を通じて、学校カウンセリングの良き担い手になろう。　2600円＋税

ワークで学ぶ教育の方法と技術

小室弘毅・齋藤智哉〔編〕　大改正された新学習指導要領に対応。ワークを通じて「主体的・対話的で深い学び」を実践していこう。　　　　　　2600円＋税

ワークで学ぶ発達と教育の心理学

竹尾和子・井藤　元〔編〕　子どもの発達はどのように進むのか。ワーク課題を通じて発達観と教育観を磨こう　　　　　　　　　　　　　　2600円＋税